# Ewiges Leben?

... und andere gelegentlich gestellte Fragen

Ein Buch

von

Martin Heyden

Druck, Bindung und Vertrieb über BoD (Hardcover)

Auflage 1: 5. Juli 2018

Irene Heyden Verlag
P.O. Box 11 30
GE-52477 Alsdorf

ISBN 978-3981970500

Lektorat: Eva Fritsch

Umschlaggestaltung: Martin Heyden

Umschlag - Bild: Aiwasowski

Layout und Design: Martin Heyden

www.quest-for-eternity.de

(Quellen, Impressum, Buchshop & mehr)

## Buchbeschreibung

Sie fragen sich, ob dieses Leben wirklich alles ist, trauern gerade oder werden gar selbst mit Ihrer eigenen Sterblichkeit konfrontiert?

Vielleicht hinterfragen Sie aber auch einfach nur unsere ach so rationale Welt?

Im neuen Buch von Martin Heyden finden Sie schlüssige und leicht nachvollziehbare Antworten zu einem Thema, das in unserer Gesellschaft nur zu gerne verdrängt wird: der Tod und die Frage nach einem möglichen Danach.

Gehen Sie mit dem Autor auf eine faszinierende Entdeckungsreise und lesen Sie Antworten zu Fragen, von denen Sie vielleicht noch nicht einmal wussten, dass Sie sie haben.

Dieses Buch wird Ihnen anhand von vielen spannenden Fragestellungen schlüssig aufzeigen, dass der Tod keinesfalls das Ende ist, sondern vielmehr ein Anfang.

Bereits erschienene Bücher des Autors:

1. *Auf der Suche nach der Ewigkeit - Die Entdeckung der jenseitigen Welten*
2. *Auf der Suche nach der Ewigkeit - Realitäten*
3. *Jenseitige Welten – Berührungspunkte*
4. *Ewiges Leben? ... und andere gelegentlich gestellte Fragen*

# INHALTSVERZEICHNIS

Am **Ende dieses Buches** befindet sich ein **Index**, sodass Sie zusätzlich die Möglichkeit haben, nach Stichwörtern zu suchen.

„Die Seele ist ein Klangkörper, der lediglich in die richtige Schwingung versetzt werden muss, um in Resonanz zu gehen mit dem Zustand, den wir auch ‚die Himmel' nennen."

Martin Heyden

# Vorwort

Im März 2014 habe ich mein erstes Buch *Auf der Suche nach der Ewigkeit* veröffentlicht.

Seitdem ist viel passiert.

Das Buch habe ich damals nach einer Quasi-Nahtoderfahrung über einen Zeitraum von sechs Monaten geschrieben. Da ich damals keine greifbare Zielgruppe hatte (und auch keinen Verlag), habe ich das Manuskript im Grunde genommen nur für mich selbst geschrieben: für einen Mann in seinen Mittvierzigern, einen rational denkenden Datenbankprogrammierer, der sich nach einer außergewöhnlichen Erfahrung auf eine Suche begeben hat, nach sich selbst, nach der Ewigkeit und vor allem nach einer Antwort auf die Frage, ob er denn tatsächlich nach seinem Tod weiter existieren wird oder nicht.

Alles, was ich erfahren und gefunden habe, zusammen mit dem sich daraus entwickelten Weltbild, habe ich niedergeschrieben. Ich tat dies, um nichts zu vergessen, denn die gefundenen Zusammenhänge und Erkenntnisse waren komplex und logisch, überaus faszinierend und ganz besonders - sie waren erhellend.

Ich wollte nie wieder in den Zustand des Nicht-Wissens verfallen, nie wieder.

Das Buch wurde fertig und ohne mir die Mühe zu machen, einen Verlag zu suchen, informierte ich mich und verlegte das Buch kurzerhand selbst.

Das hätte es eigentlich gewesen sein müssen, aber plötzlich verkaufte sich das Buch erstaunlich gut und zunehmend besser. Eine von mir ins Leben gerufene Facebook-Seite bekam immer mehr Follower und die Anzahl der ‚Gefällt mir'-Angaben kam schnell im fünfstelligen Bereich an. Weitere Bücher und eine geschlossene Gruppe (‚Jenseitige Welten'), in der Leser die Themen meiner Bücher und der Bücher von Biggi Weber in einer sicheren Umgebung diskutieren oder eigene Erfahrungen austauschen können, kamen hinzu.

In den letzten Jahren tauchten so, immer mal wieder, sich sehr ähnelnde Fragen auf, was mich dazu bewegte, das Thema doch einmal von einer anderen Perspektive anzugehen und ein Buch zu schreiben, das Antworten zu gezielt gestellten Fragen liefert. Eine Art Kompendium, das all die Hinweise und Indizien enthält, die belegen, dass es sehr wohl ein Davor und ein Danach gibt und dass es durchaus rational ist, genau das zu erwarten. Ein Buch, das auch schwierige Fragen unseres Seins aufgreift und Einblicke gibt in das, ‚was kommt'.

So entstand die Idee zu diesem Buch, meinem nunmehr vierten.

Wenn Sie meine Bücher gelesen haben, wird Ihnen einiges vertraut vorkommen, aber auch viel Neues wird Ihnen hier begegnen und das in Form von präzisen und kompakten Antworten.

Auch ist es meine Absicht, mit diesem Buch Ängste zu nehmen und Perspektiven zu geben, wo Menschen suchen oder trauern.

Ich habe mich weiterentwickelt, das tun wir alle. Während Sie lesen, wird Ihnen das auffallen. Vieles hat an Schärfe und Tiefe gewonnen und neue Erkenntnisse und Fragestellungen sind hinzugekommen.

Für eines bin ich dabei besonders dankbar: Bis heute musste ich mir kein einziges Mal widersprechen - und glauben Sie mir, ich würde es tun, wenn nötig. Ich bin davon überzeugt, dass man nie zu alt dafür ist. Ich bin heute ein anderer als der, der ich gestern war und ich werde morgen ein anderer sein als der, der ich heute bin. Diese Erkenntnis gefällt mir so gut, dass Sie Ihnen noch einmal in diesem Buch begegnen wird.

Insgesamt macht mich all das nicht nur dankbar, sondern auch demütig, denn nichts existiert aus sich selbst heraus. Ich nicht und das, was Sie vielleicht mein Wissen nennen, erst recht nicht. Es gehört mir nicht, es kommt nur durch mich in diese Welt oder war schon da, lange bevor ich geboren wurde.

In diesem Sinne wünsche ich Ihnen viel Freude und noch mehr spannende Momente beim Lesen.

Ihr

Martin Heyden

# TEIL EINS

## FRAGEN ÜBER FRAGEN

## Warum soll ich eigentlich gerade Ihr Buch kaufen?

Eine berechtigte Frage, nicht wahr?

Ein Buchkauf sollte immer aus einem inneren Antrieb heraus erfolgen: „Ich *möchte* dieses Buch lesen“ oder „Ich *interessiere* mich für dieses Thema – und ich glaube, in diesem Buch Antworten zu finden“.

Alles andere führt eigentlich nur zu einem weiteren Sachbuch, das im Regal verschwindet und nicht gelesen wird - und dafür sind meine Bücher doch eigentlich zu schade. Dieses Phänomen wird besonders deutlich bei Bestsellern. Hier führt nicht selten das Habenwollen zum Kauf.

Ein Beispiel: Lediglich 6,6% aller Käufer haben Stephen Hawkings Bestseller *Eine kurze Geschichte der Zeit* auch tatsächlich zu Ende gelesen (Quelle: Studie des Mathematikers Jordan Ellenberg für das Wall Street Journal, 2014).

Sie werden in Deutschland sehr gute Literatur von mindestens ebenso guten Autoren zu den jeweiligen Themengebieten finden, über die ich schreibe. Ganz sicher. Aber wenn Sie einen Autor mit großer Bandbreite suchen, der nicht nur oberflächlich an ein Thema herangeht und vor allen Dingen die Zusammenhänge aufzeigt, dann wird es eng.

Versuchen Sie sich an einem meiner Bücher, Sie werden nicht enttäuscht werden. So viel kann ich Ihnen versprechen. Wenn ein Leser einmal enttäuscht war, dann lag das entweder an einer materialistischen Erwartungshaltung („Ich möchte Beweise im Sinne der Wissenschaft.“ - Fußnote) oder aber an einer gewissen Halbherzigkeit.

Fußnote: Warum diese Forderung ein Widerspruch ist, werden Sie im Laufe des Buches erfahren.

Was meine ich damit?

Wenn ein Raucher nur halbherzig versucht, sich das Rauchen abzugewöhnen, dann wird das nicht von Erfolg gekrönt sein. Das funktioniert vielleicht einige Tage oder Wochen, dann fängt er wieder an und es wird - wenn überhaupt - Jahre dauern, bis er es erneut versucht.

Auf die Spiritualität bezogen heißt das: Das Lesen eines meiner Bücher wird einen jeden Menschen abstoßen, der nicht zumindest ein wenig offen für spirituelle Themen ist. Das hat etwas mit unseren Überzeugungen zu tun. Der Mensch kann nur solche Einsichten annehmen, die zumindest annähernd seiner Ausrichtung entsprechen.

Wenn ein Mensch davon überzeugt ist, dass der Tod das Ende ist, dann könnte ihm Gott persönlich erscheinen. Für ihn wäre alles eine Lüge, ein Betrug und er würde all das abstreiten und ablehnen, was nicht seiner eigenen Wahrheit respektive seinen Überzeugungen entspricht. Er *will* glauben, dass er mit dem Tod ausgelöscht wird.

Manche von ihnen lesen meine Bücher, nur um zu verstehen, warum ihr Partner glaubt oder warum dieser sich nach einer Nahtoderfahrung verändert hat, oder um zu begreifen, was mit einem sterbenden Angehörigen geschieht. Statt Verständnis entsteht jedoch in solch einem Fall nur weitere Ablehnung: Der Mensch entfernt sich eher von der Erkenntnis, als dass er sich dieser auch nur einen Zentimeter nähert.

Wenn Sie solch ein Mensch sein sollten, nehmen Sie es mir nicht übel - dann sind meine Bücher (noch) nichts für Sie. Alles zu seiner Zeit, die Ihre kommt vielleicht noch. Vielleicht entwickelt sich mit dem Lesen dieser Zeilen eine kleine Veränderung in Ihnen, die mit der Zeit zu wachsen beginnt. Ich wünsche es Ihnen. Erzwingen lässt sich das Glauben (oder das Wissen) nicht.

Wenn Sie hingegen ein Suchender sind, der offen ist, oder jemand, der trauert, wenn Sie Angst vor dem Tod haben oder sich einfach nur ernsthaft und umfassend mit dem Thema Tod beschäftigen möchten, dann halten Sie das richtige Buch in der Hand.

Es wird Ihnen Ängste nehmen und Trost geben. Es wird Ihnen aufzeigen, dass es sehr rational ist, nicht nur an ein Leben nach dem Tod zu glauben, sondern es auch zu erwarten.

## Aber Sie schreiben über Esoterik, oder?

Eher nicht.

Esoterik, altgriechisch *esōterikós,* war einmal ein Prädikat und das noch bis in die frühen Anfänge des 20. Jahrhunderts hinein. Es bezeichnete zunächst eine philosophische Lehre und bekam später noch die Bedeutung: *dem inneren* oder *einem* spirituellen Kreis zugehörig.

Irgendwann stellte man fest, dass sich mit Séancen (Fußnote) und der Wahrsagerei gutes Geld verdienen lässt. Das rief die Betrüger auf den Plan und schon bald kamen auf ein wahrhaftiges Medium zehn Scharlatane.

Fußnote: Sitzungen, in denen ein Kontakt mit der jenseitigen Welt über ein Medium hergestellt wird.

In den 70er und 80er Jahren, als Resultat der wilden 60er und einem erneuten Aufflammen der Esoterik, wurde der Markt mit allerlei Büchern zum Thema geflutet. Auch hier war viel sogenannter Schund dabei.

Nun war es endgültig vorbei mit der ursprünglichen Bedeutung des Wortes Esoterik. Aus dem griechischen Prädikat von einst wurde ein Sammelbegriff für substanzlose Texte. Bücher, die das Papier nicht wert waren – Hauptsache, es verkaufte sich gut.

Seitdem steht das Wort Esoterik in der Ecke und schämt sich.

Dann wäre da noch der Spiritismus, der Kern, aus dem die Esoterik hervorgegangen ist. Im Spiritismus geht es um Geistwesen und im weitesten Sinne um den Kontakt mit ihnen - etwas, wovor ich eher warne, als dass ich darüber schreibe.

Kommen wir zu den Religionen. Sie beschäftigen sich mit dem Geist des Menschen, mit der Seele – kurz: Hier geht es um Spiritualität.

Fußnote: Spirit (lateinisch) = Geist, Spiritus Sanctus = Heiliger Geist.

Darüber hinaus haben alle Religionen den Anspruch, dem Menschen den Sinn des Lebens aufzuzeigen.

Und genau darüber schreibe ich. Bei mir geht es um die Philosophie (den Sinn des Lebens) und um das, was man gemeinhin Spiritualität nennt – ohne dass ich mich allerdings auf irgendeine Religion oder Glaubensgemeinschaft beziehe oder gar für eine werbe. Ich bin in dieser Hinsicht ein Freigeist und heiße alle Religionen willkommen, die den Menschen näher zu dem Phänomen bringen, das wir auch ‚Gott' nennen - dazu aber später mehr.

Unabhängig von irgendeiner Religion bin ich ein Anhänger der Lehren des Rabbi Jesus von Nazareth und alles, was ich schreibe, ist im Kern auf alle Religionen ‚anwendbar'. Sie alle, ob aktuell oder längst vergangen, enthalten Wahrheit und beleuchten ein und dasselbe Phänomen lediglich von unterschiedlichen Standpunkten aus.

*Bild: Die Taube als Symbol des Heiligen Geistes (Petersdom, Cathedra Petri, Gian Lorenzo Bernini). Lizenz: Wikipedia: Attribution-Share Alike 3.0 Austria (CC BY-SA 3.0 AT)*

## Immer wieder gerne gestellt: Woher wissen Sie das eigentlich alles, Herr Heyden?

Wenn es überhaupt eine Frage gibt, die mir regelmäßig gestellt wird, dann ist es wohl diese.

Sie ist eine Frage, die auf der Wissenschaftsbesessenheit unserer Gesellschaft beruht, die für alles und jedes einen reproduzierbaren Beweis haben möchte.

Ohne Legitimation, keine Akzeptanz.

Die Suche nach Wissen ist dabei grundsätzlich in Ordnung, bringt das Wissen uns doch alle weiter und die Suche danach ist etwas, das auch mir zu eigen ist.

Bei meinen Themen geht es also auch um Wissen. Wissen mit sehr viel Tiefgang, manchmal sehr neuzeitlich, oft aber auch uralt, immer aber allgegenwärtig - diese Themengebiete habe ich über Jahre hinweg studiert. Zudem habe ich unzählige Gespräche geführt und eine Vielzahl an Erfahrungsberichten gelesen und ausgewertet. Diese alleine würden schon ganze Bücherregale füllen. Auf meinen zahlreichen Reisen habe ich zudem viele mystische Orte aufgesucht und in Augenschein genommen.

Dies waren und sind spirituelle und energetische Knotenpunkte wie die Externsteine im Teutoburger Wald, die Planstadt Karlsruhe oder der Goethefelsen im Harz, natürlich Jerusalem, aber auch das wilde Island und die rauen Azoren, die Inkastätten in Mexiko, die Tempel und Pyramiden in Ägypten, das spirituelle Asien, das geheimnisvolle Afrika und nicht zuletzt das mystische Australien – nur um einige Beispiele zu nennen. Sie haben mich geprägt, meinen Horizont erweitert und meine Spiritualität reifen lassen. Ganz zu schweigen von den zahlreichen Kulturen und deren Glauben, die mich gelehrt haben, dass wir alle ‚eins' sind und im Kern an das Gleiche glauben und auch dasselbe suchen – den Weg zurück zum Ursprung. Wir interpretieren diesen nur unterschiedlich.

Die eigentliche Leistung war es aber nicht, die gefundenen Erkenntnisse zusammenzutragen, sondern vielmehr die gefundenen Puzzleteile zuzuordnen, sodass ein klares Bild entsteht. Sie könnten auch sagen, ich habe den gemeinsamen Nenner gesucht und gefunden.

Ich bin ein logisch denkender Mensch, der oft Zusammenhänge erkennt, wo andere nichts sehen und der auf diese Weise zu seinem Weltbild kommt. Wie auch immer wir die Welt betrachten, wir alle kommen über das Beobachten und Bewerten unserer Umwelt zu unseren Überzeugungen, etwas, das ich in seiner Gesamtheit ‚die eigene Wahrheit' nenne.

Es sind dann auch genau diese vielen Zusammenhänge zwischen den Themengebieten der Physik im Allgemeinen, denen der Kosmologie im Besonderen, der Quantenmechanik, der Mathematik, aber auch der Geisteswissenschaften, der Religionen, ob aktuell oder längst vergessen, und schließlich denen des Glaubens und letztlich auch der Logik, die für mich nur einen Schluss zulassen: Es gibt nicht nur ein Danach, sondern auch ein Davor – wir sind ewige Wesen.

Dessen bin ich mir absolut sicher, weswegen ich, frei nach Carl Gustav Jung, auch beständig sage: ‚Ich glaube nicht mehr, ich weiß'. (Darauf komme ich im Verlauf des Buches noch einmal zu sprechen).

Meine Erkenntnisse wurden so zu meinen Überzeugungen.

Und genau darum geht es hier.

Ich könnte Sie also auch genauso gut fragen: Woher haben Sie Ihre?

Ich schreibe Ihnen nicht nach dem Munde, sondern beantworte die Fragen so, wie ich sie sehe und empfinde. Würde ich Ihnen eine Frage - egal welche - stellen, dann würden Sie diese ebenfalls, basierend auf *Ihrer* eigenen Wahrheit, beantworten.

Ich schreibe also nicht so, dass es Ihnen gefallen muss. Wenn dem so ist, freue ich mich, wenn nicht, ist das auch in Ordnung und ich toleriere es.

Ich biete Ihnen lediglich mein Wissen und meine Überzeugungen an, nicht mehr, aber auch nicht weniger.

Es ist letzten Endes völlig Ihnen überlassen, was Sie daraus machen.

Wenn Sie sich öffnen, können Sie die Wahrheit in meinen Texten erkennen. Das ist so, weil wir alle, tief in uns, eine ganz spezielle universelle Wahrheit besitzen, die auch gleichzeitig unsere Anbindung an den Ursprungdarstellt. Sie verbindet uns alle, ausnahmslos, und ist ein fester, unauslöschlicher Teil eines jeden Wesens, das den Kosmos betritt. Eine Art Basis-Programmierung.

Diese ist elementar, geht in Resonanz miteinander und enthält quasi unser Rückfahrticket zum Ursprung. Wir sind inkarniert alle dazu aufgerufen, diese Wahrheit zu finden und sie nach und nach zu ‚entblättern'.

Sie werden sie erkennen, wenn Sie nur suchen, so wie ich es immer noch tue, denn der Entwicklungs- und Reifeprozess hatte vielleicht einen Anfang, ein Ende hat er jedoch nicht.

Dies ist auch der Grund, warum ich meine ersten Bücher *Auf der Suche nach der Ewigkeit* genannt habe und vielleicht auch, warum Sie dieses Buch in Ihren Händen halten. Wir streben mit unserer Suche nach dem Erkennen der Wahrheit zurück zu dem Punkt, von dem wir uns einst ins Leben haben fallen lassen und mit jeder Einsicht, mit jeder neuen Erkenntnis kommen wir diesem Ziel ein Stück näher.

## Warum kann die Wissenschaft die geistige Welt nicht beweisen?

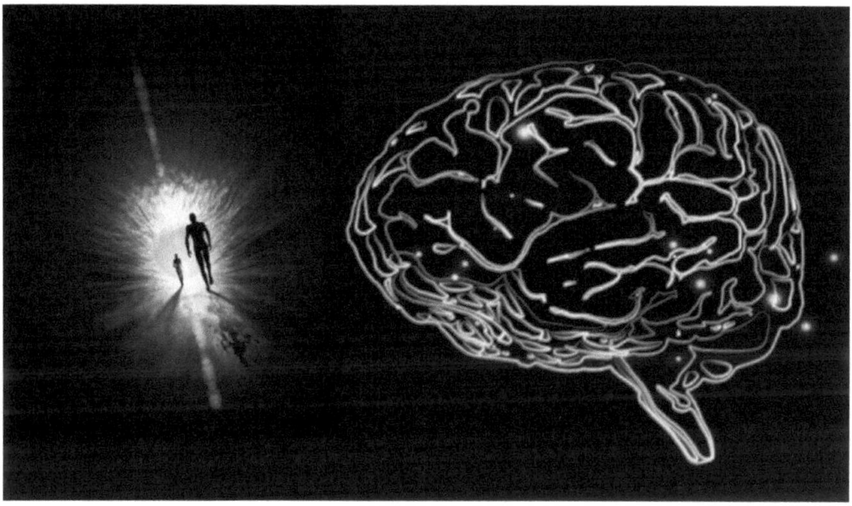

Das kann sie nicht, da sich diese Welt der Wissenschaft entzieht.

Die Aussage „Nur empirische Ergebnisse, also nur Resultate, die sich in Versuchsreihen beständig wiederholen lassen, sind für eine Beweisführung zulässig" ist eine selbst aufgestellte Regel der Wissenschaft.

*

Wer oder was ist das überhaupt, die Wissenschaft? Es handelt sich hierbei um eine Gemeinschaft von Menschen, also um ein Kollektiv von Individuen (die allerdings bereits größtenteils verstorben sind), das unsere Umwelt beschreibt und somit versucht, Kontrolle und Wachstum über Wissen zu erlangen.

Das macht sie recht gut und das ist ganz sicher auch zum Nutzen von uns allen - zumindest in den meisten Fällen -, aber wie oft musste sie bereits Bewiesenes (sogenannte Fakten) zurücknehmen und durch neue Erkenntnisse ersetzen. Das passiert fast schon wöchentlich. Erst vor Kurzem bekam der Mensch ein ‚neues' Organ, das ‚Gekröse', eine Gewebestruktur in Darmnähe. Die Wiege der Menschheit wurde kurzerhand von Afrika auf den Balkan nach Europa verlegt.

Während also in der Welt der Wissenschaften Erkenntnisse immer wieder verworfen und nicht selten durch gegensätzliche Thesen ersetzt werden, verhält es sich in der Spiritualität gänzlich anders. Die jenseitigen Welten, ihre Regeln und Gesetzmäßigkeiten, wenn Sie so wollen, auch die zehn Gebote, sind beständig. Sie werden nicht ungültig, sondern durch unsere Suche lediglich deutlicher und greifbarer.

Der unterschwellige Gedanke, dass wir Kontrolle erlangen, wenn wir etwas nur wissenschaftlich erklären und beweisen können, ist gleichsam ein Trugschluss. Wenn ich über unser Klima sprechen werde, komme ich darauf noch einmal zurück.

Um Beweise aufstellen zu können, hat die Wissenschaft Regeln festgelegt. Regeln, dass Beweise nur *dann* tatsächlich auch solche sind, wenn ihre Ergebnisse sich unter Laborbedingungen, die immer nachvollziehbar und identisch sein müssen, beständig wiederholen lassen.

So langsam dämmert es Ihnen, warum die Wissenschaft sich quasi selbst disqualifiziert, bedingt durch ihr eigenes Regelwerk. Sie nimmt *ihre* Regeln als Maß aller Dinge und verlangt nun indirekt von den Gläubigen zu *beweisen,* dass es so etwas wie eine ewige Existenz und eine Seele gibt – aber bitte genau nach ihren Regeln und Maßstäben. Das ist nicht nur widersinnig, sondern zudem auch noch ein Stück weit unverfroren.

Aber der Reihe nach: Es ist widersinnig, weil unlogisch, da die Wissenschaft den Anschein vermittelt, die Welt und den Kosmos von ‚außen' zu beobachten, denn sie beschreibt diesen ja.

Genau *das* ist die Wissenschaft, aber nicht *außen vor*, denn sie ist *Teil* der Schöpfung. Es ist also nur natürlich, dass sie ‚alles, was ist' gar nicht vollumfassend erkennen, beweisen und beschreiben kann - schon gar nicht die energetischen Welten (Fußnote), da sich diese in Gänze außerhalb der wissenschaftlichen Normen bewegen. Das ist in etwa so, als würde ein eindimensionaler Punkt (1D) versuchen zu verstehen, was ein dreidimensionales Objekt ist. Ein Objekt, das aus unzähligen Punkten besteht, die allerdings allesamt Höhe, Breite und Tiefe haben (3D) - das geht nicht.

Fußnote Energetische Welten: Eine meiner Bezeichnungen für das Jenseits, die geistige Welt - die jenseitigen Welten in ihrer Gesamtheit mit all ihren Glaubensgebieten (Himmel und Hölle, Samsara und Nirvana, Anderswelt und Geisterreich, die sieben Himmel, die Schattenwelten, usw.) und all ihren Dimensionen und Abstufungen. Der Kosmos ist lediglich Ausdruck respektive die harte äußere Kruste unserer transzendenten Heimat. Wir sind die Illusion, ‚das, was kommt' ist die eigentliche Wahrheit.

*Im Übrigen gibt es in unserer Welt keine ein- bzw. zwei dimensionalen Objekte. Ein Bleistiftstrich hat genauso wie ein Blatt Papier Höhe, Breite und Tiefe. Wir können uns diese aber vorstellen, da sich unsere Welt auf diesen ‚einfacheren' Welten (1D und 2D) aufbaut.*

Das ist im Übrigen auch der Grund, warum wir das höherdimensionale Wesen ‚Gott' nicht vollständig erfassen können: Wir sind ein Teil, ein Fraktal Gottes und existieren *in* Ihm. Wenn Sie so wollen, können sie sich selbst auch als ein Atom Gottes betrachten. Als solches sind wir inkarniert, zeitweilig intellektuell (sehr) eingeschränkte Wesen, vergleichbar mit dem zuvor beschriebenen eindimensionalen Punkt, der verzweifelt versucht, die dritte Dimension zu begreifen.

‚Alles, was ist' erfasst und versteht das gesamte Universum und jedes Wesen in ihm, egal zu welcher Zeit es auch immer existiert, mit nur einem einzigen Gedanken - und das von der Wiege bis zur Bahre. Was für einen Intelligenzquotienten (IQ) hätte wohl so ein Wesen, das diese unglaubliche Leistung vollbringt? Könnte man diese Zahl überhaupt aufschreiben? Es wäre in etwa so, als würde man versuchen, die Ewigkeit und die Unendlichkeit zu vermessen. Ein unmögliches Unterfangen.

Wir Menschen können nicht einmal uns selbst erfassen, geschweige denn mit nur einem einzigen Gedanken. Versuchen Sie das einmal. Selbst wenn Sie gut sind, wird es höchstens eine mehrere tausend Seiten umfassende Biografie (mit einer Unzahl von aufeinander folgenden Gedanken) – und selbst diese Darstellung wäre sehr lückenhaft und garantiert unvollständig.

Wir sind also alleine aufgrund der Struktur und Beschaffenheit unseres Bewusstseins gar nicht in der Lage, das Wesen Gottes in Gänze zu verstehen. Das ist auch der Grund, warum viele Religionen es ihren Gläubigen verbieten, sich ein Bild von Gott zu machen. Denn wie wollen wir uns etwas vorstellen, das wir ‚bauartbedingt' gar nicht verstehen können?

*

Die Wissenschaft bewegt sich innerhalb eines Luftballons, den wir Universum nennen (und der sich beständig und beharrlich weiter aufbläht) und versucht, uns hartnäckig zu erklären, was ‚da draußen' so alles ist und wie unser Universum (der Ballon) beschaffen und strukturiert ist. Die Krux ist nur: Nähert sich die Wissenschaft der Ballon-Innenwand, entfernt sich diese im gleichen Maß relativ zu ihr.

*Das ist übrigens eine sehr reale Eigenschaft unseres Universums. Egal, wo Sie sich auch immer in den Weiten des Kosmos aufhalten, sie stehen immer im Mittelpunkt.*

*Eine Grenze gibt es nicht. Daraus folgt, dass Sie immer das Zentrum des Universums sind.*

*Insgesamt ein schöner Gedanke, finden Sie nicht? Nach meiner Definition endet das Universum dort, wo unsere Vorstellung endet. Auf unser materielles Universum bezogen heißt das: Wir erzeugen es durch unsere Gedanken. Es beginnt in uns und endet dort, wo unsere Gedanken enden. Es gibt weder ein ‚Danach', noch gibt es ein ‚Dahinter' mit einer vorgelagerten Grenze. Je tiefer der Mensch in den Mikro- oder Makrokosmos vordringt, desto weiter dehnt sich auch seine erfahrbare Realität aus.*

Die Wissenschaft kann Gott oder übersinnliche Dinge nur dann akzeptieren, wenn sie nach ihren Regeln nachgewiesen wurden. Diese entziehen sich aber ihrer Art, die Dinge wahrzunehmen und zu definieren.

Und genau da offenbart sich ein Widerspruch. Nicht erst seit dem letzten Jahrhundert versuchen Teile der Wissenschaft zu beweisen, dass das Gehirn die kausale Ursache unseres Bewusstseins ist. Noch in den 80er Jahren des vergangenen Jahrhunderts hieß es: Wir können zwar noch nicht beweisen, dass das Gehirn die Ursache für Bewusstsein ist, wir werden es aber in einigen Jahrzehnten können.

Nein - dies ist nicht passiert und wird es auch nie. Neurologen und kognitive Psychologen können noch so tief in einem Gehirn graben, sie werden niemals eine Kopie von Beethovens fünfter Symphonie finden. Auch keine Grammatikregeln, Kopien von Wörtern, Mathematikformeln, usw. Die Idee, dass Erinnerungen oder Informationen in bestimmten Neuronen unseres Gehirns gespeichert werden, ist absurd. Wie (und wo) sollen Informationen in einer Zelle gespeichert werden? (Fußnote)

Fußnote: Sehr treffend beschrieben von Robert Epstein in seinem Aufsatz *The Empty Brain.* Epstein (*1953) ist amerikanischer Psychologe, Professor, Buchautor und Journalist und zudem Doktor der Philosophie.

Wie vermessen mutet es heute an, das Gehirn Einsteins zu konservieren, nur um sein Wissen zu erhalten?

*Einstein starb am 18. Mai 1955 im Alter von 76 Jahren und wie er es wollte, wurde er eingeäschert und seine Asche an einem anonymen Ort verstreut. Einen Grabstein gibt es nicht. Kurz zuvor wurden seine Augen und sein Gehirn allerdings von einem Arzt, dem Pathologen Thomas Harvey, gestohlen, um Einsteins Wissen für die Nachwelt zu erhalten. Absurd.*

Statt zunehmend Indizien für eine Kette zu generieren, die diese Beweisführung stützt (unser Gehirn ist die Ursache unserer Seele), verhält es sich tatsächlich genau umgekehrt. Die Forschung ist mit ihren alten Glaubenssätzen in einer Sackgasse gelandet und die Hinweise und Indizien *für* eine ewige Existenz nehmen beständig zu. Einige davon werde ich Ihnen in diesem Buch vorstellen.

Den vorläufigen Höhepunkt dieses Wahns stellt ein kürzlich vorgestelltes EU-Projekt zur Hirnforschung dar. Es verfolgt die Idee, dass unser Gehirn ein isolierter Hochleistungscomputer ist und folgerichtig auch kopiert werden kann – ein entsprechendes Medium vorausgesetzt. Seelen am Fließband also oder eben ewiges Leben durch simples Kopieren unseres Bewusstseins auf einen anderen Datenträger (die IP- Metapher).

Begeistert von den Konzepten des charismatischen Henry Markram, bis 2023 eine Simulation des menschlichen Bewusstseins auf einem Supercomputer zu verwirklichen, um dann die Behandlungen von Erkrankungen wie Alzheimer und ähnlicher Fehlfunktionen zu revolutionieren, stellte die EU 1,3 Milliarden Euro an Forschungsmitteln für das Jahr 2013 zur Verfügung. Zwei Jahre später entpuppte sich das Ganze als eine Sackgasse. Die Unmöglichkeit des Vorhabens wurde deutlich und Markram musste zurücktreten.

Um das herauszufinden, hätte man nicht einen einzigen Cent ausgeben müssen, denn unser Gehirn ist kein Supercomputer, allerhöchstens eine sehr komplizierte Netzwerkkarte, die uns auf Basis der Quantenmechanik mit dem Kollektiv Menschheit und unserem Bewusstsein im Feld verbindet.

Das Gehirn ist und bleibt somit eine Schnittstelle. So war es seit jeher und so wird es auch in eintausend Jahren noch sein. Wären wir unser Gehirn, dann würde das ja auch bedeuten, dass ein Gehirn korrelativ zu seiner Größe leistungsfähiger werden würde. Dem ist aber nicht so. Einsteins Gehirn wog nur 1230 Gramm, das Gehirn eines Durchschnittsmenschen 1375 Gramm – um nur zwei Beispiele zu nennen.

Natürlich benötigt jede Information auch einen Informationsträger – das ist zwingend logisch. Keine Software ohne Hardware. Das bedeutet aber nicht, dass unser Gehirn, das wir be-greifen, auch gleichzeitig genau dieser Informationsträger ist.

Alles, was ist, *ist* Information und muss zwingend *irgendwo* definiert und gespeichert sein - ganz klar. Aber dieser Speicherort ist nicht das materielle Gehirn; dieses ist lediglich ein materieller Anknüpfungspunkt für unser höheres Selbst. Dieses Selbst, das ich auch gerne ‚den Puppenspieler' nenne (der, der die Fäden zieht), werde ich Ihnen im Laufe des Buches noch vorstellen.

*

Woher kennt ein Eiskristall seine Struktur und ein Baum seine Form (eine weitere Frage dieses Buches)? Wo sind die Naturgesetze definiert? Auch hierzu werden Sie im weiteren Verlauf Antworten bekommen.

Es ist also schon ziemlich unverfroren, wenn man, unfähig den Beweis zu erbringen, dass es das Gehirn ist, das Bewusstsein erzeugt, den Spieß einfach umdreht und sagt:

„Es ist nichts bewiesen!“

## Aber es ist doch noch keiner wiedergekommen, oder?

Immer mal wieder lese oder höre ich dieses Argument und das nicht selten von Menschen, die einer christlichen Glaubensgemeinschaft angehören.

Einmal schrieb eine Dame mir einen Kommentar zu einem meiner Facebook Artikel: „Lest die Bibel, da steht alles drin, was ihr wissen müsst und überhaupt, es ist noch keiner wiedergekommen!“

*Das* war schon erstaunlich: Da wird mir und allen anderen Lesern die Bibel vorgehalten, die ich übrigens ganz gut kenne, und argumentiert, *es ist noch keiner wiedergekommen …*

Ich wollte die Dame erst fragen, um was für eine Kopie der Bibel es sich denn bei ihrem Exemplar handelt - es gibt ja nun mehrere Versionen.

Ich habe es dann nicht getan - warum Feuer ins Öl gießen?

Mir ist keine einzige Ausgabe bekannt, die ohne das Neue Testament auskommt. Sonst wäre es ja auch nicht *die* Bibel, sondern eher die Schrift einer anderen Religion, die ebenfalls auf dem basiert, was wir das Alte Testament nennen: wie der Koran oder der Tanach.

Worauf ich hinaus möchte, ist offensichtlich. Nicht nur hat Jesus von Nazareth Lazarus von den Toten erweckt, sondern er selbst ist auferstanden von den Toten - also *wiedergekommen*. Das wird unter anderem im Glaubensbekenntnis der großen christlichen Kirchen bezeugt:

> *… geboren von der Jungfrau Maria, gelitten unter Pontius Pilatus, gekreuzigt, gestorben und begraben, hinabgestiegen in das Reich des Todes, am dritten Tage auferstanden von den Toten, aufgefahren in den Himmel; … (Auszug aus dem apostolischen Glaubensbekenntnisses).*

Sie erkennen den Widerspruch.

Wussten Sie, dass zwei Drittel aller Deutschen in einer christlichen Kirche organisiert sind, dort heiraten und auch, einem christlichen Ritual folgend, zu Grabe getragen werden, aber nur ein Drittel aller dieser ‚Gläubigen' auch tatsächlich an eine Wiederauferstehung glaubt?

Wir reden hier von der eigenen.

Wenn diese Menschen konsequent wären, wären sie bereits mit dem Erwachsenwerden zum Atheismus konvertiert und ausgetreten. Tun sie aber nicht.

Das Ganze lässt sich noch steigern: Nicht wenige von Ihnen sind glühende Verfechter des Materialismus. Aber, nun gut – ein jeder, wie er mag und will.

*

Es ist also noch niemand wiedergekommen? Nicht wirklich haltbar.

Tatsächlich machen wird das andauernd – wir reinkarnieren und das schon seit Anbeginn der Evolution auf unserem Weltenkörper. Ja, richtig, Evolution und der Schöpfungsgedanke widersprechen sich nicht. Ganz und gar nicht. Darüber werden Sie im Verlauf des Buches mehr erfahren.

Natürlich kann man es sich auch in seiner kleinen ‚Glaubensblase' bequem machen und wegschauen. Denn nur wer *nicht* hinschaut, meist aus einer Angst heraus, kann auch nicht wirklich erkennen, was da passiert und was wir wahrhaftig sind: spirituelle Wesen, die es erfahren, Mensch zu sein und nicht etwa materielle Automaten, die einzig dazu da sind, im System als Konsumenten und Zahnräder zu funktionieren.

Reinkarnation, die Wiederfleischwerdung, ist Naturgesetz und das Leben ist kontinuierlich. Nicht nur die Studien des Ian Stevenson (Fußnote) belegen das. Es gibt insgesamt eine überwältigende Anzahl von Berichten über Reinkarnationserinnerungen. Diese füllen ganze Bibliotheken. Sie alle sind schlüssig und weisen frappierende Gemeinsamkeiten auf. Viele solcher Erfahrungsberichte wurden mir zugetragen und einige davon können Sie im Buch *Jenseitige Welten – Berührungspunkte* nachlesen, wenn Sie mögen.

Übersehen sollten wir auch nicht, dass zwei der großen Weltreligionen - und mit ihnen Milliarden Menschen - nicht nur an die Reinkarnation glauben, sondern von ihr überzeugt sind – so wie auch ich es bin. Wie bereits gesagt, in unseren Landen sind es gerade einmal ein Drittel aller Angehörigen einer christlichen Religion, die tatsächlich *glauben*. Im Hinduismus und Buddhismus ist die Quote derer, die von der Wahrhaftigkeit ihres Glaubens überzeugt sind, signifikant höher.

Fußnote: Ian Stevenson (* 31. Oktober 1918 in Montreal, Kanada; † 8. Februar 2007 in Charlottesville, Virginia, USA) war ein kanadischer Psychiater und Begründer der Reinkarnationsforschung.

Und sollten Sie jetzt denken, dass die Reinkarnation mit dem christlichen Glauben nicht vereinbar ist, dann muss ich Ihnen sagen, dass es da sehr wohl Gemeinsamkeiten gibt. Die Reinkarnation war am Anfang tatsächlich *Bestandteil* der christlichen Lehre, die von den Gnostikern vertreten wurde (siehe Fragestellung: „Gibt es eine Matrix?“).

Erst mit dem Konzil von Nicäa (335 n. Chr.) galten sie als Häretiker (später ‚Ketzer‘) und die Lehre von der Reinkarnation geriet nach und nach in Vergessenheit.

Bei diesem Konzil brachte Kaiser Konstantin der I. seine zukünftige Staatsreligion auf Linie. Dabei war er selbst noch nicht einmal Christ. Es ging ihm einzig darum, Frieden und Ordnung im Reich sicherzustellen. So wurde die eine Lehre zum Dogma (Fußnote) und die andere, die Reinkarnationslehre, verbannt.

Das hätte auch sehr gut umgekehrt geschehen können.

Fußnote „Dogma“: Eine Lehre mit dem Anspruch der absoluten Gültigkeit.

## Was verbirgt sich hinter dem Wort ‚Natur‘ (Naturgesetze etc.)?

‚Natur‘ ist genauso wie das Wort ‚Leben‘ lediglich ein Platzhalter für Gott oder ‚alles, was ist, war und immer sein wird‘. Es ist zudem ein gern genutzter Winkelzug der wissenschaftlichen Gemeinde, um nicht das Wort Gott oder Schöpfer benutzen zu müssen. Und so heißt es:

- Naturgesetze.
- Die Natur (oder das Leben) findet immer eine Nische.
- Das hat die Natur so gewollt.
- Die Natur gewinnt immer.
- So ist das Leben.

usw.

„Es gibt vieles zwischen Himmel und Erde, das der Mensch nicht erklären kann ..." ist oftmals der weitere Versuch einer Begründung, der immer dann genutzt wird, wenn man manche Ärzte direkt nach einer Schöpfung oder nach einem möglichen Leben nach dem Tod fragt. So müssen sie sich nicht selbst widersprechen und lassen eine (allerdings psychologisch bedeutsame) Tür offen.

Heutzutage ist es leider so, dass Wissenschaft und Religion sich in manchen Fragestellungen unversöhnlich gegenüberstehen, verursacht - das muss man fairerweise dazu sagen - durch die christliche Religion selbst, die wissenschaftliche Erkenntnisse im Mittelalter zunächst ignorierte und später unterdrückte und verfolgte.

Das Mittelalter (500 – 1500 n. Chr.) wird schließlich nicht ohne Grund das dunkle Zeitalter genannt.

Druck erzeugt bekanntlich immer Gegendruck, und so hat sich über die Jahrhunderte ein Gegenpol gebildet. In der Neuzeit ist es nun die Wissenschaft, die unterschwellig versucht, den Glauben an die Wand zu spielen. Ein Extrem ersetzt das andere.

Dass es auch anders geht, zeigt der Islam, der zum Ende des ersten Jahrtausends bereits über einen Wissensstand verfügte, den unsere Kultur erst 1000 Jahre später erreichte. Auch im Judentum sind Wissenschaft und Glaube zwei Säulen, die das Fundament des Volkes bilden. Das hat auch einen guten Grund, denn eine Schöpfung, etwas *Erschaffenes*, lässt sich immer auch wissenschaftlich und somit logisch nachvollziehbar beschreiben.

Nur im Christentum, insbesondere in Westeuropa und vor allem in Deutschland, steht der Mainstream der Wissenschaft dem Glauben nach wie vor unversöhnlich gegenüber. Aber auch das ändert sich und das Pendel ist dabei, in die andere Richtung auszuschlagen. Der Glaube erfährt weltweit, nicht nur im Christentum, eine Renaissance.

Ein Gleichgewicht haben wir aber noch lange nicht erreicht.

## Gibt es das *Nichts* und was sind Atheisten?

Jeder Mensch glaubt an irgendetwas, auch wenn er oder sie dieses verneint oder die Frage nach einem möglichen Danach mit ‚da ist nichts' beantwortet. So etwas ist schnell gesagt, hält aber einer näheren Betrachtung nicht stand.

Es ist für uns Menschen nicht möglich, an ein *Nichts* zu glauben, geschweige denn, es uns vorstellen zu können (versuchen Sie das einmal ... es wird Ihnen nicht gelingen). Das geht deshalb nicht, da es etwas wie ein *Nichts* schlicht und ergreifend nicht gibt.

Das ist so, da wir die Welt und auch das, ‚was kommt', durch unsere Vorstellungen, Überzeugungen und Befürchtungen erzeugen und auch aufrechterhalten. Ein *Nichts* ist da nicht vorgesehen. Es existieren nur Umstände und Dinge, die wir uns auch vorstellen können, wir ‚bringen' sie somit in die Existenz. Immer wenn wir das Wort *Nichts* benutzen, meinen wir damit eigentlich, dass es dort etwas Bestimmtes nicht gibt. Auf eine Landkarte bezogen bedeutet das: Hier ist *nichts*, wenn dort keine Straße, keine Gebäude, keinerlei Aufbauten und keinerlei Bewuchs zu sehen sind – nur eine weiße Fläche. Wenn Sie nun tatsächlich an dieser Stelle – quasi in natura - angekommen sind, wird dort aber sehr wohl etwas sein, eine Rasenfläche, ein Acker oder einfach nur freies Feld.

Das ist nicht *Nichts*.

Selbst das, was wir Schlaf nennen, ist nicht *Nichts*. Wenn Sie an das Schlafen denken, dann ‚sehen' Sie ein Bild, das Sie oder jemand anderen dabei zeigt, wie er oder Sie schläft. Unser Tagesbewusstsein erfährt während des Schlafes lediglich eine Unterbrechung, während unser Nachtbewusstsein aktiv ist. Ob diese Unterbrechung 10 Milliarden Jahre dauert oder nur eine einzige Sekunde, macht für Ihre Wahrnehmung keinerlei Unterschied. Dasselbe trifft auch auf eine Narkose, eine nicht stattgefundene Nahtoderfahrung oder auch einen Blackout zu.

> *Im Übrigen denken wir immer in Bildern, nie in Sprache, stets untermalt mit Gefühlen. Die Gedanken, die wir generieren oder auffangen, sind eher Ströme, die uns zwar keine Schrift zeigen, aber durch uns hindurchfließen – auch wenn wir sie nicht aussprechen. Auch sie erzeugen wieder Vorstellungen respektive Bilder. Ein Umstand, der Kommunikation manchmal schwierig und missverständlich macht.*
>
> *Wenn wir einem Gegenüber eine Erfahrung, die wir gemacht haben, beschreiben, dann machen wir das, indem wir das, was wir vor unserem geistigen Auge sehen, in Worte übersetzen. Unser Gesprächspartner nimmt diese Information auf und wandelt sie wieder in Bilder und Emotionen um. Diese unterscheiden sich nicht selten (deutlich) von der Vorstellung des Erzählenden. Daher ist es nicht wichtig, was sie sagen, sondern wie es verstanden wird.*

Ein Atheist *glaubt* zwar nicht an Gott, er (oder sie) hat aber sehr wohl eine Vorstellung von Ihm oder von ‚allem, was ist'. Die hat ein jeder von uns, ansonsten wäre ‚Gott' nur ein sinnloses Wort.

In unserem Kosmos ist es nun mal so, dass, wenn Sie etwas ansprechen können,

Sie auch eine Vorstellung davon haben (müssen). Das gilt auch für die Dinge, die Sie ablehnen.

Wenn ein Atheist also sagt, er glaube nicht an Gott, dann lehnt er damit lediglich ein bestimmtes religiöses Konzept ab. Und so steht der ‚A-theismus' der Lehre von einem Gott, dem Theismus, entgegnen. Nur weil ein Atheist nicht an Gott glaubt, heißt das also noch lange nicht, dass er auch nicht an eine Weiterexistenz seines Geistes glaubt – obwohl das bei den meisten tatsächlich der Fall ist.

## Wieso reagieren einige Menschen empört oder angegriffen, wenn es um das Thema *Leben nach dem Tod* geht?

Viele Menschen, die Gleichgültigen und Genügsamen, können gut damit leben, nicht an ein Leben nach dem Tod zu glauben: ‚Klappe zu, Affe tot!' - auch wenn genau das nicht passieren wird. Es ist ihnen egal oder die Frage hat sich ihnen einfach noch nicht gestellt. Das ist absolut in Ordnung.

Nicht in Ordnung ist es allerdings, andere ebenfalls mit Vehemenz davon überzeugen zu wollen, dass der Glaube an eine Weiterexistenz schlicht Blödsinn ist. Es ist deshalb nicht in Ordnung, weil diese Sichtweise unlogisch und irrational ist und zudem auf keiner belastbaren Grundlage steht. Am Ende des Buches werden Sie diese Aussage nachvollziehen können.

Ich erlebe sie immer wieder: diejenigen, die jene fast schon militant angehen, die von einem ewigen Leben überzeugt sind und dies auch öffentlich vertreten. Sie tun das manchmal, als müssten Sie die Welt retten (vor wem eigentlich?) und alle anderen so weit aufklären, dass diese zumindest anfangen zu zweifeln: Zum einen tun sie das mit den bereits beschriebenen Hinweisen:

- Es ist noch keiner wiedergekommen und es ist nichts bewiesen.

Zum anderen versuchen Sie es mit sogenannten Totschlagargumenten:

- Völliger Blödsinn.
- Schwachsinn.
- Sie müssten sich einmal reden hören.
- Usw.

Oder sie versuchen das Ganze in die Lächerlichkeit zu ziehen.

Aber warum?

Ein Grund wäre vielleicht die Frustration, weil solch ein Mensch selbst keinen Zugang gefunden hat, obwohl er selbst verzweifelt gesucht hat – und nun möchte er sein Leid ‚teilen'. Das ist menschlich nachvollziehbar. Manche sind aber auch einfach nur enttäuscht, weil Sie zwar dem Tode nahe waren, sich aber an keine Erfahrung erinnern können oder sie sich gar vor einer Erfahrung ängstigen.

*Halten Sie sich diese möglichen Gründe bitte im Gedächtnis, darauf gehe ich bei der Fragestellung „Was sind Nahtoderfahrungen und sind sie real?" im nächsten Teil dieses Buches ein.*

Aber ansonsten? Warum sollte ein Mensch glücklich und zufrieden darüber sein, dass es mit dem Tod zu Ende ist? Und damit meine ich jetzt nicht die Genügsamen unter uns oder diejenigen, die sich aus den unterschiedlichsten Gründen ein Ende herbeisehnen. Ich beziehe mich vielmehr auf diejenigen, die mit erhobenem Zeigefinger dastehen und die Welt belehren wollen.

Warum tun sie das?

Damit diese Menschen ein unbeschwertes und ausschweifendes Leben führen können? Das kann eigentlich nur dann der Fall sein, wenn dieser Mensch ein Leben führt, das ihn nach dem Ableben möglicherweise in Bereiche führen könnte, in der Sie und ich lieber nicht sein wollen (Fußnote), und er die Befürchtung hat, dass das auch tatsächlich so kommen könnte. Also ruft er laut und mit Nachdruck: „Da ist nichts, ihr Spinner!"

Denn wer am lautesten brüllt, hat Recht.

Mit der Unbeschwertheit des Seins kann das jedenfalls nichts zu tun haben. So etwas gibt es nicht auf Kosten anderer. *Mein* Leben *ist* tatsächlich unbeschwert, denn ich weiß, dass es weitergeht. Zudem kenne ich den Sinn meines Lebens: das Leben mit all seinen Facetten zu leben, mit Menschen zu interagieren, ihnen zu helfen, Erfahrungen zu sammeln. Der Altruismus, das, was dem Egoismus entgegensteht, ist mir ebenfalls nicht unbekannt.

Es ist schon bezeichnend für unsere Gesellschaft, dass viele Menschen zwar den Egoismus kennen, aber vom Altruismus noch nie etwas gehört haben.

Fußnote: Diesen Bereich und die damit in Verbindung stehenden Zusammenhänge finden Sie unter der Fragestellung: „Gibt es eine Verdammung ...?"

Vielleicht tun solche Menschen das aber auch nur, weil es eben nicht ihrer Wahrheit entspricht. Da unsere ‚Programmierung' immer noch dieselbe ist wie in den Anfängen der Menschheitsgeschichte, benehmen sich viele Zeitgenossen so, als gehe es darum, die Position des Alphatieres zu verteidigen oder zu erlangen. Derjenige, der seine Wahrheit innerhalb des Rudels durchsetzen konnte, stand immer höher als derjenige, dessen Wahrheit respektive Überzeugungen erniedrigt wurden. Eine solche Erhöhung auf Kosten anderer bedeutete im Rudel mehr Nahrung und mehr Sexualpartner. In einer Zeit, in der wir eigentlich alle Alphatiere sind, ist das ziemlich blödsinnig, aber so funktioniert sie halt immer noch, unsere Welt.

Oder es steckt eine Art Lüge dahinter, die diese Menschen antreibt.

Eine Lüge, die ein großes Interesse daran hat, dass wir weiter wie Schläfer durch die Welt wandeln und uns bereitwillig (denn da ist ja nichts mehr nach dem Tod) im Sinne des Systems reinkarnieren und recyceln lassen. Durch die Überzeugung ‚da ist nichts mehr' kann das Selbst nicht dauerhaft in den energetischen Welten Fuß fassen und das aus dem einfachen Grund, da es keine konkrete Überzeugung und Vorstellung davon hat. Da es sich aber auch das *Nichts* nicht vorstellen kann, reinkarniert es ungeplant. Das Selbst folgt der Gier des Egos nach Leben und wird so automatisch zum Erfüllungsgehilfen des Materialismus. Dieser benötigt menschliche Seelen, damit ‚er' zusammen mit der Illusion, die wir Realität nennen, weiter existieren kann. Denn wir sind, wie das Ganze auch, Schöpfer und erzeugen die Realität im Kollektiv aus uns selbst heraus. Ohne Menschheit, keine Realität, wie wir sie kennen. Ohne Realität, kein Materialismus (aber auch keine sonstigen Erfahrungen ...).

Menschen, die glauben oder wissen, führen ein mindestens genauso zufriedenes Leben, wie es die Menschen tun, die verzweifelt versuchen, andere davon zu überzeugen, dass der Tod das ultimative Ende ist – und das sind leider nicht wenige.

Sie kennen meine Philosophie: Liebe Gott über alles, deinen Nächsten wie dich selbst und sammle so viele neue Erfahrungen wie nur möglich. Sei achtsam, beobachte und nutze deine Zeit: Sie ist ein Geschenk.

Diese Einstellung ist etwas, das mich sehr zufrieden macht und mich zutiefst erfüllt. Zudem haben mein Leben und ich gewissermaßen eine ‚Perspektive', denn ich weiß, was kommt oder besser, was da ist.

Was kann schöner sein?

An die Auslöschung zu glauben, wegzuschauen und sich dermaßen mit Arbeit, Lust und Ablenkungen zuzuschütten, als gäbe es kein Morgen? Das geht vielleicht eine Weile ganz gut, aber sicher nicht auf Dauer.

Menschen, die derart ausgerichtet sind, haben nicht nur eine geringere Lebens-, sondern auch eine wesentlich schlechtere Zeitqualität. Die Monotonie der sich täglich wiederholenden und systembedingten Rituale lässt die Zeit rasen und das, wovor der Materialist („... mein Haus, mein Boot, mein Auto, mein Status...“) sich am meisten fürchtet, kommt umso schneller auf ihn zu: seine Auslöschung – auch wenn diese nie stattfinden wird, so ist da doch seine immer stärker werdende Angst vor ihr.

Zeit aufzuwachen, finden Sie nicht? Das Totenhemd hat keine Taschen.

## Sind Männer spiritueller als Frauen, schließlich dominieren Sie ja die großen weltlichen Religionen?

Ich denke nicht.

Religionen, auch wenn ich Sie befürworte (zumindest die, die den Menschen näher an das Phänomen Gott bringen) sind letzten Endes auch Machtinstrumente und welches Geschlecht, zumindest überwiegend, hat gerne Macht über andere?

Genau.

Wir Männer. Wir glauben vielleicht die Herren der Schöpfung zu sein, wir sind es aber nicht. Wir sind lediglich analog arbeitende Problemlösungsmaschinen, zielgerichtete Rechenmaschinen, die der Dualität Ausdruck verleihen und der Schöpfung zu Wachstum verhelfen. Diese ‚Rechenergebnisse‘ sind bei Weitem nicht nur auf das Gute und Angenehme beschränkt, denn sie haben kaum Entwicklungspotential.

Der Mensch verändert sich eben nur, wenn es ihm schlecht geht – zumindest muss er das glauben.

Ohne uns Männer gäbe es kaum Auseinandersetzungen, fast gar keine Kriege, aber auch viel weniger praktische Problemlösungen. Alles, ja, auch Kriege und die Zerstörung, sind ein unabdingbarer Teil unserer Erfahrungsrealität. Altes muss nun mal vergehen, damit Neues entstehen kann. Ohne diesen Prozess gäbe es schlicht keine Entwicklung, kaum etwas Neues.

Sie glauben mir nicht? Schauen Sie mal in die Geschichtsbücher, ständig gab es in der Menschheitsgeschichte Krieg und Zerstörung, aber auch Neubeginn und Wiederaufbau. Ohne Napoleon, der seinerzeit die kausale Ursache für den Tod jedes zweiten Europäers war, sähe die Welt heute ganz anders aus. Viele unserer heutigen Errungenschaften stammen aus jener Zeit.

*Zum Beispiel Hausnummern. Wussten Sie, dass diese während der französischen Besatzung eingeführt wurden? Die wohl berühmteste Hausnummer, zumindest hier im Westen, ist die Hausnummer 4711 in Köln, das heute sehr bekannte Kölnisch Wasser. Hinzu kommen noch Errungenschaften wie ein bürgerliches Gesetzbuch, die Festlegung von Maßeinheiten und dem dezimalen Zahlensystem und, und, und. Dass die Grenzen und Staatsformen heute, ohne einen Napoleon, ganz anders aussehen würden, dürfte ebenfalls klar sein.*

Das heißt im Gegenzug aber nicht, dass ich die Auswüchse des Egoismus gutheiße. Ganz im Gegenteil, ich sehe diese lediglich als ein notwendiges Übel an, durch das ich den Altruismus und die mit ihr einhergehende Nächstenliebe ausleben, erfahren und wahrnehmen kann (siehe auch im übernächsten Teil die Fragestellung „Was ist Dualität?“).

Spiritualität hat im männlichen Geschlecht eigentlich kaum Raum, um sich zu entfalten. Wir achten viel zu sehr darauf, unseren Status Quo im ‚Rudel‘ aufrechtzuerhalten.

Über 80% aller Follower meiner Facebook-Seite „Die Entdeckung der jenseitigen Welten“ und auch meiner Leserinnen sind weiblich. Das ist eine Konstante, die sich im Laufe der Jahre nur geringfügig verändert hat. Immerhin ist das ein Querschnitt aus aktuell mehr als 14 000 ‚Gefällt mir‘-Angaben.

Und sollten Sie jetzt vielleicht denken, dass es nur die Mitläufer und Schafe unter uns sind, oder gar nur die Leichtgläubigen - im Sinne des Volksmundes -, die eine Affinität für den Glauben oder die Religionen entwickeln, dann irren Sie sich.

Es bedarf eines guten Maßes an Achtsamkeit, Offenheit und bedingungslosem Verständnis, um zu erkennen, dass wir spirituelle Wesen sind, die es erfahren, Mensch zu sein, und nicht irgendwelche Automaten, deren einziger Lebenszweck darin besteht, im System zu funktionieren.

So funktionieren leider oftmals nur wir ‚Herren der Schöpfung‘. Aber auch hier hat alles Ausnahmen und so gibt es durchaus Männer, die einen Zugang zur Spiritualität finden, selbst wenn es manchmal dafür eines kleinen ‚Schlags ins Genick‘ bedarf, oft in Form einer außergewöhnlichen Erfahrung, so wie es bei mir der Fall war. Lesen Sie einmal etwas über Nahtoderfahrungen, dann werden Sie wissen, was ich damit meine.

*Sie suchen Berichte über Nahtoderfahrungen im Netz? Hier werden Sie fündig: www.nderf.org (Near-Death-Research-Foundation), die wohl größte Ansammlung von Nahtoderfahrungen weltweit, auch in deutscher Sprache.*

Zwei weitere Umstände machen Frauen ebenfalls zu ‚weiter‘ entwickelten Wesen als ‚gewöhnliche' Männer: ihre Fähigkeit bedingungslos zu lieben und Dinge auch einmal als gegeben hin- und anzunehmen, etwas, das uns Männern oftmals schwer fällt.

Alles sehr allgemein gesprochen, zugegeben.

*

Um die oben aufgeführten Thesen abzurunden, hier noch einige zusätzliche Besonderheiten:

Es gibt ein Ost-West-Gefälle in Deutschland. Im Osten ist leider hin und wieder zu beobachten, dass Spiritualität in dieselbe Schublade eingeordnet wird wie zum Beispiel der Weihnachtsmann und der Osterhase. Dies ist als eine Spätfolge des atheistischen Weltbildes der DDR anzusehen. Aber auch das ändert sich und Menschen, die sich für die Spiritualität öffnen, werden hier wie dort zunehmend mehr.

Im Westen wiederum gibt es ein leichtes Nord-Süd-Gefälle: Die meisten Facebook-Fans hat meine Buchseite in Wien, noch vor München, Köln und Berlin.

Das Durchschnittsalter liegt bei etwa 45-50 Jahren, die Menschen sind naturverbunden, leben mit einem Haustier zusammen oder besitzen ein Pferd. Nicht wenige ernähren sich vegetarisch oder gar vegan.

Das sind nicht alles Daten, die mir Facebook geliefert hat, vielmehr handelt es sich um Eigenschaften oder -arten, die mir bei der Sichtung von Chroniken aufgefallen sind.

Wir schauen uns jedes Konto an (das, was offen ersichtlich ist), bevor wir jemanden in unsere geschlossene Gruppe „Jenseitige Welten" (Fußnote) aufnehmen, auch zum Schutz der bereits vorhandenen Mitglieder.

Fußnote: „Jenseitige Welten", die Facebook-Gruppe zu den Büchern von Martin Heyden und Biggi Weber. In dieser geschlossenen Gruppe können Erfahrungen ausgetauscht und Themen der Bücher untereinander und mit den Autoren besprochen und diskutiert werden.

# TEIL ZWEI

## HINWEISE

„Was für die Raupe das Ende der Welt ist, ist für den Rest der Welt ein Schmetterling."

- Laozi -

# Was sind Nahtoderfahrungen und sind sie real?

Nahtoderfahrungen werden von einigen Menschen erlebt (erfahren wäre nicht die richtige Bezeichnung, dazu gleich mehr), wenn deren Kreislauf zusammenbricht und das Herz seine normale Tätigkeit einstellt. Etwas, das wir gemeinhin auch Herzstillstand oder Herzflimmern nennen - in beiden Fällen kommt der Blutkreislauf zum Erliegen. Die betroffenen Menschen befinden sich plötzlich außerhalb ihres Körpers und wohnen dem Geschehen um ihren Körper als außenstehende Beobachter bei. Oft kommt es zu weiteren Erfahrungen wie der Lebensrückschau, dem Durchwandern eines Lichttunnels, einem wunderschönen, kaum zu beschreibenden Glücksgefühl und Geborgenheit, dem Treffen mit bereits verstorbenen Verwandten und der Botschaft, dass es noch nicht so weit sei und der Erfahrende zurück müsse, dem Bereisen von wunderschönen, paradiesischen Welten, aber auch von höllenähnlichen Gebieten (ca. 10 bis 15% machen eine solche Erfahrung). Diese und weitere Erfahrungen sind typisch für eine NTE, so die Abkürzung.

Dr. Sam Parnia ist der Initiator der Aware Studie. Über Jahre hinweg wurden Menschen, die einen Kreislaufzusammenbruch erlitten hatten und auf einer Intensivstation wiederbelebt wurden, unmittelbar und einige Zeit später befragt, ob sie sich an eine Erfahrung erinnern könnten und wie diese abgelaufen sei.

Insgesamt 2% aller Befragten konnten sich unmittelbar *und* einige Wochen später detailliert an eine Nahtoderfahrung inklusive der Beobachtung der Wiederbelebungsmaßnahmen erinnern. Die Anzahl derer, die unmittelbar nach dem Aufwachen befragt wurde und sich an eine NTE erinnern konnte, war hingegen signifikant höher. Daraus lässt sich schließen, dass alle Menschen in einer vergleichbaren Situation ähnliche Erfahrungen machen, sie diese aber lediglich, wie einen nächtlichen Traum auch, vergessen und später frustriert sagen: Da war nichts!

Das ist überhaupt nicht abwegig: Wie oft sind Sie schon morgens aufgewacht und haben auf die Frage ihres Partners, was Sie denn geträumt hätten, mit ‚nichts' geantwortet? Und doch verarbeiten Sie jede Nacht die tagsüber gesammelten Informationen in Ihren Träumen.

Wenn der Kreislauf eines Menschen zusammenbricht, dann führt die unterbrochene Versorgung von Sauerstoff und Nährstoffen zu einer sofortigen Einstellung aller Funktionen des Gehirns. Vielleicht hatten Sie schon einmal einen Blackout oder Ihnen wurde schwarz vor Augen. Das passiert bereits bei einem plötzlichen Abfall des Blutdrucks. Fließt gar kein Blut mehr, dann ist das in etwa so, als gingen sie des Nachts in das beleuchtete Wohnzimmer und machten das

Licht aus. Nichts ginge mehr.

Das Gehirn bleibt zwar noch einige Zeit aktiv, bis zu 30 Sekunden, ist aber nicht mehr in der Lage, wie im Normalzustand zu funktionieren, so auch die allgemeine Lehrmeinung. In diesem Zeitraum dürften auch keinerlei Wahrnehmungen mehr möglich sein.

Nun schildern aber Menschen, die eine Nahtoderfahrung erlebt haben, sehr detailliert, was um sie herum passierte, als ihr Körper leblos und in einiger Entfernung unter ihnen lag.

Die Restaktivität des Gehirns kann nicht ursächlich dafür sein.

Verbinden Sie sich einmal die Augen, lassen Sie sich dann zu einem entfernten und belebten Platz führen und nun versuchen Sie soviel von Ihrer Umgebung aufzunehmen wie nur möglich. Zurück schildern Sie dann detailliert das Aussehen der Personen, Anzahl und Position derselben, geführte Gespräche usw.

Um es abzukürzen: Das wird nicht funktionieren.

Und nun stellen Sie sich vor, Sie liegen ohne Puls an demselben Ort, werden minutenlang wiederbelebt und, oh Wunder, danach können Sie sich auf einmal an alles detailliert erinnern, was um Sie herum passierte - weil Sie es irgendwie mitbekommen haben sollen?

Soviel zu der hilflosen Erklärung einiger Zweige der Wissenschaft, das Gehirn habe alles irgendwie mitbekommen und dann zu einer Erinnerung zusammengefügt.

Und genau hier setzte Parnias Studie an. An den Orten, wo Menschen regelmäßig wiederbelebt werden, - gewöhnliche Intensivstationen -, wurde unter der Decke ein Bild so aufgehangen, dass man es nur dann sehen konnte, wenn man über diesem, also unter der Decke, schwebte und von dort seinen eigenen Körper sah. Beteiligt haben sich 15 Krankenhäuser in den USA, Großbritannien und Australien. Nach einer erfolgreichen Wiederbelebung wurde unmittelbar vom Personal ein vorgefertigter Fragebogen ausgefüllt. Unter anderem wurden die Patienten auch nach diesem Bild befragt. Anschließend wurden die Antworten mit den tatsächlich geführten Gesprächen und Handlungen des Personals verglichen.

Würde ein Patient dieses Bild *oder* die Geschehnisse und Personen zu einem Zeitpunkt beschreiben können, zu dem sein Kreislauf nachweislich zusammengebrochen war, dann hätte man den Beweis erbracht, dass erstens das Gehirn eben nicht unser Bewusstsein erzeugt und dieses aufrechterhält, dass zweitens unser Bewusstsein außerhalb des Körpers weiter existiert und dass drittens die Informationen (die wiedergegebenen Erinnerungen) nicht im Gehirn gespeichert wurden, denn dieses wäre im Zustand der Mangelversorgung dazu gar nicht in der Lage.

Diese Feststellungen lassen sich nur auf einer Intensivstation treffen, da dort alle Funktionen des Körpers zeitlich erfasst und dokumentiert werden, ebenso wie die Handlungen der Ärzte.

Und tatsächlich, in einem Fall konnte der Nachweis erbracht werden.

Ein 57-jähriger Brite aus Southampton konnte Handlungen und Gespräche der Ärzte und Pfleger, die die Wiederbelebungsmaßnahmen durchführten, detailliert wiedergeben. All das Beschriebene fand in einem Zeitraum statt, in dem der Kreislauf nachweislich ohne Funktion war. Insgesamt konnte ein Zeitabschnitt von drei Minuten dokumentiert werden.

Vielleicht denken Sie jetzt, dass das nur einer unter Hunderten war. Das stimmt - fast: Insgesamt konnten 140 von 360 Überlebenden unmittelbar nach der Wiederbelebung befragt werden, 101 von ihnen noch einige Wochen später. 40%, derjenigen, die unmittelbar befragt wurden, konnten sich an eine Erfahrung erinnern, 2% konnten detailliert die Wiederbelebungsmaßnahmen schildern und in einem Fall konnte nachgewiesen werden, dass die Erfahrung in einem Zeitraum gemacht wurde, als der Kreislauf zusammengebrochen war.

Das mag wenig erscheinen, aber es verhält sich hier wie mit einer Schwangerschaft: Entweder die Frau ist schwanger oder sie ist es eben nicht. Ein bisschen, wenig oder etwas schwanger gibt es nicht.

Auf diesen einen Fall bezogen heißt das, dass die Feststellungen für einen jeden von uns gelten, auch wenn sieben Milliarden Menschen keine solche Erfahrung gemacht haben, so sind wir doch alle gleich.

Und die 30 Sekunden Restfunktion des Gehirns mit abschließendem drastischem Anstieg der Gehirnaktivitäten (etwas, das die Wissenschaft bis heute nicht erklären kann)? Die verstehe ich - zusammen mit dem Ausstoß von DMT (Dimethyltryptamin, darauf komme ich noch zu sprechen) - als finale Anforderung eines Zugangs zu den energetischen Welten.

*

Neben den von mir in meinen Büchern beschriebenen, immer wiederkehrenden Merkmalen einer NTE - erstaunlich genug -, ist da die immer gleiche Schilderung der Intensität der Erfahrung. Auch Jahrzehnte nach dem Ereignis ist die Erfahrung noch so präsent und klar, als wäre sie erst gestern geschehen.

Das Erlebte wird als ‚realer als real' beschrieben, ‚realer als die Wirklichkeit' oder ‚realer als alles, was ich bisher erlebte'. Unabhängig von Religionszugehörigkeit,

Glauben im Allgemeinen, Kultur und Alter werden NTEs von den Betroffenen nie in Frage gestellt und als Beweis für eine Weiterexistenz gewertet. Selbst vormals überzeugte Atheisten werden durch eine NTE verändert.

Grund genug für die Forscher Dr. Bruce Greyson und Kollegen vom ‚Department of Psychiatry and Neurobehavioral Science' der University of Virginia, dem auf den Grund zu gehen.

Anhand des Memory Characteristics Questionnaire (siehe Fußnote) wollten sie feststellen, ob es sich bei den geschilderten Erinnerungen um falsche oder erfundene Erinnerungen oder ob es sich um tatsächliche reale Erlebnisse handelte.

Fußnote: Der Memory Characteristics Questionnaire (MCQ, frei übersetzt: Befragung nach Eigenschaften von Erinnerungen) wurde 1988 von Johnson und Kollegen entwickelt, um falsche von realen Erinnerungen zu unterscheiden. Eingebildete und erfundene Erlebnisse haben eindeutige Merkmale und lassen sich mit diesem schematischen Test (Befragung) sicher erkennen. Reale Erinnerungen haben gegenüber falschen Erinnerungen grundsätzlich folgende Eigenschaften:

1. Sie sind detaillierter und weniger bizarr.

2. Sie sind stärker selbstbezogen und enthalten mehr emotionale Informationen.

3. Sie sind klarer.

Insgesamt wurde der Test mit mehreren Vergleichsgruppen durchgeführt. So wurden Menschen, die ein Koma überstanden hatten (eine Gruppe mit einer qualifizierten Nahtoderfahrung und eine Gruppe mit lediglich einer Erinnerung an das Koma), genauso befragt wie eine Gruppe junger gesunder Erwachsener im gleichen Alter wie die Befragten, jedoch ohne jede Vorgeschichte.

Jede NTE-Testperson sollte neben der erlebten NTE weitere Testfragebögen für jeweils eine weitere (alltäglich reale) Erfahrung und einer erfundenen, aus ungefähr demselben Zeitraum, ausfüllen.

Die Nicht-NTE-Testpersonen sollten sich jeweils eine Erfahrung ausdenken und ebenfalls eine reale Erfahrung für die Beantwortung der Fragen nehmen.

Auch hier war das Ergebnis eindeutig.

Innerhalb der NTE-Gruppe beinhaltete die NTE-Erinnerung mehr Details als die erfundene und die reale Erinnerung.

Gegenüber den Erinnerungen der Nicht-NTE-Vergleichsgruppen waren die

NTE-Erfahrungen klarer und detaillierter.

NTE-Erinnerungen enthielten mehr selbstbezogene sowie emotionale Informationen und waren klarer als die Erinnerungen von Komapatienten.

Daraus kann abgeleitet werden, so die Forscher, dass es sich bei Nahtoderfahrungen nicht um eingebildete oder gar erfundene Erinnerungen handelt, ganz im Gegenteil, die Erinnerungen können als reale und tatsächlich stattgefundene Erfahrungen angesehen werden, auch wenn sie physikalisch nicht gelebt wurden.

*

Bislang können wir über NTEs nur wenige Minuten auf die andere Seite schauen, aber wir dürfen uns schon jetzt über weitere Studien und Versuchsreihen zu diesem Thema freuen. Sie alle werden zu keinem anderen Ergebnis kommen, als dass der Tod lediglich ein Loslassen mit einer Weiterführung der Existenz auf einer höheren und für uns unsichtbaren Ebene ist.

## Woher weiß ein Baum, wie er zu wachsen hat?

Schauen Sie sich einen x-beliebigen Baum an, nehmen Sie seine Kontur, seine Form in sich auf.

Stellen Sie sich jetzt vor, wie der Baum im Zeitraffer wächst. Der Stamm, die Äste, die Zweige und zum Schluss die Blätter.

Woher, frage ich Sie, weiß der kleine Ast, ganz weit außen am Rand, wie er zu wachsen hat, sodass das Gesamtbild des Baumes stimmig ist?

Wenn Sie den Baum jetzt aufschneiden, werden Sie bis auf Holz, Flüssigkeit und Harz nicht viel finden. Eine Matrix oder Bauanleitung ist dort jedenfalls nicht versteckt.

Auch im Menschen werden Sie solch eine Blaupause oder ein entsprechendes Betriebssystem nicht vorfinden. Gene sind lediglich Schalter, die unsere Eigenschaften definieren - sie sind kein Regelwerk.

Die Wissenschaft nennt das ‚Selbstregulierung'. Ein zu kurz gegriffener Ansatz. Solch ein Lösungsvorschlag zeigt lediglich auf, dass die Wissenschaft auf etwas gestoßen ist, was sich ihren Erklärungsmodellen entzieht. Genauso wie die Bezeichnung ‚Singularität' sagt der Begriff lediglich aus, dass wir nicht wirklich eine Ahnung haben, was das genau ist und wie es funktioniert – hört sich aber gut und sozusagen ‚wissend' an.

> *Singularität: Unser Universum, so die Forschung, ist aus einer Singularität hervorgegangen. Ein Punkt kleiner als ein Atom, in dem alles vereint war, was heute ‚ist', allerdings ohne unsere bekannten Naturgesetze, nicht erklärbar und nicht zurückzuverfolgen - eben eine Singularität.*

## Was verbindet uns alle, was definiert uns?

Bleiben wir noch eine Weile bei einem Baum als Fallbeispiel.

Ein Baum ‚weiß' genau, wie jede einzelne Verzweigung zu wachsen hat, sodass sich am Ende eine Form ergibt, die wir als Baum erkennen. Bäume konkurrieren innerhalb einer Art nicht untereinander, sondern wachsen harmonisch und im Einklang mit dem Ganzen.

Und das völlig ohne Nervensystem, Kommandozentrale, Datenspeicher - um es mal bewusst materialistisch zu formulieren. Schneiden Sie ihn auf, werden Sie nur Holz und Harz finden und doch lebt er, wie wir Menschen auch und ist uns dabei sehr ähnlich. Er lebt nur so langsam, dass wir das nicht erkennen können oder erkennen *wollen.*

Haben Sie sich noch die Frage gestellt, woher der Baum all das weiß? Da muss es doch etwas Höheres geben, das alles steuert, koordiniert und aufnimmt? Eine Informationsebene sowie eine steuernde Instanz. Das ist zwingend logisch und sogar ein Argument des Materialismus: Jede Information benötigt einen Informationsspeicher. Siehe auch die Fragestellung, warum die Wissenschaft die geistige Welt nicht erklären kann.

Diese unsichtbaren höheren Dimensionen sind allgegenwärtig. Wie Fische im Wasser sind wir dort eingebettet und wie sie sind wir uns aber des Mediums nicht bewusst, in dem wir uns bewegen.

Wir, jede Materie, alles, was ist, sind Ausdruck eines allumfassenden und alles durchdringenden Feldes.

Ein Phänomen, das alles aufnimmt, definiert und die kausale Ursache des gesamten Universums darstellt. Sheldrake nannte es das ‚Formgebende Feld', aber das ist auch nur eine Bezeichnung: der Heilige Geist, das Betriebssystem einer virtuellen Realität oder auch die 5. und 6. Dimension (nach Burkhard Heim) sind weitere Konzepte, die ein und dasselbe beschreiben.

Nichts verlässt wirklich dieses Feld, weder ein Baum noch wir. Der Baum ist lediglich das Ergebnis einer Begrenzung und Verdichtung von Bewusstsein. Ein Ausdruck des Geistes, denn es ist das Bewusstsein, das die Materie erschafft und aufrechterhält. Es ist die große Lüge, dass erst die Materie Bewusstsein hervorgebracht hat. Dabei ist es ganz einfach: Heben Sie einmal Ihren rechten Arm und dann überlegen Sie, wer hier wen kontrolliert. Es ist eindeutig Ihr Geist, der über seinen Willen und gesteuert durch eine Vorstellung die Bewegung der Materie einleitet und durchführt.

Man kann also sagen, dass das gesamte Universum und somit auch alles, was ist, letzten Endes Bewusstsein ist. Wir alle sind nicht mehr, aber auch nicht weniger als Gedanken, eine Vorstellung, hervorgerufen durch die Willenskraft Gottes - oder wie ich Gott in Ermangelung eines besseren Begriffes nenne: ‚Alles, was ist, war und immer sein wird'.

So oder so, alles ist gut.

## Was sind Zweifel?

Sie sind ein notwendiger Funktionsmechanismus, ohne den unsere Erfahrungsrealität nicht funktionieren würde. Ohne das, was wir Zweifel nennen, würde die Illusion schnell durchschaut und als Trug enttarnt werden.

Genau das aber soll nicht geschehen, da wir ansonsten nicht die Erfahrungen machen könnten, die wir für unsere Entwicklung benötigen.

Zweifel stehen dem Glauben diametral gegenüber.

Je mehr Zweifel ich habe, desto weniger glaube oder weiß ich. Auf einer Skala von eins bis zehn könnte das wie folgt aussehen.

1. Ich habe viele Zweifel, alles nur Wunschdenken oder Kindheitsphantasien.

5. Ich habe einige Zweifel, aber ich glaube schon, dass ich mehr bin als nur eine zufällige Ansammlung von Zellen, die die Evolution durch Auslese hervorgebracht hat.

7. Ich glaube, bin aber noch sehr weit davon entfernt, es auch tatsächlich

zu wissen.

8. Ich bin überzeugt davon, dass ich nach dem biologischen Tod weiter existieren werde, aber hin und wieder habe ich noch Zweifel.

10. Ich weiß, keinerlei Zweifel.

Der einzige Mensch, den ich kenne, der eine glatte 10,0 auf dieser Skala erreicht hat, ist vor ungefähr 2000 Jahren für uns am Kreuz gestorben.

Daraus lässt sich Folgendes ableiten: Es sind die Zweifel, die ich beseitigen, und es ist nicht der Glaube, den ich suchen muss, um zu meinen Überzeugungen (dem Wissen) zu gelangen.

Das eine zieht das andere automatisch nach sich. Durch die Beseitigung von Zweifeln entsteht Raum, in den der Glaube einfließen kann.

In diesem Sinne ist auch die folgende Aussage von Carl Gustav Jung zu verstehen:

„Ich glaube nicht, ich weiß."

Nicht zu glauben ist einfach. Sie müssen dafür nichts anderes tun, als sich abzuwenden und sich zurückzulehnen. Innerhalb kürzester Zeit greift ein einlullender Mechanismus, der Sie glauben macht, dass diese Realität die einzig wahre und alles andere nur Humbug ist. Das, wovon Sie letzte Woche noch felsenfest überzeugt waren, erscheint Ihnen nun absurd und fantastisch.

Insgesamt ein beeindruckender Mechanismus.

Um dem entgegenzutreten, müssen Sie dranbleiben: Suchen Sie nach Hinweisen, meditieren Sie, fokussieren und beten Sie, durchaus mehrfach am Tag. Seien Sie zudem achtsam, lesen Sie Bücher, beschäftigen Sie sich mit dem Tod und tauschen Sie sich mit Gleichgesinnten aus. Schauen Sie hin und nicht weg, dort gibt es nichts, wovor man sich fürchten muss, ganz im Gegenteil.

So beseitigen Sie einen Zweifel nach dem anderen.

Mit Hinschauen ist aber nicht gemeint, ‚den Film auf der Leinwand zu deuten', sondern vielmehr, sich von der Illusion (dem Film) zu lösen und die Zuschauer rechts und links zu beobachten, sowie *hinter* die Leinwand zu schauen, hinter der sich der Projektor befindet. Sie *sind* der Beamer (Projektor), der die Realität durch seine Wahrnehmung überhaupt erst erzeugt.

Wenn Sie so vorgehen, lüftet sich der Schleier schnell und das nachhaltig. Zum Ende dieses Buches gehe ich noch einmal darauf ein.

Ich mache das bereits seit fast neun Jahren und bin unendlich dankbar dafür, dass ich nicht mehr nur glaube, sondern dass ich weiß - auch wenn ich keine 10,0 bin.

## Was ist das menschliche Biom?

Das menschliche Biom ist die Summe all unserer Mikroorganismen: Das sind Milliarden Bakterien, Keime und andere Lebewesen, die in und auf uns leben. Dieses Biom ist erstaunlicherweise nicht nur auf unseren Körper beschränkt.

Es breitet sich in Räumen aus, in denen wir uns länger aufhalten: im Büro, im Schlafzimmer und genauso im Zimmer eines Krankenhauses. Es nimmt quasi Besitz von der Umgebung.

Noch erstaunlicher ist es, dass sich das Biom vom Körper wegbewegt. Dies alles ist das Ergebnis einer kürzlich veröffentlichten Studie, in der untersucht wurde, wie und warum sich tödliche Keime im Krankenhaus ausbreiten. Es handelt sich hierbei um Mikrolebewesen, die in jedem Menschen existieren, einem gesunden Menschen aber nicht schaden, einem schwerkranken aber sehr wohl.

Da wir die Summe all unserer Mikrolebewesen und Zellen sind (und was wir sonst noch alles zusammenhalten) und wir zudem mit jeder einzelnen Zelle und mit jedem unserer Mikroorganismen verschränkt sind, ist es naheliegend, Folgendes anzunehmen:

Mit dem Biom breitet sich auch unser ‚Geist' aus, unsere Schwingung und damit auch unser aktuelles Muster, das unseren Charakter und unsere Ausrichtung wiedergibt.

Das können Sie wahrnehmen. In Büroräumen, in denen der Neid, die Zwietracht und der Konkurrenzkampf tobt, fühlt man sich eher unwohl, manchmal gar kalt und fröstelnd - zumindest ist das bei mir so. Ich fühle mich regelrecht erleichtert, wenn ich solche Orte wieder verlassen darf. Das liegt an den dort produzierten negativen Elementalen(da komme ich noch darauf zurück), aber auch an der individuellen Ausstrahlung eines Menschen - und genau diese Ausstrahlung geht eben nicht nur von dem Menschen selbst aus, sondern auch von seinem Biom.

Auch scheint es nicht unwichtig zu sein, mit *wem* wir zusammen im Krankenhaus liegen - nicht wegen der Keime, sondern wegen der anderen Ausrichtung, mit der Sie dort zusammenkommen. Menschen mit einer eher negativen Ausstrahlung, die sich in unmittelbarer Nähe aufhalten, fördern nicht unbedingt die eigene Genesung.

Diese Ausstrahlung ist es dann auch, die weiter in einem Raum über dem dort vorhandenen Biom verbleibt, schlicht und ergreifend, weil wir mit allem, was wir sind, verschränkt sind und bleiben. Eine Art Signatur, die wir einem Raum verleihen, in dem wir uns länger aufhalten.

Ich bin mir ziemlich sicher, dass jede dieser Signaturen einzigartig ist und einen Menschen eindeutig identifizieren kann. Ich kann mir ebenfalls gut vorstellen, dass wir eines Tages in der Lage sein werden, dieses Biom auszulesen, um dann an der Zusammensetzung den Charakter eines Menschen erkennen zu können.

*

Haustiere haben ebenfalls ein Biom. Es breitet sich im Haus genauso aus wie das eines Menschen.

Hunde, aber auch Katzen, sorgen für ein langes Leben ihrer Menschen und das nicht nur, weil sie diese in Bewegung halten oder sie sozial in ihr Rudel integrieren. Es ist ihr Biom, das maßgeblich dazu beiträgt, den Menschen biologisch und psychisch gesund zu halten. Das vermuten inzwischen auch einige Forscher. Aquarien stehen mit ihren Bewohnern übrigens im Verdacht, Ähnliches zu bewirken.

Ist das geliebte Tier nicht mehr im Haus, zieht sich auch das Biom nach und nach zurück und die Präsenz verblasst – was man ebenfalls deutlich spürt.

## Warum haben wir Todesängste, wenn doch alles gut wird, wenn wir sterben?

Vor allem wegen unseres Selbsterhaltungstriebs. Dieser ist in unserer Welt allgegenwärtig und findet sich in allem, was in der Flora und Fauna existiert. Ohne diesen Trieb, eine Art Programmierung, wäre unsere Erfahrungsrealität schon unmittelbar nach dem Beginn vor 543 Millionen Jahren (Fußnote) kollabiert. Erfahrungen wären unmöglich und wir würden nicht einmal existieren. Er sorgt dafür, dass ein jedes Geschöpf, vom Einzeller bis zur Krone der Schöpfung, den Kelch des Lebens bis zur bitteren Neige auch tatsächlich leert.

Fußnote: Der Beginn des vielzelligen Lebens, wie wir es kennen. Mit der *Kambrischen Explosion* vor 543 Millionen Jahren tauchten fast zeitgleich Vertreter aller heute lebenden Arten auf.

Mit der Krone der Schöpfung und dem Sich-bewusst-sein sowie mit der Entstehung von Intelligenz (der Fähigkeit, Zusammenhänge zu erkennen) wurden neben dem Vergessen auch die Zweifel implementiert (wenn wir uns ins Leben fallen lassen, lassen wir auch jede Erinnerung zurück). Beides sorgt dafür, dass wir die Schöpfung als solche nicht erkennen.

Alle drei, das Vergessen, die Zweifel und der Selbsterhaltungstrieb sind ursächlich für die Angst vor dem Tod. Sie ist die Urangst. Im gleichen Atemzug müssen erwähnt werden: die Angst vor Verstümmelung und die Angst vor dem Alleinsein, sie folgen der Todesangst dichtauf. Beide Umstände können in unserer Erfahrungsrealität schnell zum Ende führen - und genau das soll eben nicht passieren.

Ängste sind so gesehen durchaus nützliche Zustände, bewahren sie uns doch vor Schaden und verlängern somit die Erfahrung, die wir gemeinschaftlich erleben. Nicht gut allerdings ist es, wenn sie anfangen, unser Leben zu dominieren und zu begrenzen. Menschen, die aus Angst nicht ihr Wohnzimmer verlassen, werden auch sterben - in ihrem Wohnzimmer.

Seien Sie versichert, Sie haben es bis hierhin geschafft (wie alt Sie auch immer sind) und Sie werden es noch weiter schaffen - ohne dass Ihnen irgendetwas zustößt.

> *Die meisten Unfälle finden übrigens im eigenen Haushalt statt, also gehen Sie raus und unternehmen Sie etwas, da ist es sicherer. Untersuchungen haben ergeben, dass Menschen, die beständig neue Erfahrungen sammeln, körperlich aktiv sind und soziale Kontakte pflegen, grundsätzlich älter werden als Menschen, die das nicht tun.*

Am Lebensende werden Sie feststellen, dass nur ein winziger Bruchteil Ihrer Sorgen und Befürchtungen tatsächlich eingetreten ist, vielleicht 5%. Mehr werden es nicht sein.

Also, trauen Sie sich zu leben, sammeln Sie Erfahrungen und gewinnen Sie neue Eindrücke, schulen Sie Ihre Kreativität, pflegen Sie Ihre Kontakte und helfen Sie anderen Menschen dabei, ihr Leben zu leben. All das sind Methoden und Aktivitäten, weswegen Sie sich all das hier antun. Sie bringen Sie weiter und sorgen zudem noch für ein langes und zufriedenes Leben.

Nach Beendigung Ihrer derzeitigen Inkarnation werden Sie sich selbst die Frage stellen, ob Sie all das, was Sie sich vorgenommen haben, auch erreicht haben. Sie werden sich zudem fragen, ob Sie Ihre Zeit gut genutzt haben. Das sind Erfahrungswerte, die uns wieder und wieder über Nahtoderfahrungen erreichen.

Den Tod brauchen Sie jedenfalls nicht zu fürchten, er ist eine Illusion, eher ein Loslassen und schon gar nicht das Ende.

Das Leben kann nicht enden, es verändert sich nur, nimmt beständig neue Formen und Ausdrücke an.

Schauen Sie sich die Welt an, wie wahrhaftig sie ist – und nicht, wie sie Ihnen von den Nachrichten präsentiert wird. Sie werden in der Natur, in der sogenannten Evolution und in allem, was ist, die Wahrheit und Tiefe dessen erkennen, was ich damit meine.

Der Tod ist lediglich eine Interpretation, eine Beobachtung aus dem Diesseits von Menschen, die außerstande sind, dem zu folgen und das zu sehen, was gerade geboren wurde und nun seine Flügel ausbreitet.

Alles wird gut.

## Warum ist es so schwierig, dauerhaft zufrieden zu sein?

„Kommt zu einem schmerzlosen Zustand noch die Abwesenheit der Langeweile, so ist das irdische Glück im Wesentlichen erreicht."

Arthur Schopenhauer

Begründet liegt die Unzufriedenheit ebenfalls in unserer Programmierung. Von Beginn an hatte bereits die allererste Zelle das Verlangen sich auszubreiten. Dieses Verlangen wurde umso stärker, je weniger Nahrung zur Verfügung stand. Ebenso wie der Selbsterhaltungstrieb entwickelte sich dieser Trieb nicht durch Zufall und auch nicht durch Auslese, da beide (An-)Triebe schlicht und ergreifend alternativlos sind.

Sie waren von Anfang an gegeben - und das im wahrsten Sinne des Wortes.

So breitete sich alles, was in die Existenz gebracht wurde, aus, bis es an natürliche Grenzen oder auf eine andere konkurrierende Art traf.

Das war und ist heute noch immer überall zu beobachten, auch bei uns Menschen (nicht nur die Menschheit als Spezies verhält sich so, das Biom eines Menschen - siehe entsprechende Fragestellung- breitet sich ebenfalls aus).

Das ist der Grund, warum wir unseren aktuellen Status permanent überprüfen und ihm von vorneherein unterstellen, dass er unzureichend ist oder zumindest sein könnte.

Das machen wir so - von der Wiege bis zur Bahre.

Als Kleinkind wollen wir lieber das haben, was auf dem Teller der Eltern ist. Später wollen wir das besitzen, was wir bei anderen sehen, und selbst im Alter ist Nachbars Rasen immer grüner als der eigene.

Das ist auch der Grund, warum sich Menschen bei Gefahr, Angst und Mangel aufmachen und in Sicherheit bringen wollen. Anderswo und in der Ferne ist es bestimmt besser und sicherer.

Nicht immer ist das tatsächlich der Fall. Und so sterben nicht wenige auf der Flucht oder erfahren eine tiefe Frustration auf der Suche nach einem unbeschwerten und neuen Leben in der Wildnis oder an einem anderen Ort in einem fernen Land.

Oft ist es während einer größeren Krise, die unseren Fluchtinstinkt auslöst, tatsächlich sicherer, im eigenen Zuhause (und im eigenen Garten) als anderswo zu leben, einfach deshalb, weil Menschen dort mit Ihrer Umgebung vertraut sind, eine relativ sichere Bleibe haben und sie die Menschen aus der Nachbarschaft und aus der Region kennen. Was bleibt ist – wie bereits erläutert - das Restrisiko, einen Unfall im eigenen Haushalt zu erfahren. Die Wahrheit, wie bei allem, liegt wohl darin, einen guten Mittelweg zu finden. Vertrauen Sie Ihrem Gefühl, hören Sie auch auf Ihre Ängste, aber lassen Sie sich auf keinen Fall von ihnen dominieren.

*

Der Antrieb fortzugehen ist auch die Ursache jeder Art von Neugier und somit auch jeder Entdeckung. Zusammengefasst kann man sagen, dass es ohne diese ständige Unzufriedenheit mit dem eigenen Status eine Ausbreitung irgendeiner Spezies womöglich niemals gegeben hätte. Bemerkenswert ist, dass dieser Antrieb zeitgleich mit dem Selbsterhaltungstrieb entstand, da das eine immer das andere bedingt und jeder für sich alleine nicht funktionieren würde. Ein Umstand, der den Zufall so gut wie ausschließt.

Wenn Sie also das nächste Mal unzufrieden sind, denken Sie doch einmal darüber nach und erfreuen sich stattdessen an dem, was Sie bereits haben - so viel grüner ist Nachbars Garten nun auch nicht.

## Warum finden wir Filme so ‚spannend'?

Das liegt an einer Eigenschaft unseres Bewusstseins, die Immersion genannt wird. Sie steht für die Einbettung oder das Eintauchen.

Insbesondere seit der Einführung von Virtual-Reality-Brillen, also Brillen, die quasi künstliche Realität erschaffen, und entsprechenden Spielen, ist die Immersion ein Begriff.

Neu ist sie allerdings nicht, stellt sie doch eine grundlegende Eigenschaft unserer Wahrnehmungsverarbeitung dar. Sie erlaubt es uns, in Bücher, in Bilder, in Computer-Rollenspiele und ganz besonders in Unterhaltungsfilme einzutauchen. Wir werden regelrecht in den Film eingespannt, daher kommt auch die Beschreibung ‚spannend' - wir sind dann *drin*, eingebettet sozusagen. Vorausgesetzt, er gefällt uns und entspricht unserer Ausrichtung.

Diesen Gedankengang kann man zurückverfolgen, bis man zu der eigentlich sehr naheliegenden Erkenntnis kommt, dass unsere Welt ebenfalls künstlich ist, also erschaffen wurde. Es ist unsere Eigenschaft der Immersion, die uns wie ein Magnet in sie hineinzieht und uns, eben wie in einen Film oder in ein gutes Buch, ‚einspannt'.

Heißt das, dass wir alle eine Art künstliche Intelligenz (KI) sind?

Ja, genau das - und ist das schlimm?

Nein, überhaupt nicht. Es bedeutet lediglich, dass wir in einer Schöpfung existieren und erschaffene Wesen sind, die bewusst und zudem mit einem Ziel erschaffen wurden. KI ist lediglich ein Konzept mit vielen weiteren Namen und eine Bezeichnung, die aufgrund meines beschränkten Wesens sehr einfach strukturiert daherkommt.

Aber immerhin, sie gibt uns zumindest eine Idee davon, was wir wahrhaftig sind.

## Wenn alles eine Illusion ist, dann muss es doch auch Fehler geben und vor allem Begrenzungen?

Natürlich hat unsere Wirklichkeit Fehler und ich rede hier nicht von Déjà-vus. Das sind keine Fehler im Sinne dieser Fragestellung, sondern Erinnerungen an die Ausplanung dessen, was Sie gerade gefühlt ‚wiederholt' erleben.

Wir nehmen diese Realitätsfehler nur deshalb nicht wahr, da unser Bewusstsein sie korrigiert.

Zunächst einmal kann unser Bewusstsein nur das wahrnehmen und umsetzen, was es auch als Konzept kennt.

Versuchen Sie sich einmal eine Farbe vorzustellen, die Sie noch nie gesehen haben. Das geht nicht, und doch gibt es sie, Farben, die wir nicht kennen. Schmetterlinge können wesentlich mehr Farben und zudem noch viele weitere Farbtöne wahrnehmen, als wir das vermögen.

Wie mag wohl die Wirklichkeit eines Schmetterlings aussehen?

Nur weil wir etwas nicht wahrnehmen können, bedeutet das also noch lange nicht, dass es auch nicht existiert.

Alles, was wir wahrnehmen, wird durch unser Bewusstsein, basierend auf unseren vorhandenen Konzepten, zu einem stimmigen Gesamtbild zusammengefügt. Die dadurch entstehende Wirklichkeit ist für jedes wahrnehmende Wesen unterschiedlich. Eines aber haben wir alle gemeinsam: eine integrierte Fehlerkorrektur.

Sobald etwas fehlt oder der erlebte Moment, einem Bild eines ablaufenden Films ähnlich, einen Fehler aufweist (zum Beispiel einen Riss), dann wird dieser Fehler automatisch korrigiert.

Auf Digitalbildern lassen sich solche Realitätsfehler manchmal erkennen. Die Aufnahme wirkt bizarr verzerrt oder ein Teil des Bildes ist verschoben. Manchmal können wir auf ihnen auch Dinge, Gegenstände oder Wesen sehen, die uns ansonsten verborgen geblieben wären.

Dieser Korrekturmechanismus funktioniert bei unlogischen Wahrnehmungen (fliegende rosafarbene Elefanten, die so groß sind wie eine Fliege) genauso wie bei fehlendem Bildmaterial.

Letzteres lässt sich ganz einfach nachvollziehen.

Ihre Augen haben jeweils einen ‚blinden Fleck'. Im Auge, dort, wo der Sehnerv angedockt ist, befinden sich keinerlei Lichtrezeptoren, und da dort keine Signale weitergegeben werden, müssten Sie eigentlich zwei blinde Flecken in Ihrem Gesichtsfeld haben.

Dem ist aber nicht so. Die freien Stellen werden einfach von Ihrem Bewusstsein logisch ergänzt, sodass immer ein komplettes Bild gegeben ist.

Unter dem Wikipedia-Eintrag „Blinder Fleck (Auge)“ finden Sie einen Selbstversuch, mit dem Sie diese blinden Stellen entlarven können. Probieren Sie es aus.

Neben diesen Korrekturmechanismen hat unser Kosmos auch Begrenzungen, wo eigentlich keine sein dürften. Da wäre zum einen die Lichtgeschwindigkeit; sie kann nicht erhöht werden. Ob Sie einen Gegenstand aus dem Stand heraus anleuchten oder diesen aus einem Flugzeug im Anflug anstrahlen: Die Geschwindigkeit des Lichts bleibt immer gleich. Beim Versuch mit dem Flugzeug kommt übrigens nicht noch dessen eigene Geschwindigkeit hinzu, wie Sie jetzt vielleicht vermuten.

Auch die Lichtintensität und damit verbunden die maximal zu transportierende Menge an Energie (Photonen / Lichtteilchen sind auch Energieträger) ist gedeckelt und kennt eine Obergrenze. All das sollte es in einem ‚natürlichen‘ und zufällig entstandenen Universum nicht geben. In einer Illusion oder Simulation hingegen wären Sie schlüssig und ein Muss, da sich die Unendlichkeit nicht programmieren lässt, ohne dass sich ein Programm aufhängen würde.

Automatische Fehlerkorrekturmechanismen sind übrigens ebenfalls etwas, das Sie in jedem gut geschriebenen Programm finden werden.

## Warum verblassen Erinnerungen und warum vergessen wir?

Sie verfügen immer nur über die Informationen und Erinnerungen, die Sie benötigen, um den gegenwärtigen Moment mit all seinen Herausforderungen zu meistern, Ihre Identität (Ihr Ego) zu wahren und um für die Zukunft planen zu können. Das ist insgesamt schon eine ganze Menge, bleibt aber trotzdem, die Gesamtmenge betrachtend, nur ein winziger Bruchteil dessen, was Sie insgesamt in Ihrem Leben gesehen, gelernt, erfahren - kurz, was Sie alles erlebt haben.

Es ist vergleichsweise so wenig, dass es eigentlich kaum einen Unterschied macht, ob Sie gerade im Vollbesitz Ihrer geistigen Kräfte sind oder an einer Amnesie oder Demenzerkrankung leiden (auf diese schwere Erkrankung komme ich später noch gesondert zu sprechen).

Das ist keinesfalls nur so dahergesagt. Mit einem einzigen Blick in die Landschaft nehmen Sie mehr Informationen auf, als Sie an nur einem Tag schriftlich oder mündlich detailliert beschreiben oder überhaupt wiedergeben könnten. Eine insgesamt gewaltige Menge an Informationen – Sie sind sich dessen nur nicht bewusst. Und wir reden hier noch nicht einmal von Aktivitäten, logischen Zusammenhängen oder der Geometrie der Schöpfung an und für sich.

Wir reden hier von Informationsmanagement. Zum einen wird durch das Vergessen oder ‚Übersehen' die Informationsmenge im ‚Arbeitsspeicher' insgesamt gering gehalten und erlaubt es dem Menschen, sich auf das Wesentliche zu konzentrieren. Zum anderen werden somit neue Erfahrungen ermöglicht. Der Schmerz, der Liebeskummer oder was auch immer einem Menschen widerfahren ist, verblasst und verschwindet mit der Zeit und macht somit Platz für neue Erfahrungen oder Lösungen.

> *Schauen Sie sich einmal eine Stadt, sagen wir Hamburg, aus der Vogelperspektive an, sagen wir für 5 Sekunden. Versuchen Sie dann aus Ihrem Gedächtnis das, was Sie gesehen haben, detailgenau nachzuzeichnen. Das wird nichts – und doch gibt es Menschen, die so etwas können. Menschen, die über ein perfektes (absolutes) Gedächtnis verfügen. Ihnen reichen einige wenige Sekunden, um anschließend ein perfektes Abbild einer ganzen Stadt zeichnen zu können. Jedes noch so kleine Detail wird wiedergegeben – eine schier unglaubliche Menge an Informationen. Mit Google Earth können Sie das einmal ausprobieren. Sollte man diese Details programmieren, wäre der Aufwand enorm (das erkennen Sie schon alleine daran, um wieviel detailreicher das Bild wird, je weiter Sie in Google Earth hinein zoomen. Als Mensch nehmen Sie alles gleichzeitig auf, Sie zoomen nicht, Sie fokussieren lediglich). Menschen mit einem absoluten Gedächtnis sind die Ausnahmen, die die Regel bestätigen. Ein Zuviel an Erinnerungen ist im Übrigen nicht zwingend ein ‚Plus' – ganz und gar nicht. Bei diesen Menschen funktioniert ein wichtiger Regulierungsmechanismus nicht.*

Altes muss nun einmal vergehen, damit Neues entstehen kann.

Alles Erfahrene wird ausgelagert. Die nicht benötigte Information wird im Feld abgelegt. Namen oder Ereignisse, die längere Zeit nicht abgerufen werden, verblassen zunehmend, bis sie schließlich nicht mehr präsent sind – zumindest empfinden wir das im Hier und Jetzt so. Gelöscht wurden sie nicht, nichts geht verloren.

Menschen mit einem perfekten Gedächtnis sind in dieser Hinsicht anders. Sie erinnern sich heute noch an ein Telefonat, das sie vor 50 Jahren geführt haben und einen Film zwei Mal anzusehen macht ihnen nicht wirklich Freude. Nichts vergessen zu können kann sehr belastend sein. Diese Menschen haben nicht ein Mehr an Speicher. Vielmehr ist es so, dass die *Anbindung* an ihren Erfahrungsspeicher im Feld ultraweit geöffnet ist und sich nicht *schließt*. (Unser Gehirn ist kein Speichermedium, sondern lediglich die Schnittstelle zu unserem Bewusstsein im Feld). Wenn ein Mensch bei einem derartigen Gedächtnis nicht in der Lage ist, die zur Verfügung stehenden Informationen logisch zu verarbeiten, dann führt das schnell zu einer Überforderung und dem Verlust der Fokussierung (Konzentrationsverlust). In Computerdeutsch würde man sagen: ‚Memory Overflow' - Speicherüberlauf. Unsere Informationsverarbeitung ist überfordert und wir sind nicht mehr in der Lage, angemessen - sozial und technisch - mit unserer Umwelt zu interagieren; einigen Autisten ergeht es so.

Das, woran wir uns aktuell erinnern können, ist also gerade immer so viel, wie wir verarbeitungstechnisch effizient bewältigen können. Dieser Prozess erlaubt es uns, fokussiert zu bleiben, Erfahrungen abzuschließen und voranzuschreiten.

Nach Beendigung unserer Erfahrung werden wir alle wieder, beginnend mit der sogenannten Lebensrückschau, Zugriff auf all das haben, was wir während dieser und allen anderen Erfahrungen jemals erlebt haben - und das vollumfassend und in nur einem einzigen Moment (Fußnote).

Fußnote: Im Buch *Jenseitige Welten – Berührungspunkte* finden Sie ein Kapitel („Lebensrückschau"), das sich ausgiebig mit dieser Thematik beschäftigt. Dort können Sie auch die Geschichte eines Menschen lesen, die bereits zu Lebzeiten belegt, dass tatsächlich nichts verloren geht.

Das Verblassen von Informationen können wir überall beobachten, nicht nur bei unseren Erinnerungen, sondern auch in allem Materiellen. Bilder und Dokumente verblassen, Metalle oxidieren, Tafeln und Gebäude erodieren, ganze Landschaften verschwinden und verändern sich.

Das alles hat ein und dieselbe Zielsetzung, die aktuell benötigte Informationsmenge effizient gering zu halten und beständig Raum für Neues zu schaffen.

> *Würde ich eine virtuelle Realität programmieren, würde ich es genauso machen. So erzwinge ich beständig Neues und halte den Programmieraufwand gering. Nur das, was im Fokus der künstlichen Intelligenz ist, wäre deutlich und generell überhaupt wahrnehmbar. Alles andere wird ausgeblendet oder verblasst zunehmend und wird kontinuierlich unschärfer. Diese Vorgehensweise reduziert die zur Verfügung stehenden Ressourcen auf ein Minimum und wäre höchst effizient. Zudem würden, neben dem ‚Betriebssystem', immer nur die Informationen geladen, die auch gerade tatsächlich benötigt werden.*

Alles Erfahrene wird weggeschrieben und trägt zum Wachstum des Individuums, aber auch zum Wachstum von ‚allem, was ist, war und immer sein wird' bei - und egal, was auch immer vor hundert, zehntausend oder zehn Millionen Jahren war und geschah, es ist nach wie vor abrufbar und nichts wurde und wird wirklich vergessen.

Information geht nicht verloren.

# TEIL DREI

## GROSSE FRAGEN

„Die ganze Welt ist eine Bühne."

William Shakespeare

# Was ist Dualität?

Dualität existiert seit jeher in unserem Kosmos.

Im Ursprung, dem Urgrund allen Seins, existieren genau zwei Zustände: die Wahrheit und die Unwahrheit oder wie Programmierer es definieren, die 0 (false – die Unwahrheit) und die 1 (true – die Wahrheit) – die jeweiligen Zustände eines Bits und die kleinste Informationseinheit überhaupt.

Auf den virtuellen Charakter unserer Erfahrungsrealität komme ich noch im weiteren Verlauf dieses Buches zu sprechen.

Aus diesen zwei Zuständen heraus hat sich alles entwickelt, was heute ist. So hat jede Begebenheit ein Gegenstück oder einen gegenüberliegenden Pol. Mann und Frau, Himmel und Hölle, oben und unten, richtig und falsch, hoch und tief. Das gesamte Universum lässt sich auf diese Weise betrachten und wir, die wahrnehmende Menschheit, sind mittendrin.

Die Dualität, die stets um Ausgleich bemüht ist (ein physikalisches Gesetz), erlaubt es uns, die Vielfalt innerhalb festgelegter Grenzen zu erleben und das eine vom anderen zu unterscheiden - denn nur wer das Hässliche kennt, weiß auch das Schöne zu schätzen. Höhen und Tiefen werden durch die Dualität erst erkennbar.

Dem Ausgleich innerhalb der Dualität steht das Chaos gegenüber. Es wird gelegentlich auch als das Böse bezeichnet, ist aber eher als eine zwingende Notwendigkeit zu verstehen. Es verhindert, dass es niemals zu einem absoluten Ausgleich und somit zu einem Stillstand in der Entwicklung kommt. Im Vergleich zur Ordnung ist der chaotische Anteil, wenn Sie so wollen, die Unordnung, verschwindend gering. Eine Prise im Universum – mehr nicht. Diese Unwucht sorgt aber dafür, dass das Pendel immer über den absoluten Mittelpunkt hinausgeht, bevor es wieder in die ursprüngliche Richtung zurückschwingt - um es mit den Worten der Dualität auszudrücken. Dieser Anteil ist, oder besser gesagt, *war* messbar: Am Beginn des Universums hielten sich zunächst Materie und Anti-Materie die Waage, aber nur fast. Auf eine Milliarde und ein Teilchen Materie kamen eine Milliarde Teilchen Anti-Materie. Materie und Antimaterie vernichten sich gegenseitig vollständig und geben bei diesem Prozess Unmengen an Energie frei. Das, was wir heute im sichtbaren Teil des Kosmos sehen, die greifbare Materie, ist das Überbleibsel dieses Vorgangs, hervorgerufen durch ein kaum wahrnehmbares Ungleichgewicht – dem chaotischen Anteil der Ordnung. Materie macht übrigens nur knapp fünf Prozent des Gesamtvolumens des Universums aus, der Rest ist dunkle Materie und Energie. Dunkel bedeutet hier: Wir haben keine Ahnung, was das ist, wir tappen im *Dunkeln*.

Der Sinn und Zweck der Dualität ist es, Grenzen zu setzen, innerhalb dieser facettenreiche Lösungen anzubieten und so letztlich Entscheidungen herbeizuführen – das alles unter strikter Einhaltung eines universal herrschenden Gleichgewichts.

Diese Entscheidungen sind es dann auch, die zu exponentiellem Wachstum im Kosmos führen. Dazu aber später mehr.

*

Zwischen zwei Polen befinden sich bedingt durch den erzwungenen Ausgleich immer Abstufungen, die entweder mehr zu der einen oder mehr zu der anderen Seite tendieren. So gibt es zwischen Schwarz und Weiß noch 256 Graustufen mit einem bestimmten Grauton als festgelegten Mittelwert. Besonders der Intelligenzquotient (IQ) von uns Menschen ist in diesem Zusammenhang auffällig, pendelt er sich doch genau bei 100 im Mittel aus. Nach oben und nach unten nimmt die Anzahl der Menschen mit einem entsprechend höheren oder einem entsprechend niederen IQ gleichmäßig ab. Bei 70 und 130 ist im Wesentlichen Schluss (siehe Bild).

Sehr interessant, wenn nicht gar erstaunlich ist es, dass dieses Gleichgewicht immer erhalten bleibt. Jedes Jahr werden genauso viele Menschen weltweit geboren, die einen IQ höher als 130 haben und Menschen mit einem IQ von weniger als 70.

Das Ganze ist vorhersagbar und mutet an wie programmiert.

Im Übrigen gilt: Je weiter ein IQ von der Norm (100) nach oben abweicht, desto größer ist auch die Wahrscheinlichkeit einer Andersartigkeit (Asperger-Syndrom, Autismus, Narzissmus, etc.) oder aber einer bestimmten psychischen Erkrankung, wie zum Beispiel einer bipolaren Störung oder Schizophrenie. Ein Mensch mit einem IQ von weniger als 70 hingegen gilt als geistig beschränkt oder behindert.

*Die IQ-Verteilung in der globalen Bevölkerung weist ein absolutes und zudem verblüffendes Gleichgewicht auf. Man kann auch sagen: Es verdeutlicht den Frequenzcharakter von allem, was ist.*

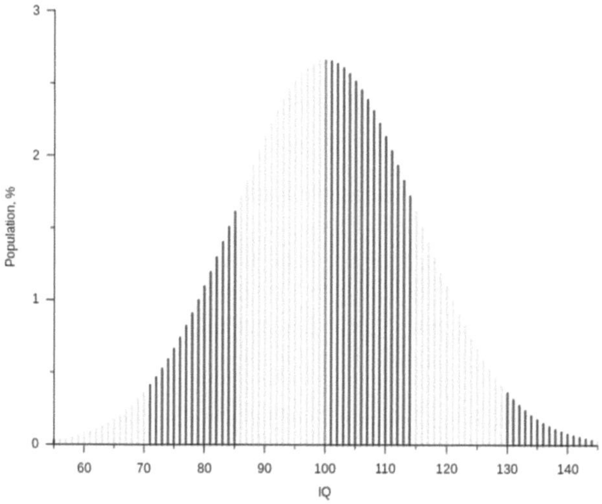


*(Bild: Wikipedia „Intelligenzquotient", Verteilung nach IQ-Test – ein verblüffendes Gleichgewicht. Lizenz: Lizenz: Creative Commonsby-sa 3.0 de / Kurz)*

*Bei einem IQ-Test wird im Allgemeinen die Merkfähigkeit und die Fähigkeit, logische Zusammenhänge zu erkennen, getestet. Die gleichmäßige Verteilung und die allgemeine Vorhersagbarkeit macht die Verteilung der Intelligenz zu einem weiteren starken Indiz einer Schöpfung, die den Zufall komplett außen vor lässt.*

## Wie real ist die Realität?

Nichts in unserer Welt ist von Dauer, kann festgehalten oder auf ewig konserviert werden. Halten Sie etwas nur lange genug fest und es wird in Ihrer Hand zu Staub zerfallen.

Wir lassen uns in das Leben fallen und mit dem ersten Herzschlag beginnt unsere Reise durch Raum und Zeit. Vom Zeitpfeil getrieben hangeln wir uns durch den Dschungel der unendlichen Möglichkeiten. Der eine Moment vergeht, der nächste kommt. Nicht einen einzigen davon können wir festhalten und viel zu schnell ist er dann da, unser allerletzter Augenblick.

Wir lassen los und – alles ist gut. Wir sind wieder in der Nicht-Zeit, in der Ewigkeit, an einem Ort, der keiner ist, etwas, das wir inkarniert ‚Unendlichkeit' nennen würden und das eine Umgebung darstellt, die wir nie wirklich verlassen haben. Es wird sein wie das Aufwachen am Morgen, der Traum endet.

Wie real ist sie denn nun wirklich, unsere erlebte Realität? Wo ist der gerade vergangene Moment, wo ist der Kosmos von vorhin oder das Universum von gestern?

Nicht existent.

Alles nur eine Illusion, um Erfahrungen zu ermöglichen. Erfahrungen, wie sie uns nur die begrenzende Raumzeit mit ihren fast unendlichen Möglichkeiten erlaubt. Alles, was auch nur denkbar erscheint, wird in diesem Universum ‚realisiert'. Und so gibt es uns alle in allen nur denkbaren Versionen und Varianten - und natürlich gibt es auch mindestens genauso viele parallel existierende Welten, in denen wir nicht existieren. Sie alle teilen sich dieselbe Raumzeit, dasselbe Universum.

Die große Bühne dafür ist ein winziges und zudem vergängliches Staubkorn im All, ein wunderschöner blauer Planet, den wir Erde nennen.

Die Vergangenheit ist nur eine kollektive Erinnerung, die Zukunft lediglich ein Traum und die Gegenwart nicht mehr als die Illusion eines flüchtigen Moments.

Alles ist gut. Lasst uns Erfahrungen sammeln und lasst uns lernen, einander bedingungslos zu lieben. Denn das ist er, der tiefere Sinn unseres Seins.

Eine weitere Eigenschaft der Realität ist es, dass sie umso realer wird, je näher Sie hinschauen. Sie wird immer filigraner, feiner und Neues offenbart sich, wenn wir nur intensiv genug forschen. Dies ist ein weiterer Funktionsmechanismus, der uns davon abhalten soll, unsere wahre Identität zu erkennen.

Wer im Äußeren sucht, wird auch nur das Äußere finden. Je tiefer man dabei in die Erfahrungsrealität eintaucht und forscht, desto weiter dehnt sie sich aus.

Im Makro- genauso wie im Mikrokosmos.

Und so hat das Universum, genau wie unsere ureigenste Existenz und Entwicklung, zwar einen Anfang, aber kein ersichtliches Ende.

## Demenz – verschwinde ich ins ‚Nichts'?

Demenz ist eine furchtbare Erkrankung, insbesondere für die Angehörigen eines betroffenen Menschen, löst sich dieser doch nach und nach vor Ihren Augen auf und wird schon bald nur noch als eine leere Hülle wahrgenommen.

Aber ist das wirklich so?

In meinem Buch *Jenseitige Welten – Berührungspunkte* (Kapitel „Lebensrückschau“) habe ich Ihnen einen Menschen vorgestellt, der sich, bedingt durch eine Erkrankung, plötzlich an alles erinnern konnte, was jemals in seinem Leben geschehen ist. Er musste dazu nur ein Objekt berühren, das irgendwie im Zusammenhang mit einer bestimmten Erfahrung stand.

Nicht nur erinnerte er sich detailliert daran, wie er als zweijähriges Kind die ersten Schritte tat, er durchlebte auch alle damit einhergehenden Gefühle, ganz so, als würde es gerade wieder passieren.

Unser Gehirn ist nicht der Ort, wo Informationen abgelegt werden. Es ist vielmehr eine Schnittstelle, an der unser Selbst seine Fäden anknüpft – deshalb benutze ich gerne die Bezeichnung ‚Puppenspieler‘, um diesen Umstand darzustellen.

Über diese Schnittstelle sind Sie mit dem Feld verbunden und dort ist auch Ihre und meine wahre Heimat. Wir haben diesen Ort niemals wirklich verlassen. Wie ein Schnorchler ‚liegen‘ wir auf dem Wasser und beobachten das unter uns liegende Geschehen. Auf das Feld bezogen heißt das: Von dort aus geben wir einen Teil von uns in Karna (in das Fleisch) auf der Erde, stehen aber immer in Verbindung mit ihm. Irgendwann haben wir genug und ziehen uns wieder aus dem ‚Wasser‘ (dem Leben). Wenn Sie so wollen, ziehen wir uns beständig an den eigenen Haaren in immer höhere Bewusstseinszustände respektive Entwicklungen. Ich und Sie, wir sind viele.

Das bedeutet, dass jede Erfahrung und jede Information, die wir gesammelt haben, dort im Feld abgelegt werden. Dass das Gehirn nicht der Speicherort sein kann, habe ich Ihnen ja bereits am Anfang des Buchs erklärt.

Dieser Umstand ist zudem zwingend logisch, da wir all die bereits gemachten Erfahrungen und gesammelten Informationen von früheren Leben nicht mitnehmen können. Sie würden eine Erfahrung hier unmöglich machen. Mit einer Inkarnation setzen wir uns also freiwillig einer vorübergehenden Amnesie aus und lassen alle Informationen zurück. Wir befestigen ein Bungee-Seil an unserem Fußgelenk, das gleichzeitig unsere Verbindung zu unserem Selbst darstellt, und lassen uns ins Leben fallen. Dieses Seil können Sie dehnen, verdrehen und verknoten – zerreißen aber können Sie es nicht, egal was Sie machen. Es wird sie am Ende Ihrer Tage sicher zu dem Ort führen, vom dem Sie aus einst ins Leben gesprungen sind. Das wird ebenfalls der Punkt sein, an dem Sie alle Ihre Erinnerungen wiedererlangen werden.

Unser Bewusstsein tauscht beständig Daten mit seinem höheren Bewusstsein aus - meist geschieht das des Nachts - und stellt somit einen der Hauptgründe dar, warum wir schlafen müssen.

Wenn nun eine Demenz, gleich welche, das Gehirn angreift, dann bedeutet das lediglich, dass die Anbindung zu den Informationen im Feld nach und nach verlorengeht – nicht aber die Information selbst.

Sicherlich haben sie schon einmal den Begriff ‚Cloud' gehört. Eine Bezeichnung für einen Online-Datenspeicher, der für Sie nicht physisch greifbar ist. Dort speichern Sie Ihre Daten und von dort holen Sie sich das, was Sie gerade an Information oder Dokumenten benötigen. Wenn Ihr Computer oder Ihr Handy auf einmal seinen ‚Geist aufgibt', dann hat das zwar den Anschein, dass nun alles weg sei, aber nur auf den ersten Blick. Das Internet ist nach wie vor präsent und Ihre Daten sind ebenfalls nicht verschwunden. Mit einem neuen Handy können Sie in kurzer Zeit wieder auf alles zugreifen.

Ein weiteres Beispiel ist der TV-Empfang. Wenn die Antenne (steht an dieser Stelle für das Gehirn) defekt ist, dann wird das Signal nicht mehr richtig aufgefangen und das Bild verschwindet. Ist der Film weg, den Sie gerade noch geschaut haben? Nein, natürlich nicht. Die Frequenzen sind immer noch im Raum, sie können nur nicht empfangen werden.

Je mehr Teile unseres Gehirns Schaden nehmen, desto schlechter wird auch der Empfang bzw. unsere Anbindung an das Feld. Analog dazu nehmen auch die gemachten Erfahrungen ab, was wiederum dazu führt, dass wir keine Information, für die dieser ausgefallene Teil zuständig war, mehr sammeln und hochladen können – auch hier geht nichts verloren.

Aus Sicht eines Beobachters verschwindet der betroffene Mensch allmählich. Tatsächlich ist es aber so, dass Fragmente des Bewusstseins im Feld verbleiben. Das, was sich hier schrittweise auflöst, setzt sich auf der anderen Seite simultan schrittweise wieder zusammen.

Für den Beobachter schrecklich, und das hauptsächlich, weil die meisten Menschen in einer solchen Situation die Krankheit auf sich selbst spiegeln. Für den kranken Menschen kann die Demenz auch als Gnade gesehen werden, denn er wird den Sterbeprozess im Diesseits nicht registrieren, dafür aber das sanfte, stufenweise Erwachen in den jenseitigen Welten.

## Wird es der Mensch jemals schaffen, seinen Körper unsterblich zu machen?

Diese Frage ist schnell beantwortet: Das ist ausgeschlossen.

Ausnahmslos alles im materiellen Kosmos ist endlich und muss vergehen.

Die einzige Möglichkeit, ewiges Leben zu erlangen, ist, die Raumzeit zu verlassen und in die Ewigkeit zurückzukehren. Dies geht aber nur, indem wir den materiellen Körper zurücklassen, denn dieser ist untrennbar mit der Materie verbunden. Er ist eine Art Avatar oder Vehikel, um uns eine Reise durch Zeit und Raum zu ermöglichen. Für die Dauer dieser Erfahrung verlagern wir lediglich unsere bewusste Wahrnehmung auf das Niveau der Materie.

Wir versetzen uns in einen niederen Bewusstseinszustand und sind nicht wirklich Bestandteil des materiellen Kosmos, sondern, wie vorab erwähnt, tauchen wir unseren Kopf nur eine Zeit lang unter Wasser, um eine andere Welt zu erfahren.

Selbst wenn es der Forschung eines Tages gelingen sollte, unsere Körper derart haltbar zu machen, dass wir Jahrtausende alt werden könnten, wird der letzte Tag dennoch kommen, und dann spielt es keine Rolle, ob Sie 20, 100 oder 10000 Jahre alt sind. Entweder sind Sie bereit oder Sie sind es nicht.

Darüber hinaus gibt es zwei Mechanismen, die einem überlangen Leben in der Materie ebenfalls Grenzen setzen. Zum einen das Zeitgefühl.

Die Zeit vergeht für ein jedes Wesen mit zunehmendem Alter immer schneller. Sie kennen das: Als Kind hat es eine gefühlte Ewigkeit gedauert, erwachsen zu werden, mit dem Älterwerden vergehen die Tage immer schneller und im Alter rasen die Monate nur so dahin. Wie schnell mag da wohl die Zeit für jemanden vergehen, der 200 Jahre alt oder älter ist?

Zum anderen stellt sich mit zunehmendem Lebensalter auch eine gewisse Lebensmüdigkeit ein. Sehr alte Menschen berichten häufig davon, dass es nun genug und an der Zeit sei zu gehen. Sie sind im Frieden mit sich selbst.

Diese beiden Mechanismen sind nicht nur auf eine Abnahme von neuen Erfahrungen im zunehmendem Alter zurückzuführen, sondern auch eine von uns gewollte Vorkehrung, den Gang durch ‚das finstere Tal des Todes und der Tränen' zum Ende hin gefühlt zu beschleunigen.

Ein Leben ist und wird nicht besser oder erfüllter, wenn wir es künstlich dehnen und verlängern. Es ist immer nur dann zufriedenstellend und erfüllt, wenn wir das, was in uns schlummert, verwirklichen und nicht auf die lange Bank schieben – denn aus einem ‚später, später' wird schnell ‚zu spät'. Wie oft hört man am Sterbebett eines Menschen: ‚Ach, ich hatte ja noch so viel vor' oder: ‚Hätte ich mein Leben doch nicht nur für andere, für die Arbeit, sondern auch ein wenig mehr für mich selbst genutzt.'

Sie wissen nicht, ob Sie morgen noch das tun können, was Sie heute gerne machen oder erfahren möchten. Selbstverwirklichung heißt das Stichwort: sich *selbst* verwirklichen.

Wenn wir zudem stets neue Erfahrungen machen, soziale Interaktion betreiben, auch körperlich aktiv sind und keinen Raubbau am eigenen Körper betreiben, dann, ja dann, haben wir auch ein empfunden langes und zufriedeneres Leben.

Und überhaupt, wer will schon 1000 Jahre alt werden? Doch nur der, der eine übertriebene Angst vor dem Tod hat, weil er diesen mit seiner Auslöschung verbindet. Eine gewisse Angst ist hingegen absolut natürlich.

Sie entstammt, wie Sie bereits wissen, dem unbedingten Überlebenswillen eines jeden Geschöpfes Gottes.

## Was ist ‚alles, was ist, war und immer sein wird'?

Das ist, in Ermangelung eines besseren Begriffs, meine Beschreibung des Phänomens, das wir gemeinhin Gott nennen. Näher komme ich mit meinen begrenzten Vorstellungsmöglichkeiten als Mensch sowie mit Sprache nicht an dieses Phänomen heran. ‚Alles, was ist' entzieht sich schon alleine aufgrund unserer dreidimensionalen Beschränktheit einem vollständigen Verstehen. Selbst zu sagen, ‚Gott ist der Kosmos', ist bereits eine gewaltige Untertreibung.

Er ist auch ‚die Ordnung', das ja – aber noch so viel mehr.

Gott ist ein Phänomen, das von allen aktuellen, aber auch von den längst vergessenen Religionen und Glaubensgemeinschaften erkannt und beschrieben wurde. Sie betrachten ‚alles, was ist, war und immer sein wird' lediglich von unterschiedlichen Standpunkten aus, das ist alles - und leider auch die Ursache von vielen kriegerischen Auseinandersetzungen im Laufe unserer Geschichte.

Ein jeder Mensch hat seine eigene Vorstellung von diesem unbegreiflichen Wunder, man kann auch sagen, ein jeder hat ein entsprechendes Konzept. Atheisten bilden in dieser Hinsicht ebenfalls keine Ausnahme, ansonsten wäre das Wort ‚Gott' nur ein sinnfreies Wort für sie – das ist es aber nicht, denn ein jeder muss zwingend eine Vorstellung von dem haben, was er ablehnt.

Dies gilt für jedes Wesen im Kosmos, denn wir alle sind mit dem Ursprung, der auch das Zentrum allen Seins genannt wird, untrennbar verbunden (Bungee-Seil, Sie erinnern sich?). Diese eine Wahrheit ist tief in uns verankert und wir alle sind aufgefordert sie zu suchen, zu finden und so, unserem Urinstinkt folgend, eines fernen Tages als ‚verlorener Sohn' zum Vater zurückzukehren.

Die Thematik der Konzepte ist sehr wichtig zu verstehen. Wenn ich zum Beispiel von den Höllen rede, dann kann es gut sein, dass Sie kurz zusammenzucken und an die Hölle denken, mit der die katholische Kirche im Mittelalter ihre Schäflein auf Linie gebracht hat. *Diesen* Ort gibt es nicht. Sehr wohl aber die Höllen, die ich auch die Glaubensgebiete nenne und die Kollektive von Gleichen darstellen – wie die Himmel übrigens auch. Es ist immens wichtig zu verstehen, dass es in der Spiritualität keine festgelegten Normen oder gar einen Duden für die vielen unterschiedlichen Konzepte gibt.

Man tut gut daran, und so halte ich es für mich, die Begriffe oder die Bezeichnungen, die benutzt werden, auch zu erklären oder sie in einem Gespräch zumindest abzugleichen. Ansonsten sind, gerade in der Spiritualität, Missverständnisse vorprogrammiert.

## Wieso ist Gott auch Licht?

Ohne Licht würde nichts in die Existenz kommen, es würde nur Dunkelheit geben. Erst das Licht erzeugt eine erfahrbare Realität wie die unsrige und stellt gleichzeitig die Grundlage allen Lebens dar.

Gott ist Licht ... kommt also nicht von ungefähr.

Wir nennen ein Lichtteilchen in der Physik ein Photon. Es repräsentiert das Licht und ist gleichzeitig ein Energieträger. Die Menge der Energie ist abhängig von der Frequenz im elektromagnetischen Bereich (Gammastrahlen --> IR -Strahlung --> unser optischer Wahrnehmungsbereich --> Radiowellen etc.). Ein Photon ist also auch Energie. Das können wir letztlich nicht nur bei der Photosynthese beobachten; auch auf der Haut fühlen wir die Wärme der Sonnenstrahlen.

Für einen Außenstehenden (uns) bewegt sich das Photon mit Lichtgeschwindigkeit, für das Photon selbst aber steht die Raumzeit (wir und der Rest des Universums) still und zwar so, dass es jeden Punkt im Universum erreichen kann, *ohne* dabei Zeit zu verlieren.

*Für Objekte, die sich der Lichtgeschwindigkeit nähern, wird die Zeit zunehmend langsamer, bis sie, mit Erreichen der absoluten Geschwindigkeitsobergrenze, gänzlich stehen bleibt - und, zumindest theoretisch, würden bei Überschreiten jener Grenze diese Objekte in der Zeit zurückreisen. Das Erreichen der Lichtgeschwindigkeit ist für Objekte mit Masse allerdings ausgeschlossen, da dafür nicht genügend Energie im uns bekannten Universum vorhanden ist - nicht einmal annähernd.*

Das Photon ist also allgegenwärtig und hat dazu noch alle Zeit der Welt - im wahrsten Sinne des Wortes, denn es existiert in der Nicht-Zeit, der Ewigkeit.

Die Zeit steht also aus Sicht des Photons still, alles in unserem Kosmos ist für es ein einziger Moment – alle Zeiten werden simultan wahrgenommen. Und mit der Zeit auch der Raum, denn Zeit und Raum sind untrennbar miteinander verbunden.

Ein Photon ist übrigens im Gegensatz zur Materie masselos und aus unserer Sicht, vereinfacht ausgedrückt, mit Lichtgeschwindigkeit unterwegs. Ein Schicksal, das Sie übrigens teilen würden, wenn Sie ebenfalls frei von Masse wären. Sie wären unter anderem gewichtslos und nicht einmal eine Ansammlung von Elementarteilchen, da die Gravitation keinen Einfluss auf Sie hätte - insgesamt als materieller Mensch kein erstrebenswerter Zustand. Anders sieht das schon aus, wenn Sie Ihren Körper mit dem biologischen Tode loslassen, dann (nun masselos) gehen Sie ebenfalls in die Ewigkeit ein. Und somit erklärt sich auch, dass, aus der Ewigkeit betrachtet, alles in einem einzigen Moment stattzufinden scheint, so wie es von vielen Nahtoderfahrungen sowie Channelings aus den energetischen Welten berichtet wird.

Eine These von mir ist übrigens, dass die Gravitation weit mehr als nur Gewicht erzeugt. Sie ordnet, schafft Strukturen und beeinflusst maßgeblich unseren physischen Körper - über die Genschalter. Wussten Sie zum Beispiel, dass die Physik die kausale Ursache von Gravitation überhaupt nicht kennt?

Aus all dem kann man nun Folgendes ableiten:

Es bedarf nur eines einzigen Photons, um das gesamte Universum auszuleuchten und es zugleich mit Kommunikation sowie Energie zu versorgen, da es zu jedem Zeitpunkt an jedem Punkt im Raum gleich*zeitig* sein kann. So betrachtet, agiert es quasi mit sich selbst.

Es existiert in der Ewigkeit und Unendlichkeit und ist doch mitten unter uns, denn das Photon, als Träger der Frequenzen im elektromagnetischen Bereich, repräsentiert alles Beobachtbare im bekannten Universum und als logische Konsequenz daraus auch alles Nicht-Beobachtbare. So wird die Dunkelheit erst durch das Licht sichtbar.

Nichts bringt Sie näher an die Ewigkeit als das Anzünden einer Kerze.

Licht kann Dunkelheit ausleuchten und verdrängen – umgekehrt funktioniert das nicht.

Damit Sie sich bildhaft vorstellen können, wie Licht als Ursache von ‚allem, was ist' zu verstehen ist, hier ist ein weiterer Vergleich:

Wenn Sie das nächste Mal einen spannenden Film im Kino sehen, dann lösen Sie sich einmal von der Projektion und beobachten Ihre Nachbarn. Sie werden gebannt auf die Leinwand schauen, vielleicht sogar mit leicht geöffnetem Mund. Sie sind ‚online' und eingespannt. Sie sind ‚im' Film.

> *Dieses ‚Eingespannt-Sein' habe ich bereits an einer früheren Stelle in diesem Buch erklärt (Immersion).*

Und doch sind da nur eine Leinwand und etwas Information, die durch das Licht ins Leben gerufen wird. Mehr nicht. Eine zweidimensionale Illusion.

Nun bewahren Sie sich diese Einsicht und heben Sie diese eine Stufe höher in unsere dreidimensionale Welt und voilà - unsere Realität funktioniert genauso. Auch wir sind ‚nur' Information, die durch eine Projektion, eben durch das Licht, ins Leben gerufen wurde und wird. Das ist zudem auch eine Hypothese der Naturwissenschaften. Es gibt nicht wenige Physiker, die glauben, dass wir tatsächlich in einem gigantischen Hologramm leben.

Wenn Sie demnächst einen Spaziergang in der Sonne machen, dann nehmen Sie doch einmal bewusst die Wärme der Sonnenstrahlung auf Ihrer Haut wahr, versuchen Sie das Photon zu erfühlen – eine gute Achtsamkeitsübung.

## Was versteht man unter Erleuchtung?

Das ist ebenfalls ein Konzept, das man besser vorab erläutert, denn auch hier gibt es durchaus unterschiedliche Vorstellungen.

Ich verstehe darunter das Erkennen der Illusion, in der wir uns gemeinschaftlich bewegen.

Jemand, der erleuchtet ist, erkennt den Trug, in dem er sich bewegt, er erkennt aber auch in allem, was ist, sich selbst. Dies findet unter anderem Ausdruck in der Begrüßung *Namaste.*

Das bedeutet: ‚Ich verbeuge mich vor dem Göttlichen in dir'.

Einer Überlieferung zufolge soll Mahatma (Große Seele) Ghandi auf die Frage von Albert Einstein, was er mit dem Gruß ‚Namaste' ausdrücken wolle, Folgendes geantwortet haben: „Ich ehre den Platz in dir, in dem das gesamte Universum wohnt. Ich ehre den Platz des Lichts, der Liebe, der Wahrheit, des Friedens und der Weisheit in dir. Ich ehre den Platz in dir, wo, wenn du dort bist und auch ich dort bin, wir beide eins sind."

Erleuchtung beschreibt also die Erkenntnis (das Erkennen) der Welt, wie sie wahrhaftig ist, gewonnen durch eine Eingebung, Vision, einer speziellen spirituellen Erfahrung oder wie bei mir, durch die Suche nach der Ewigkeit.

Denn eines ist klar: Wer sucht, der wird auch finden und das gilt ganz besonders für das Erkennen unserer Anbindung an den Ursprung. Hinter diesem verbirgt sich etwas, das wir mit ‚eins sein' beschreiben, ein Punkt, von dem wir uns am Anbeginn (‚Ur ...') ins Leben haben fallen lassen. Springen (‚...sprung') betont hier lediglich die Freiwilligkeit dieses Wagnisses, das so viel Großartiges hervorgebracht hat.

## Was sind imaginäre Freunde?

Kinder haben noch eine offene Anbindung an die energetischen Welten. Das, was wir imaginäre Freunde nennen, trifft es aber nicht wirklich. Wir unterstellen damit, dass es sich lediglich um Einbildungen handelt. Nicht wenige erklären sich dies mit einer ‚Fehlzündung' des sich entwickelnden Gehirns.

Dem ist aber nicht so.

Oft werden ihre Spielgefährten als ein verstorbenes Mitglied der eigenen Familie durch das Zeigen einer Fotografie identifiziert. Nur dass diese nicht mehr so aussehen wie zu dem Zeitpunkt, an dem sie gestorben sind, sondern Jahrzehnte jünger.

Erdgebundene Seelen (Menschen und Tiere) werden genauso Begleiter von Kindern wie selbst erschaffene Elementale.

Neben diesen Freunden haben Kinder oftmals noch Erinnerungen aus früheren Leben oder beschreiben, wie und warum sie sich jemanden als Mutter ausgesucht haben.

Erst mit dem Erreichen des sechsten, manchmal achten Lebensjahres, verschwinden diese Gefährten und die Erinnerungen verblassen. Sie werden überlagert von antrainierten Glaubenssätzen. Der Mensch ist in der Erfahrungsrealität angekommen - erst im Sterben wird sich dieser Schleier wieder lüften. Vorher vorhandene Einsichten in die jenseitigen Welten sowie das Wissen, woher es in diese Welt gekommen ist, sind nicht mehr abrufbar.

Das muss auch so sein, da ansonsten die Erfahrung der Isolation (Individualismus) und der Endlichkeit (Sterblichkeit) nicht gemacht werden können.

Nicht selten kann man bei einigen Kindern, die zuvor einen sehr offenen Zugang hatten, beobachten, dass sie unter plötzlichen Todesängsten leiden, die sich zu einer Angst- und Panikstörung entwickeln.

Wenn Sie solch ein Kind haben, dann sollten Sie dies auf jeden Fall einmal mit dem Kinderarzt besprechen, ein offener und ungezwungener Umgang innerhalb der Familie mit dem Tod und dem, was kommt, ist der Entwicklung eines Kindes ebenfalls sehr förderlich. Es nimmt Ängste. Wenn es sieht, dass die Eltern mit dem Thema offen und ehrlich umgehen und diese voller Hoffnung auf ein Leben danach sind, wird das Kind dieses auch für sich als selbstverständlich übernehmen.

Leider ist die Spiritualität immer noch ein Tabuthema in unserem Kulturkreis. Das ist in fast allen anderen Kulturen gänzlich anders. Erst kürzlich war ich in Singapur; hier existieren der Buddhismus, der Hinduismus, das Christentum sowie der Islam nicht nur friedlich auf dichtem Raum nebeneinander, sie harmonisieren dort regelrecht miteinander – da wirkt nichts konträr, widersinnig (wie der Glaube bei uns, siehe Fragestellung „Sind Männer spiritueller als Frauen …?“) oder scharf abgegrenzt. Die Spiritualität ist dort, wie fast überall in Asien, ein selbstverständlicher Aspekt des täglichen Lebens und wird *gelebt.*

## Was sind Materialisten?

Bemitleidenswerte Menschen, die unserer Fürsorge bedürfen.

Ansonsten sind es Menschen, die sich selbst über ihren Besitz (mein Haus, mein Auto, mein Handy, ja sogar meine Frau oder mein Mann) und ihren Status quo in der Gesellschaft identifizieren. Sie sind nicht sie *selbst* (siehe auch entsprechende Frage), sondern sie *sind* ihr Besitz oder was sie sonst noch ihr Eigen nennen oder was sie erschaffen haben. Wird eines dieser Avatare (eine Art Leihkörper) kritisiert, ihr Auto zum Beispiel, werten sie das als einen Angriff auf sich selbst.

Körper und Seele sind für sie ein und dasselbe. Das Gehirn ist für sie der Ort und die Ursache ihres Bewusstseins. Man lebt nur einmal und dafür aber richtig, ist ihr Lebensmotto - als ob Dualisten das nicht tun würden. Aber dazu später mehr.

Den Tod ignorieren sie, sterben tun ja sowieso nur die anderen. Irgendwann aber kommen Zweifel, ist da vielleicht doch noch etwas? Meist zu spät, denn um sich zu entwickeln, also um die eigene Ausrichtung zu verändern, bedarf es Jahre. So verfallen nicht wenige von ihnen in eine Angst- und Panikreaktion während ihrer letzten Stunden und Tage.

Vielleicht geht der eine oder andere sogar hin und wieder in die Kirche (‚man kann ja nie wissen'), aber das nützt dann auch nicht mehr viel, wenn es nicht aus tiefster Überzeugung geschieht. Wie sagte Albert Schweitzer einst: „Man wird ja auch kein Auto, wenn man regelmäßig in eine Garage geht."

Die Regeln zum Lebensende hin sind für alle gleich, die alte Welt blendet sich aus, eine neue offenbart sich. Das Innere und unsere tiefsten Überzeugungen übernehmen jetzt die Regie und bestimmen das, was kommt. So erleben etwa 10-15 Prozent im Sterbeprozess eine beginnende Höllenerfahrung. Häufig handelt es sich bei ihnen um Menschen, die dem Materialismus angehangen haben. Fragen Sie mal einen Hospizhelfer oder eine Sterbeamme, die kennen das. Sterbeammen sind übrigens Geburtshelfer für das Jenseits, eine schöne Bezeichnung.

Der Tod im Diesseits ist die Geburt im Jenseits.

*

Dualisten stehen den Materialisten entgegen. Sie sind Menschen, die den Leib und die Seele getrennt betrachten. Das Gehirn ist lediglich eine komplexe Schnittstelle, die uns an die energetischen Welten und dort an unser Bewusstsein anbindet. Wir sind nicht unser Körper, wir erfahren durch ihn nur diese Welt.

Er ist lediglich ein Avatar.

Und so real ist unsere Wirklichkeit dabei gar nicht (siehe auch entsprechende Fragestellung), höchstens plausibel – auch wenn es sich oft ganz anders anfühlt. Mit dem biologischen Tod legen wir den Körper ab und stellen fest, dass wir die Ewigkeit nie wirklich verlassen haben.

*

Da wären dann noch die Menschen, die den heiligen Gral suchen. Sie suchen im Äußeren und werden zunehmend frustrierter, denn das, was sie suchen, existiert dort nicht. Das Äußere ist lediglich Ausdruck des Inneren, eine Illusion, oder, wenn Sie so wollen, ein Traum, bei dem die Energie unserer Aufmerksamkeit folgt.

Irgendwann geben sie dann frustriert auf und schleudern der Welt entgegen: Wo ist er denn nun, euer Gott? Er existiert nicht! Und verkennen dabei, dass sie sich auf diese Weise selbst leugnen.

Die Erfahrungsrealität ist so konzipiert, dass sie nicht als solche erkannt werden kann, da ansonsten keinerlei Erfahrungen möglich sind. Somit erhöhen sich die Widerstände und Zweifel, je angestrengter der Mensch versucht, in der Illusion die Wahrheit zu erkennen. Erst wenn er damit aufhört, zur Ruhe kommt und versucht, die Mechanismen zu verstehen, erst dann wird er erkennen, in was er die ganze Zeit blind ‚herumstochert' hat.

Man kann auch sagen, der Gralssucher versucht die ganze Zeit mit aller Macht, sich selbst durch eine Wand zu drücken, die, je mehr Druck er ausübt, den Widerstand entsprechend erhöht. Erst wenn er aufhört zu drücken, ruhig wird und sich erschöpft anlehnt, fällt er durch.

Paradox, aber so funktioniert Realität.

## Was ist eigentlich das Selbst?

Das Selbst habe ich sehr detailliert im Buch *Berührungspunkte* im Vorspann zu einer Vielzahl von spirituellen Erfahrungsberichten umfassend erklärt. Besser kann ich es nicht darstellen, deshalb ist es aus meiner Sicht auch nur ehrlich, diese Definition hier ebenfalls zu verwenden.

Sehen Sie es mir nach.

### Das Ganze

Das Selbst ist das, was sich ewiglich, fortdauernd und beständig entwickelt. Es ist der Ausdruck all dessen, was wir sind, waren und noch sein werden.

Das Selbst ist das Ganze und die Teile, die aus ihm hervorgehen, sind die Fraktale. Beide sind von ihren Eigenschaften und Potentialen gleich.

Wie im Großen, so im Kleinen und ebenso wie Information sind diese Potentiale und Eigenschaften nicht auf Größe beschränkt. Ein Stecknadelkopf kann dieselben (oder mehr) Informationen enthalten wie z.B. eine Sonne.

Ein gutes Beispiel, um sich den Zusammenhang zwischen dem Ganzen und seinen Fraktalen vorzustellen, ist ein Hologramm.

Stellen Sie sich ein solches Hologramm in Form eines Glasbildes vor, in dem Sie eine wunderschöne Rose in all ihrer Pracht dreidimensional sehen können.

Das ist das Ganze.

Zerbricht dieses Hologramm nun in viele kleine Einzelstücke, dann nennt man die Einzelteile Fraktale. Wenn Sie sich nun so ein Fraktal anschauen, werden Sie, wie in jedem anderen auch, dieselbe wunderschöne Rose erkennen, nur kleiner.

Das ist der Grund, warum es in vielen Mythen unterschiedlichster Völker Gleichnisse mit einem Spiegel gibt. Das Ganze (der Spiegel) zerbricht in viele kleine Teile (Fraktale), die wiederum die Seele eines Menschen darstellen.

Das Fraktal oder was wir sind.

Es wurde aus dem Ganzen in den Kosmos, die Ordnung (Fußnote), gegeben, um über Erfahrungen zu wachsen und zu reifen. Getrennt vom Ganzen hat es den tief sitzenden Wunsch, nach Vollendung des Reifeprozesses zum Ursprung zurückzukehren, um wieder eins mit ihm zu werden.

Fußnote: Der Kosmos (alt-griechisch) bedeutet übersetzt „die Ordnung". Das Universum hingegen bedeutet „einheitlicher Raum". Beides ist zutreffend.

Das Ganze (der Spiegel) sind die materiellen Universen, das allumfassende und alles durchdringende Bewusstsein, alle Erfahrungsrealitäten, Dimensionen, das Feld, jede Information und Naturgesetze sowie der gesamte Rest. Einfach alles, was ist, war und noch sein wird.

Eines ist hingegen sicher und kann klar formuliert werden: Es gibt einen Schöpfer oder Designer und egal, welche Bezeichnung Sie auch immer benutzen oder bevorzugen - sie wird ihm oder ihr nicht gerecht. Das Universum und die Menschheit sind dabei nichts anderes als ein fortlaufender schöpferischer und somit kreativer Prozess.

*

Aus diesem Fraktal des Ganzen haben sich wieder unzählige weitere entwickelt, bis eines Tages ein Stück von diesem Selbst in Sie gegeben wurde und ein neuer Mensch entstand. Diese Weitergabe verbindet Sie mit dem Ursprung und macht Sie zu einem Teil des Ganzen. Unauslöschlich.

Das Selbst ist also das, was uns alle verbindet. Aber nicht nur das: Es ist auch als Organisationseinheit zu verstehen, denn das Selbst ist auch die Kontinuität, die ein jedes meiner einzelnen Leben (Inkarnationen) zusammenführt.

So wie Sie die Summe aller Ihrer Erfahrungen im Hier und Jetzt sind, ist das Selbst die Summe aller Ihrer vorangegangenen und zukünftigen Inkarnationen. Ich nenne dieses Selbst auch gerne den Puppenspieler, da er es ist (oder sie), der die Fäden zieht. Achten Sie mal auf ihn, er lächelt Sie jeden Morgen im Spiegel an. Der einzige Unterschied ist, dass er weiß, dass Sie träumen (siehe auch Anlage „Wie ich die Dinge sehe" – Der Puppenspieler und das Kapitel „Das Who is Who der Seele" im Buch *Die Entdeckung der jenseitigen Welten*).

Hoch oder ‚das Hohe' ist dabei irreführend. Die energetischen Welten, unsere Heimat, sind kein ‚Ort', deshalb sind die Bezeichnungen ‚oben im Himmel' oder ‚hier unten auf der Erde' irreführend. Die energetischen Welten sind mitten unter uns, sie sind ein kollektiver Bewusstseinszustand, mit einer anderen Schwingung als unsere grobstoffliche Realität. Deshalb ist es durchaus zutreffend zu sagen, dass diese Welten ‚in' uns sind - in unseren Herzen - als Zentrum dessen, was wir wahrhaftig sind: energetische feinstoffliche Wesen oder individuell ausgeprägtes Bewusstsein - was immer Sie bevorzugen.

Sehr wohl aber steht das ‚Hohe Selbst' für ein höheres Bewusstsein oder für einen höheren Bewusstseinszustand.

Um das Selbst noch ein wenig greifbarer zu machen, möchte ich Ihre Aufmerksamkeit für einen Moment auf den kleinen Bruder des Todes richten: den Schlaf.

Der Schlaf ist in der Tat ein wenig wie sein großer Bruder, der Tod. Mit dem Unterschied, dass Sie beim biologischen Tod nicht Ihr Bewusstsein verlieren, wie beim Einschlafen, sondern es vielmehr, wie beim Aufwachen, wiedergewinnen. Es ist ein Loslassen, ein nahtloser Übergang, einhergehend mit Erkenntnis – zur Überraschung nicht weniger Menschen, insbesondere in unserer westlichen Kultur.

Jeder gelebte Tag ist wie ein ganzes Leben. Er beginnt mit dem Aufwachen und endet mit dem Einschlafen und dem Verlust der Bewusstheit. Ihr Tagesbewusstsein übergibt während des Schlafens an Ihr Selbst, das man in diesem Stadium auch Nachtbewusstsein nennen kann. Die Erfahrungen des Tages, Informationspaketen gleich, werden verarbeitet, gespeichert und der nächste Tag wird geplant. Er steht schon fest, bevor Sie erwachen.

Ich bin heute nicht mehr der, der ich gestern war und ich werde morgen ein anderer sein als der, der ich heute bin.

Und so ist ein Tag wie ein ganzes Leben, auch dieses steht schon von vornherein fest. Wir müssen es nur noch leben oder anders gesagt: Wir sind ein fertig geschriebenes Buch, wir sind nur noch nicht mit dem Lesen fertig. „Ich kannte Dich bereits, bevor Du geboren wurdest", heißt es nicht von ungefähr in vielen Schriften großer Glaubensgemeinschaften.

Es ist das Selbst, das mir im ‚Hier' Kontinuität gibt. Es verbindet ein jedes meiner erlebten Tage genauso wie ein jedes meiner gelebten Inkarnationen im ‚Dort'. Und so unterstützt mich mein Selbst mit den gemachten Erfahrungen und Lehren dieses Lebens und mit den Fähigkeiten und Erfahrungen all meiner vorangegangenen Fleischwerdungen. Das Selbst weiß, was gut und richtig für meine Entwicklung ist. Es führt mich und ich vertraue ihm, es macht mich ganz und ist die Summe all dessen, was ich je erlebt und erfahren habe.

*

Wenn Sie Ihr Selbst einmal erkennen möchten, tun Sie Folgendes: Beobachten Sie, wie Sie sich selbst beim Denkprozess ansprechen: mit ‚Du' oder mit einem ‚Ich'?

Keine Angst, wir reden den ganzen Tag mit uns selbst und das lange und ausdauernd. Die einen mehr und die anderen weniger. Das ist völlig in Ordnung.

Fertig?

Im Grunde ist es völlig egal, wie Sie sich anreden. Wichtig ist Folgendes: Das, was beobachtet hat, das sind Sie, das ist Ihr Selbst und ist das, was zusammen mit Ihrem Geist, den biologischen Tod überdauern wird.

Das, was gedacht hat, ist Ihr Verstand oder auch Ihr Geist. Eine Art Sinn, wie das Fühlen, Hören oder Sehen auch. Er ist aber auch unsere Schnittstelle zum Feld. Über ihn haben Sie Zugriff auf Informationen jedweder Art. Aus dem Geist z.B. fließt gerade Information in dieses Buch.

Sie bekommen über diesen aber auch Einflüsse und Hinweise von Ihrem höherem Bewusstsein, von Elementalen, dem Kollektiv des Menschengeschlechts und noch von vielen anderen mehr. Ein weiteres Beispiel dafür, dass Sie nicht Ihr Gehirn sind und der Grund, warum Sie sehr wohl auf Ihren Verstand hören sollten – ihm aber nicht alles glauben müssen. Über Elementale werden Sie im weiteren Verlauf des Buchs noch mehr erfahren.

*

Sollte ich das Selbst mit den Worten der Physik beschreiben, so verhält es sich wohl wie eine bestimmte Form von Energie, die wir aber weder kennen noch messen können.

Noch nicht.

Der Aggregatzustand des Selbst ist vergleichbar mit dem von flüssigem Wasser. Sie sind der Tropfen, der wieder zum Ozean zurückfließt oder die Welle des Meeres, als Form des Ausdrucks der Individualität.

Vergeistigt könnte man auch sagen. Sie sind gasförmig, um durch die Kondensierung wieder, über den Regen, zu Wasser zu werden - bevor Sie erneut wieder verdunsten und die Form einer wunderschönen Wolke annehmen. Ein ewiger Kreislauf, identisch mit dem der Seele (auch eine Bezeichnung des Selbst, oft in Kombination mit dem Geist) des Menschen. Nichts vergeht, es kommen nur neue Informationen respektive Erfahrungen mit hinzu.

Ein Beispiel, um den Glanz und die Erhabenheit dieses Prozesses, des ‚wieder eins Werdens' zu veranschaulichen, ist ein Tropfen Quecksilber, der wieder eins wird mit dem Gesamtvolumen (danke Biggi für diesen schönen Vergleich).

In außerkörperlichen Erfahrungen und Nahtoderfahrungen wird das Selbst oft als Licht beschrieben. Es kann aber auch jedwede uns vertraute Form annehmen, um mit uns zu kommunizieren. Das können religiöse Figuren, genauso wie Phantasiewesen oder vertraute Persönlichkeiten sein - je nach vorhandenen Konzepten.

Sollte ich Worte der Philosophie nehmen, käme wohl die Liebe dem am nächsten, was das Selbst ist. Keine körperliche Liebe, es ist eine Form der Liebe, die wir in unserem Entwicklungsstand weder begreifen noch vollumfänglich beschreiben können. Menschen, die diese Liebe während einer Nahtoderfahrung empfunden haben, kennen nichts Vergleichbares in unserer Welt. Nicht selten verbleibt ein tiefe und manchmal auch quälende Sehnsucht, die es schwer macht, das Leben hier fortzusetzen.

## Haben Tiere eine Seele und gibt es so etwas wie tote Materie?

Ja, natürlich, alles ist Bewusstsein, auch das, was wir vermeintlich als tote Materie ansehen.

Warum sollten Tiere, die so wie wir ebenfalls individuell ausgeprägt sind, da eine Ausnahme bilden?

Tun sie nicht.

Jeder Weltenkörper oder Planet ist Bewusstsein und bildet seine eigenen energetischen Welten aus. In diese nimmt er all jene Wesen auf, die auf ihm inkarniert waren oder es noch sind.

Das ist ein Naturgesetz und da Gott nicht gegen seine eigenen Regeln verstoßen kann (‚Er' ist das Gesetz), ist dies auch der Grund, warum Jesus auf der Erde inkarnierte, da er nur so in die energetischen Welten der Erde gelangen und die Himmel des Menschengeschlechts gründen und ordnen konnte.

Sehr viele von uns, seine Brüder und Schwestern, haben sich auf der Erde verirrt und den Ursprung, das, was auch der Vater genannt wird, vergessen. Daher ist, zumindest für mich, Jesus der Erlöser und somit auch mein Weg zurück zum Ursprung. Das könnte er auch für ausnahmslos jeden Menschen sein - zumindest als Angebot. Wie der Vater, so liebt auch der Sohn *bedingungslos*.

Er steht wie Buddha und viele andere auch dem Materialismus als Erlöser entgegen.

Erlösung bedeutet für mich das Erkennen der Illusion (siehe auch die Frage „Was ist Erleuchtung?"), das Ende des Reinkarnationszyklusses und die gemeinsame Rückkehr aller Fraktale zurück zum Ursprung, zu dem Punkt, von dem wir einst aufgebrochen sind – reich und beladen mit Erfahrungen und Einsichten.

*

Jede Spezies bildet einen eigenen Bereich in den energetischen Welten eines jeweiligen Weltenkörpers aus und gestaltet diese Bereiche als Kollektiv. Einzelne Wesen, dazu zählt auch ein Schwarmbewusstsein, sind darüber hinaus noch mit einem Selbst verbunden. Auch Ihr Selbst ist die Summe von vielen zuvor gemachten Inkarnationen, sei es als Wesen der Flora und Fauna, als Himmelskörper oder aber als ‚Krone einer Schöpfung', die letzte Stufe in der materiellen Entwicklung.

Fußnote: Die ‚Krone der Schöpfung' ist kein Prädikat oder gar eine Auszeichnung. Sie bezeichnet auf einem Weltenkörper (davon gibt es unzählige), eine Spezies, die die letzte Stufe der Entwicklung in der Materie darstellt, auf einem Entwicklungspfad zu etwas, das wir gemeinhin Engel Gottes nennen. Auch findet sich in der Mystik häufig die Umschreibung, dass wir, als spirituelle Wesen, die Gotteskindschaft angenommen haben und deshalb durch das Tal der Tränen und des Leidens gehen müssen - oft im Zusammenhang mit dem Gottesfunken (und sie aßen den Apfel vom Baum der Erkenntnis ...). Dieser Weg ist freiwillig (auch wenn Eva gerne eine Mitschuld als treibende Kraft gegeben wird) und keiner zwingt uns, diesen Weg tatsächlich zu Ende zu gehen. Nicht wenige sind überfordert oder verlieren sich in der materiellen Welt und dem ihm eigenen, verführerischen Materialismus. Er ist nicht die einzige Möglichkeit, die uns der Kosmos bietet, und kann weder mit richtig noch mit falsch bewertet werden, sondern lediglich als eine Möglichkeit von vielen. Sie fragen sich, welche weiteren Möglichkeiten das sind? Alles, was Sie sich vorstellen können, und noch viele (sehr viele) mehr. Wenn Sie mehr über diese Möglichkeiten erfahren möchten, empfehle ich immer gerne die *Seth Manuskripte* (Jane Roberts).

Das Band der Liebe ist es, das uns alle über den Tod hinaus verbindet und so werden wir nicht nur all jene Menschen wiedersehen, die wir geliebt und hier verloren haben, sondern auch all die Tiere, mit denen wir zu Lebzeiten über dieses Band verbunden waren.

## Wie viele bin ich?

Eigentlich nicht zu beantworten, aber mit Sicherheit viele, sehr viele...!

Was deshalb gesagt werden kann, ist Folgendes: Sie *sind* ‚alles, was ist' oder auch Gott und somit sind Sie auch das Kollektiv Menschheit.

So bin ich auch Sie und wir führen über dieses Buch gerade ein Selbstgespräch.

Das Empfinden, getrennt und allein zu sein, ist eine gewollte Erfahrung, die wir hier gerade gemeinschaftlich erleben. Die Aussage Jesu „Vater, vergib ihnen, denn Sie wissen nicht, was sie tun!" ist Ausdruck genau dessen.

Auch der schlimmste anzunehmende Mensch ist ein Bruder oder eine Schwester. Die Lebensphilosophie des Jesus von Nazareth, die auch ich für mich angenommen habe, „Liebe deinen Nächsten wie dich selbst," beruht darauf.

Wir haben lediglich vergessen, was wir sind und woher wir stammen. Eine erzwungene Notwendigkeit, um die Erfahrung des Menschseins überhaupt erst machen zu können. Ohne dieses Vergessen wäre das Leben hier auf der Erde als Mensch weder in der Tiefe möglich, wie wir es zurzeit erfahren, noch wäre es zu ertragen. Es wäre das unumstößliche Wissen um unsere unsterbliche Seele, die die Erfahrungsrealität stark einschränkt, und das Wissen um das Erinnern an die im Jenseits vorherrschende Liebe und Seligkeit, die im Hier und Jetzt einen dauerhaften Entzug verursachen würde.

Insgesamt handelt es sich um etwas, an das wir uns erinnern können, wenn wir es nur wollen. Viele unserer Brüder und Schwestern schlafen noch.

Würden Sie sich zum Beispiel während einer außerkörperlichen Erfahrung auf der ersten geistigen Ebene bewegen (Fußnote), dann könnten Sie unter Umständen den Zustand eines jeden Menschen so sehen, wie er tatsächlich ist. Bei den meisten Menschen würden Sie erkennen, dass diese ihre Augen permanent geschlossen haben – ganz so, als wären sie Schlafwandler. Einige wenige allerdings würden Sie erkennen und mit Ihnen interagieren. Erwachte Seelen.

Fußnote: Siehe Buch *Die Entdeckung der jenseitigen Welten*, Kapitel „Die energetischen Welten". In diesem Kapitel werden die verschiedenen Bereiche der energetischen Welten detailliert erklärt und dargestellt. Einen Einblick in einige Teilbereiche jener Welten erhalten Sie im weiteren Verlauf dieses Buches in der Kurzgeschichte „Karl". Die ‚erste geistige Ebene' ist der Bereich, der unserer Realität am nächsten ist und der häufig während einer außerkörperlichen Erfahrung bereist wird - auf dieses Phänomen komme ich ebenfalls noch zu sprechen.

Eines aber haben alle gemeinsam: Alle sind mit einem Band, einer geradlinigen Schnur, miteinander verbunden. Die gesamte Menschheit ist auf diese Weise mit sich selbst und mit dem Ursprung verbunden (siehe auch Analogie „Bungee-Seil" unter der Fragestellung „Demenz"). Vergrößert sich der Abstand, verlängert sich diese Verbindung. Kommt ein anderer Mensch näher, springt die Verbindung über und neue Linien entstehen. Freund und Feind, Bekannter und Fremder verbinden sich somit. Niemand existiert außerhalb des Ganzen. Aus der Ferne betrachtet entsteht ein riesiges globales Netzwerk, etwas, das ich auch das ‚Kollektiv Menschheit' nenne, das wiederum über das *Kollektiv-Unbewusste* ständig miteinander kommuniziert (frei nach Carl Gustav Jung). Diese Verbindungen sind untrennbar.

Also, wie viele sind Sie?

Als Kollektiv Menschheit sind wir zurzeit und inkarniert etwas mehr als 7,4 Milliarden Menschen (und damit haben wir, seit wir hier vor etwa 8000 Jahren begonnen haben, ganz schön zugelegt). Insgesamt müssten wir inzwischen deutlich mehr als 100 Milliarden individuell ausgeprägte menschliche Seelen sein, die jemals das Licht der Welt erblickt haben und die bereits in die energetischen Welten der Erde eingegangen sind.

## Ist alles mit allem verbunden und wie ist das zu verstehen?

Die Ursache für diese Eigenschaft allen Seins ist der Ursprung, der auch gleichzeitig der Zustand oder Ort ist, an den wir nach Beendigung unserer Reise durch Raum und Zeit zurückkehren werden.

Am Anfang des materiellen Kosmos vor etwa 13,8 Milliarden Jahren - folgt man der allgemeinen Lehrmeinung - war alles das, was heute ist, eine Singularität. Dieser Ort, an dem alles seinen Anfang nahm und der sich wissenschaftlich nicht erklären lässt, war unendlich kleiner als ein Atom und beinhaltete all das, was wir heute Universum nennen.

‚Alles, was ist' war also in diesem einen Punkt vereint, alles war eins - und blieb es auch fortan. Es gab nichts anderes, weder gab es ein Außen noch gab es ein Davor, erst mit der beginnenden rasanten Ausdehnung unseres Universums begann das, was wir etwas hilflos mit ‚Zeit' umschreiben. Etwas, dessen Anfang ‚Big Bang' oder treffender ‚Big Inflation' genannt wird.

Das Davor und ein mögliches Danach sind lediglich Interpretationen aus der Zeit heraus. In der Ewigkeit (der Nicht-Zeit) ergeben sie keinen Sinn. Der Kosmos ist, so gesehen, ein ewiges Produkt, dessen kausale Ursache der Ursprung ist. Ein Punkt, von dem das Universum sich spiralförmig in die Ewigkeit entfaltet.

Wahrscheinlich handelt es sich hierbei um *den großen Attraktor* oder wie Jakob Lorber ihn nannte, die *Urzentralsonne*. Ein realer und greifbarer Ort im Universum, an den gereiftes, individuell ausgeprägtes Bewusstsein - und somit auch wir - eines Tages zurückkehren werden. Eine Art ruhender Pol, der Ausgangs- und Endpunkt zugleich ist. Der also die kausale Ursache des Universums darstellt und gleichzeitig dessen Früchte, individuell ausgeprägtes und gereiftes Bewusstsein, wieder aufnimmt. Dies wurde sehr treffend von Robert Monroe (Fußnote) beschrieben, auf dessen Schilderung ich mich bereits in meinem ersten Buch bezogen habe (Zitat aus *Die Entdeckung der jenseitigen Welten*):

> *„Den ‚Big Bang' hat es nie gegeben, im Zentrum befindet sich ein Sender, der ein Hologramm initiiert, von dem sich das Universum aus entfaltet. Damit verbunden, in einer Art Schleife, ein Rücklauf, zu dem wir zurückkehren, wenn alle notwendigen Erfahrungen gemacht wurden und wir die nötige Reife und Größe erlangt haben."*

Unabhängig davon, ob nun alles in einem winzigen Punkt vereint war oder ob alles ein und derselben Quelle entsprungen ist (mein Favorit ist die Darstellung des Robert Monroe): Bevor überhaupt so etwas wie Materie oder Energie entstehen konnte (Fußnote), war diese Ursubstanz in der Singularität Ursache und Baumaterial für ausnahmslos alles, was folgte.

Fußnote: Materie ist lediglich Energie in einer anderen Form (Physik, Grundlagen).

Wir waren also alle schon am Anfang, lange bevor wir aus Sternenstaub geformt wurden, in einem einzigen winzigen Punkt vereint. Nichts kam seitdem hinzu. Wir waren eins und wir bleiben es auch. Entfernungen spielen bei dieser Art der höherdimensionalen Verbindung keine Rolle.

In der Quantenmechanik finden wir einen starken Hinweis, dass es genauso ist.

Die raum- und zeitlose Verbindung zweier Elementarteilchen wird in der Quantenmechanik Verschränkung genannt. Einmal verbundene Teilchen bleiben miteinander verschränkt und verbunden, egal, wie weit diese Teilchen durch eine herbeigeführte Trennung auch immer auseinanderliegen mögen - und seien es Milliarden Lichtjahre. Sie stehen verzugslos in Verbindung zueinander und reagieren wechselseitig simultan. Verändert sich die Eigenschaft des einen Teilchens, hat dies unmittelbare Auswirkungen auf das andere, unabhängig von der Entfernung. Sie können einen Meter oder Milliarden Lichtjahre voneinander entfernt sein, das eine Teilchen kennt immer den Zustand des anderen. Diese Verbindung existiert auf einer höheren Ebene und umfasst alles, was ist. Ich werde dieses Phänomen noch einmal mit dem Thema Organ- und Blutspende aufgreifen.

Diese Zusammengehörigkeit bezieht sich also auf das gesamte Universum, uns eingeschlossen. Hört sich doch ganz genauso an wie unsere unauslöschliche Anbindung an den Ursprung, finden Sie nicht?

Ich sage es nur zu gerne: Wir alle waren, sind und werden es immer bleiben:

eins.

Fußnote: Robert Allen Monroe, manchmal auch Bob Monroe genannt (* 30. Oktober 1915; † 17. März 1995), war ein US-amerikanischer Geschäftsmann, Autor und Programmdirektor beim Rundfunk und der Gründer des parapsychologischen Monroe-Instituts.

Robert Monroe ist der Pionier der Neuzeit in Bezug auf die Erforschung von außerkörperlichen Erfahrungen. Im Laufe von Jahrzehnten sammelte und verarbeitete er diese in insgesamt drei Büchern. Sie sind allein deshalb schon bemerkenswert, weil seine Berichte nicht von religiösen Überzeugungen, von Glaubensmustern oder finanziellen Interessen eingefärbt waren. Er war der Erste, der das Phänomen der außerkörperlichen Erfahrung mit wissenschaftlichen Methoden untersuchte. Monroe ist der Gründer des „Monroes Institute TMI“. Eine Non-Profit-Organisation, die nicht auf Gewinn ausgelegt ist.

## Wieso heißt es: Wir sind alle Sternenstaub?

Sterne waren die ersten Himmelskörper in unserem Kosmos. Sie geben nicht nur Licht und Energie, in ihrem Inneren sind sie Fusionskraftwerke, die beständig all die Elemente produzieren, wie wir sie heute überall im Universum finden. Sie liefern die Bausteine der Schöpfung. Diese kurzlebigen Sterne der ersten und auch zweiten Generation haben ein Vielfaches der Größe unserer Sonne. Nur diese kurzlebigen Riesen vermögen es, alle notwendigen Elemente zu produzieren und sie gleichmäßig im Raum zu verteilen. Sie sind die kausale Ursache von gigantischen Nebulas, Geburtsorte von neuen kleinen und vor allem langlebigeren Sternen.

*(Bild: „Die Säulen der Schöpfung" im Adlernebel (Nebula). Dieser etwa 20 Lichtjahre große „Nebel" ist etwa 5,5 Millionen Jahre alt, Teil unserer Galaxie und 7000 Lichtjahre entfernt. Quelle: NASA / JPL)*

So wie unsere relativ kleine Sonne und ihr metallreiches System. Sie ist aus solch einem Nebula hervorgegangen und somit höchstwahrscheinlich ein Stern der dritten Generation. Erst diese Sterne haben ein geschaffenes Umfeld, das über alle notwendigen Elemente verfügt, um Leben, so wie wir es kennen, hervorzubringen.

Aber der Reihe nach.

Während des Prozesses innerhalb eines Sterns, den wir Kernfusion nennen, werden immer schwerere Elemente bis hin zum Eisen produziert. Eisen hat im Periodensystem die Ordnungszahl 26. Das sagt nichts anderes aus, als dass sich in ihrem Atomkern, dem Nukleus, 26 Protonen befinden – diese Ordnungszahl wird auch Kernladungszahl genannt.

Die Elemente werden im Inneren einer Sonne durch sehr hohen Druck und durch Hitze erzeugt, indem sie, vereinfacht dargestellt, fusioniert (zusammengepresst) werden. So wird aus zwei ‚leichten' Wasserstoffatomen (jeweils ein Proton) ein ‚schwereres' Heliumatom (zwei Protonen), dann entstehen Lithiumatome (jeweils drei Protonen) und so weiter. Zum Ende entstehen Mangan und schließlich Eisen (26 Protonen). Bei diesem Prozess werden riesige Mengen an Energie in Form von elektromagnetischer Strahlung (Licht und Energie) freigesetzt. Ein Umstand, den sich auch die Menschheit zunutze machen möchte, um auf diese Weise die Energieprobleme der Zukunft zu lösen. Dazu muss sie nichts Geringeres tun als die Zustände, wie sie innerhalb der Sonne vorherrschen, nachzustellen.

Wenn das mal gutgeht.

> *Kernfusion ist das Gegenteil von Kernspaltung (Beispiele hierfür sind Kernkraftwerke und nukleare Waffen). Bei der Fusion werden Atomkerne zusammengebracht und nicht wie bei der Kernspaltung aufgespalten. Um die dafür notwendige Temperatur von über 100 Millionen Grad (auf der Erde) zu erreichen, ist zunächst einmal ein gewaltiger Energieaufwand notwendig. Nicht ganz ungefährlich. Zudem ist ein derartiges Verfahren durchaus verführerisch für diverse Militärs. Mithilfe einer Fusionsbombe, die Weiterführung einer Wasserstoffbombe – eine Art Mini-Sonne -, könnte man einen ganzen Kontinent wegschmelzen (oder gleich den ganzen Planeten).*

Am Ende des Lebens einer Riesensonne reichert sich in ihrem Kern immer mehr Eisen an, bis zu einem Punkt, wo die Expansionskräfte (Fliehkräfte) größer werden als die Anziehungskräfte (Gravitation): Es kommt zu einer Nova; der Stern bläht sich mit einer Geschwindigkeit von etwa 1000 Kilometer pro Sekunde rasant aus und wird zu einem roten Riesen.

> *Im Falle unserer Sonne wird ähnliches in etwa vier Milliarden Jahren geschehen. Sie wird dabei so groß werden, dass sie die inneren Planeten, vielleicht auch die Erde, einfach aufnimmt. Das nennt man Vergänglichkeit.*

Dann wird sie wieder in sich zusammenfallen und mit einer gewaltigen Explosion, einer Supernova, einen Großteil ihrer Masse im Raum verteilen. Bei diesem rohen Gewaltakt treten nun Kräfte auf, die alle die Elemente erzeugen, die größer als die Ordnungszahl 26 (Eisen) sind. Dazu gehören Elemente wie Silber, Gold und Blei, bis hin zu den instabilen und deshalb radioaktiven Elementen wie Uran, Plutonium und so weiter. Diesen Prozess, für den zusätzliche gewaltige Energien notwendig sind, kann man zwar auch innerhalb von einigen sehr speziellen, hochenergetischen Sternen beobachten, aber das sind Ausnahmen.

All das wird als feiner Staub im Raum verteilt, eine Nebula entsteht. Diese Nebel sind die angesprochenen Geburtsstätten von Sternen. Diese wiederum erzeugen mit Hilfe der Gravitation und der Seitenführungskraft Planeten und Monde und nicht wenige bringen irgendwann eine ‚Krone der Schöpfung' hervor.

Und woraus besteht all das?

Richtig: aus Sternenstaub.

# INTERMEZZO

Ich schreibe gelegentlich Kurzgeschichten, um mit einer bildhaften Beschreibung die Dinge so zu erklären, wie ich sie sehe, so zuletzt auch im Buch *Realitäten*, das im Jahr 2015 erschien. Im Gegensatz zu realen Erfahrungsberichten (wie im Buch *Jenseitige Welten – Berührungspunkte* - 2017), erlauben diese Erzählungen es mir, zusammenfassend und mit einem logischen Faden versehen, Ihnen das zu beschreiben, was da kommt - eine Quintessenz all der Erfahrungsberichte, die mir im Lauf der Jahre zugetragen wurden oder die ich gefunden und gelesen habe. Diese Geschichten sind also keine reinen Phantasieprodukte, sondern reflektieren meine gewonnenen Erkenntnisse.

Einige Themen, die hier integriert wurden, werden im weiteren Verlauf des Buches, im Schlussteil (im Teil „Schwierige Fragen") noch einmal aufgegriffen und weiter erklärt.

In *Realitäten* konnten Sie die Geschichte des Karl lesen. Wie er starb und die andere Seite betrat.

An diese Geschichte möchte ich gerne anknüpfen.

# Karl

Meine Güte, wie wichtig er das vergangene Leben doch genommen hatte. Jetzt verblasst diese Wichtigkeit zunehmend. Karl lebte bereits viele Leben, tausende.

Und doch hat er keinen einzigen derer vergessen, mit denen er durch ein jeweiliges Leben gegangen ist. Da war Sarah, seine geliebte Frau im alten Ägypten zur Zeit der Pharaonen. Er war damals Sklave gewesen und kam dort zum ersten Mal in Kontakt mit der Lehre von dem einen Gott. Mose, der Anführer des Volkes, dem er sich anschloss, führte sie damals aus der Knechtschaft. Er selbst erlebte die Freiheit nicht mehr. Er starb während der Unruhen, die mit dem Auszug einhergingen.

Oder Amin, ‚sein Mann' - es war eine Inkarnation, die er als Frau erlebte. Sie vertauschten damals die Rollen und Sarah trat als Mann erneut ins Leben ein und er eben als seine Frau.

Seitdem wusste er, dass es entweder eher weiblich oder eher männlich ausgerichtete Seelen gibt, die sich oft finden, zusammentun und sich ergänzen. Meistens bleiben sie ihrer Ausrichtung treu und inkarnieren entweder immer als Mann oder eben als Frau. Das muss aber nicht so sein und somit ist dieses Phänomen, neben dem Rollentausch, auch bei gleichgeschlechtlichen Paaren zu beobachten. Diese Seelen ergänzen sich völlig unabhängig davon, in ‚was' sie gerade inkarniert sind. Karl war zeitlebens immer sehr tolerant und verständnisvoll, was die Sexualität betraf, und jetzt wusste er auch wieder warum.

Auf höheren Ebenen - nicht seiner - passiert es durchaus häufig, dass Paare verschmelzen. Wie die rechte und die linke Hemisphäre eines Gehirns werden Sie dort zu einem sich selbst ergänzenden Wesen.

*

Im Dreißigjährigen Krieg kämpfte er auf Seiten der kaiserlichen Armee und fiel 1638 in der Schlacht um die Rheinfestung Breisach. Er war Hauptmann und befehligte damals eine Kompanie von annähernd hundert Mann. Zehn Jahre kämpfte er damals bereits als Söldner und diente sich vom Gefreiten hoch bis zum Kompanieführer. Auch diese Erfahrung war wichtig gewesen – seitdem wusste er um die destruktiven Auswüchse des Krieges, der Verrohung und um die Gefahren, die dadurch für eine unbedarfte Seele entstehen können. Das Töten kann zu einem Rausch werden.

Diese Leben waren nur einige wichtige Meilensteine seiner unzähligen, bereits gemachten Erfahrungen. Viele waren ganz gewöhnlich und einfach, ein jedes Leben aber hat ihn bereichert und komplementiert. In einem, so erinnert sich Karl, starb er bereits im Mutterleib, in einem anderen nur wenige Tage nach der Geburt – seine Mutter litt damals sehr unter dem Verlust. Beide Seelen sind heute reife und gewachsene Teile seines Selbst und leben in seiner Gemeinschaft. Sie kannten die Himmel, wurden sie dort doch von höheren Wesen aufgenommen und zur Reife gebracht. Mit ihrer Mündigkeit wurden Sie in ihre, in Karls, Gemeinschaft überführt – auf eigenen Wunsch. Seitdem haben sie in der mittleren Ebene eine Vorstellung und eine Anbindung zu einer Gemeinschaft der Himmel. Sie alle entwickelten sich in diese Richtung. Die Geschichten und Erfahrungen, die beide über Jesus zu berichten hatten, berühren ihn jedes Mal aufs Neue.

Die Erinnerungen kamen alle wieder, nach und nach. Ach, wie spannend ist es doch zu leben – auch wenn er es manchmal inbrünstig gehasst und auch verflucht hatte. Wie kurzsichtig er doch manchmal war.

Sarah ist noch inkarniert, sie heißt jetzt Elfriede und ist wieder seine Frau im letzten gemeinsam geführten Leben, diesmal in Österreich. Sie ist gerade zutiefst traurig, ja untröstlich und betrauert seinen Tod. Ach, könnte er ihr doch sagen, dass alles gut ist und wird. Aber das geht nicht – so sind die Regeln. Sie ist noch in der Illusion und kann diese nicht durchschauen, noch nicht. Karl beschließt, ihr Zeichen zu geben, sobald er sich wieder regeneriert hat und über alle seine Erinnerungen und Kräfte verfügt – vielleicht sein Bild in den Wolken und ein Lied, ihr Lied, im Radio.

Von dieser Ebene aus kann die erlebte und wahrgenommene Realität eines inkarnierten Verwandten geringfügig beeinflusst werden. Wenn man gleichzeitig noch einen Gedanken bei ihm einfließen lässt, ist das zusammengenommen eine Art Botschaft. Je achtsamer ein inkarnierter Mensch mit seiner Umwelt ist und je mehr er auf seine Gedanken achtet, desto einfacher fällt es ihm, diese ‚Nachrichten' wahrzunehmen. Allerdings funktioniert das nur, wenn der Mensch es nicht erzwingt und er mental entspannt ist. Eine ständige Fokussierung auf mögliche Zeichen ist eher hinderlich.

Was zudem viele Menschen nicht wissen, ist, dass der Verstand auch eine Art Sinn oder Antenne ist, mit dem sie Gedanken von Mitmenschen, aber auch von Wesen aus den energetischen Welten, so wie Karl jetzt eines ist, aufnehmen können. Der Kommunikations-Standard im Universum, wenn man so will.

Insgesamt eine energieaufwendige Sache, aber eine, die sich lohnt, erleichtert es doch so mancher Seele, sich von der noch frischen Erfahrung des Menschseins zu lösen und weiter voranzuschreiten.

Wilbert, sein Hund aus dem letzten Leben, hatte ihn schon überschwänglich begrüßt, als er sich in Begleitung seines Bruders seinem Refugium in der Ankunftsebene näherte. Jetzt sitzen sie beide im Wohnbereich vor dem lodernden Kamin und Karl durchforstet seine wachsenden Erinnerungen. Die Informationen fließen wie ein stetiger Strom in sein Bewusstsein.

*

Die Ankunftsebene ist ein Bestandteil des mittleren Reiches, ein Ort, der eigentlich keiner ist. Hier treffen die gerade Verstorbenen ein, um sich vom Trauma des Todes zu erholen. Sie hinterlassen wundervolle Landschaften und Gebäude von zum Teil atemberaubender Schönheit – die meisten jedenfalls. Es ist ein wunderbarer und wahrlich grenzenloser Ort. 110 Milliarden menschliche Seelen haben bereits ihren ‚Fingerabdruck' hinterlassen, nichts vergeht hier, alles bleibt so, wie es erschaffen wurde. Der Ort ist auch gleichzeitig eine Ebene, in der sich Seelen treffen und verabreden, bevor sie sich aufmachen, zu dem Ort, an dem ihre Gemeinschaft lebt. Die Ankunftsebene ist ein Durchgangsgebiet und noch sehr nah an der Realität der Erde. Sie erlaubt Einblicke in die Welt der noch inkarnierten Seelen.

Nicht wenige widerstehen dem inneren Wunsch und Antrieb weiterzuziehen und warten auf den noch lebenden Partner. Sie haben zuvor geplant, dass der eine auf den anderen warten wird. Sobald der zurückgelassene Partner ebenfalls im Sterben liegt, öffnet sich dieser und mit ihm auch eine Art Kanal. Der zuvor Verstorbene kann sie nun abholen und durch den Void begleiten. So haben es sich Karl und Elfriede ebenfalls versprochen, bevor sie sich ins Leben haben fallen lassen.

Manche verweilen hier, warten aber nicht auf jemanden im Speziellen; sie bleiben vielmehr, um anderen Seelen zu helfen. Allerdings funktioniert das nur bei denjenigen, die sich tatsächlich helfen lassen wollen und die die dargereichte Hilfe als solche erkennen und annehmen. Ganze Gemeinschaften haben sich auf diese Weise gebildet. Einige dieser Orte sind den Sanatorien und Pflegestationen der Erde nicht unähnlich: Seelen werden dort wieder gesund gepflegt und schließlich auf die Weiterreise geschickt. Viele sind bei ihrer Ankunft traumatisiert und verängstigt oder glauben nach wie vor, todkrank zu sein. Der Zustand einer Seele entspricht immer ihren zuletzt entwickelten Überzeugungen und Befürchtungen. Diese können eine eher unangenehme Umgebung erschaffen. Eine Art Traum, der von diesen Gefühlen dominiert wird – keine schöne Sache. Menschen tun gut daran, sich bereits zu Lebzeiten mit ihren Ängsten und Befürchtungen auseinanderzusetzen. Auch das Hinschauen und Suchen nach dem, was unweigerlich auf jeden zukommt, hilft: Es verhindert ein Vakuum, das später vielleicht von irgendwelchen Ängsten gefüllt wird.

Seelen, die in diesen besonderen Gemeinschaften anderen helfen, tun das aus der bedingungslosen Nächstenliebe heraus, völlig unaufgefordert und ungezwungen - ein liebevoller Ort.

Karl denkt darüber nach, sich einer solchen Gemeinschaft anzuschließen, bis er Elfriede abholen kann. Der Altruismus, das bedingungslose Dasein für andere, ist immer seine Lebensphilosophie gewesen. Das war auch die Ausrichtung seiner Gemeinschaft, das wusste er.

Er hatte es einmal auf eigene Faust versucht und sich alleine in die Gebiete der Verwirrten, wie er sie nannte, begeben, zu einer Zeit, als sein Refugium noch nicht existierte.

Da es grundsätzlich keine Regeln und Gesetze in den energetischen Welten gibt, gebärden sich die Seelen dort wie wild und gehen weiter und völlig entfesselt ihren Neigungen nach - wie auch immer diese geartet sind. Auf Karl wirkten sie wie Menschen auf der Erde, die unter einer massiven Psychose leiden. Nach einem früheren Leben hat er einmal versucht, eine dieser Seelen anzusprechen, um sie zu verstehen und ihr so vielleicht helfen zu können. Völlig zwecklos, er wurde nicht einmal wahrgenommen. Sie besaßen alle eine andere und niedere Schwingung als er selbst, auch konnte er sich nicht lange in ihren Gebieten aufhalten, da sie eben nicht seiner Resonanz entsprachen. Es war dunkel und bedrohlich dort. Sein früheres Ich war seinerzeit froh gewesen, die Gebiete schnell wieder verlassen zu können.

Diese Seelen, einige verdienen wahrlich den Namen Teufel, bleiben insgesamt nur kurz im Ankunftsgebiet und ziehen schnell weiter in die Glaubensgebiete, die ihrer Ausrichtung entsprechen.

Ja, es gibt sie wirklich, die Höllen, auch wenn es für einige dieser verwirrten Seelen das Paradies zu sein scheint. Schweine suhlen sich ja auch gerne im Dreck und Myriaden von Fliegen finden Fäkalien äußerst interessant. In den Glaubensgebieten der Höllen herrschen andere Maßstäbe. Diese sind ihr Zuhause; sie wollen auch nirgendwo anders sein.

Manche Seelen können gar nicht schnell genug in diese Gebiete kommen, in denen sie ihre Begierden mit Gleichgesinnten befriedigen können – das glauben und erhoffen sie sich zumindest. Einige halten sich überhaupt nicht hier auf, sondern ziehen direkt weiter. Diese sind wie ein kalter Hauch, der durch die dunkleren Gebiete zieht. Niemand verurteilt oder drängt sie dazu. Sie stürzen sich höchst freiwillig in ihr Verderben – genauso wie es einige Menschen auf der Erde eben auch tun. Ach - Karl seufzte - er empfand Mitleid mit diesen irregeleiteten Brüdern und Schwestern.

Neben den Höllen gibt es noch den Void, erinnert sich Karl. Das große Vergessen oder die Leere. Er liegt wie ein zähe und nahezu undurchdringliche Schicht direkt zwischen den Menschen auf der Erde und den Seelen in den energetischen Welten. Er ist die Ursache, warum jeder, der sich der Realität auf der Erde nähert, vergessen muss und wird. Er wird vergessen, wer er wahrhaftig ist und was er eigentlich auf der Erde wollte. Der Void entzieht ihm jedes Wissen und jede Erinnerung. Ebenfalls eine Ebene, die man durchaus als Hölle bezeichnen könnte. Die neutrale Leere, aber auch die Trostlosigkeit und die Verzweiflung sind für diese Ebene charakteristisch. Neben den Verbitterten finden auch einige Selbstmörder hier ihre gefühlte Ewigkeit, entspricht doch der Void, mit seiner Leere, oft ihrer inneren Zerrissenheit und Verzweiflung. Es ist die Abwesenheit von Liebe, die hier prägend ist. Wie überall, so werden auch im Void die innersten Seelenzustände zu einer real wahrgenommenen Umgebung – und das sofort. Ein Umstand, der die Höllen auf der Erde bekannt gemacht hat. Nicht wenige Menschen überleben eine eigentlich tödliche Situation, kommen irgendwie in den Void und kehren dann mit ihren dort gemachten Erfahrungen wieder zurück zu den Lebenden. 10 bis 15 Prozent aller Menschen erleben am Sterbebett eine Höllenerfahrung oder berichten von dieser nach einer Nahtoderfahrung. Karl wusste das von einem Seminar, das er im Rahmen seiner Ausbildung zum Hospizhelfer gemacht hatte.

Insgesamt ist der Void ein Schutzmechanismus, eine Grenze, die es den Lebenden erlauben soll, möglichst unbeeinflusst Erfahrungen zu sammeln. Sie nimmt jegliche Erinnerung und gibt sie nach der Beendigung eines Lebens auf der Erde wieder zurück. Es ist unter anderem das Licht, das die Seelen nach ihrem biologischen Tod durch die Leere navigiert.

Würde man ungeplant als Seele zurückgehen, würde man im Void schlicht vergessen, warum man überhaupt wieder zur Erde zurückwollte, man würde, dort angekommen, zu einer erdgebundenen Seele werden. Zu einer Seele, die ‚leer' ist und über keinerlei Erinnerungen verfügt.

Karl blickt fast automatisch auf eine Pelzmütze, die auf dem Kaminsims neben einer handgeschnitzten Flöte ihren Platz gefunden hatte. Beides sind Erinnerungsstücke aus einer Zeit voller Entbehrungen, aber auch voller spannender Abenteuer und Entdeckungen.

Die beiden Stücke erinnerten ihn an einen guten Freund, der seine Frau so sehr vermisste, dass er nicht aufzuhalten war. Das war vor etwa 300 Jahren; sie alle lebten damals in den französischsprachigen Gebieten des heutigen Kanadas in der Siedlung Ville-Marie, dem heutigen Montreal. Es war eine Inkarnation, die er unmittelbar nach seiner Erfahrung als Hauptmann des Dreißigjährigen Krieges machte. Eine Erfahrung, die ihn unbewusst dazu drängte, dem kriegerischen Europa den Rücken zu kehren. Sie verkauften damals ihr gesamtes Hab und Gut und gingen zusammen mit Freunden auf die gefährliche Überfahrt in die neuen Gebiete.

Samuel, so war der Name einer seiner Freunde. Sie kannten sich von Kindesbeinen an und, wie es das Schicksal wollte, beschlossen sie ihr Leben auch gemeinsam.

Sie waren gerade gemeinsam auf der Jagd nach Pelzen, um sie ihm anliegenden Fort zu verkaufen, als sie von Einheimischen angegriffen wurden. Samuel und Karl waren in ihr Jagdgebiet eingedrungen, ohne es zu wissen. Karls früheres Ich starb sofort, Sam konnte zunächst entkommen. Sein unbändiger Wille, zu seiner hochschwangeren Frau zurückzukehren, hielt ihn noch einige Tage am Leben, dann erlag auch er seinen schweren Verletzungen.

Karl erwartete ihn, er aber war untröstlich und durchdrungen von dem Wunsch, wieder bei seiner geliebten Florence zu sein. Sam ging zwar unmittelbar nach seinem Tod instinktiv ins Licht, vermochte es aber nicht, seine starke Sehnsucht zu kontrollieren. Er drehte sich um und stürzte sich in den Void - er wollte zurück zu ihr, koste es, was es wolle. Samuel schaffte es aber nicht bis zur Erde. Seine Verzweiflung ging in Resonanz mit dem Void, das große Vergessen erfasste ihn und er wäre fast in der Leere und seiner Verzweiflung verloren gewesen, wenn seine Frau ihm nicht kurz entschlossen gefolgt wäre.

Sie starb fast zur gleichen Zeit wie Samuel bei der Geburt ihrer gemeinsamen Tochter. Nur kurze Zeit später, nachdem Samuel im Void verschwand, kam sie ebenfalls dort an und fragte sogleich nach ihm. Sie wusste, dass auch er da sein musste – sie hatte seinen Tod geträumt.

Auch Florence war unendlich traurig und nicht aufzuhalten.

Es hätte eine Tragödie werden können.

Mit allerletzter Kraft gelang es ihr, Samuel im Void zu finden, seine Seele zu berühren, bevor sie sich selbst verlor. Sie erinnerten sich ihrer Liebe. Die Dunkelheit und Verzweiflung wurde hinweggefegt, ein Tunnel öffnete sich und das Licht zeigte ihnen den Weg. Wärme und Geborgenheit umströmten sie und geleiteten sie sicher zurück in das Ankunftsgebiet.

Die Liebe *ist* und *bleibt* die stärkste Kraft im Universum. Das wusste Karl seitdem. Sie führt alles zusammen und überwindet jede noch so dunkle Energie, füllt die Leere und ist der Antrieb allen Seins. So brachte die Liebe auch die beiden wieder zusammen und führte sie aus dem Void.

Auf diese Weise wurde die Beinahe-Tragödie doch noch abgewendet, auch ihre Tochter hatte ein langes und erfülltes Leben. Mit ihren nicht wenigen Kindern und deren Nachkommen verteilt sich ihre Familie heute über ganz Nordamerika.

Sie sind so zahlreich, dass sie zusammen inzwischen eine Gemeinschaft bilden, die beständig aus sich selbst heraus immer wieder auf der Erde inkarniert.

Woher weiß ich das alles ...?, fragt sich Karl. Schon erstaunlich! Das Wissen kommt nach und nach wieder, gerade so, wie es ihm danach verlangt. Wo die beiden und ihre Gemeinschaft jetzt wohl sind? Auch das würde ihm schon wieder einfallen.

Er würde sie auf jeden Fall besuchen, das nimmt er sich vor. Denn ‚da' sein werden sie - ein Umstand, den inkarnierte Menschen nur schwer nachvollziehen können.

Er, Karl, ist viele, *er ist seine Gemeinschaft*, die aus all den Inkarnationen besteht, die er hier auf der Erde bereits gemacht hat. Selbst Wilbert gehört dazu.

Sein Bruder ist genauso ein Teil von ihm, wie es Elfriede, aber auch Sarah und Amin sind. Beide erwarten ihn und Elfriede bereits auf der nächsten höheren Ebene.

Und so sind auch Florence und Samuel immerwährend in den energetischen Welten. Waren sie nicht auch sein Bruder und seine Schwester, aber aus einer anderen Gemeinschaft? Und sie inkarnierten damals gleichzeitig aus ihren jeweiligen Gemeinschaften heraus? Es dämmerte ihm, aber noch gab es einige Erinnerungslücken.

Auf jeden Fall waren sie da und eine weitere Erkenntnis breitete sich aus: Was einmal in die Existenz gebracht wurde, egal was, bleibt – und das ewiglich.

*

Na, Wilbert, du kleiner Wirbelwind, wo ist eigentlich Sjarre?, fällt es Karl spontan ein. Sjarre war sein Pferd aus der Zeit seiner Inkarnation als Gutsherr im Norden Deutschlands im 19. Jahrhundert.

Wiehern und das Schlagen von Pferdehufen hallen durch das offene Haus.

Karl bekommt eine Gänsehaut, dem Geräusch folgend, verlässt er das Haus und da steht er: sein schwarzer Friese. Genüsslich wiehernd trabt er auf Karl zu und kommt schnaufend dicht neben ihm zu stehen.

Ach, was für eine Freude, selbst Wilbert bellt, wedelt mit seinem Schwanz und kriegt sich vor Freude kaum ein. Sjarre legt seinen Kopf auf Karls Schulter. Ach, du treuer Hengst, schön, dich wiederzusehen. Wir hatten eine gute Zeit zusammen, nicht wahr. Karl schwingt sich auf seinen Rücken, als hätte er Zeit seines Lebens nichts anderes getan.

Zusammen reiten sie durch die wundervollen Landschaften der Ankunftsebene. Robert, so war der Name seiner Inkarnation von damals. Von ihm wusste er, wie man reitet.

So langsam kommt auch diese Verbindung wieder.

Ho Sjarre, schneller! Zusammen galoppieren Sie über eine Wiese, die Sonne steht hoch am Himmel. Warm und sanft beleuchtet sie eine Landschaft, die vor farblichem Ausdruck und Klarheit nur so strotzt. Fehlen eigentlich nur noch Vögel am Himmel und ein beschaulicher See ...

Ein Schwarm Vögel taucht plötzlich vor ihm in der Höhe auf. Ständig wechseln sie spontan ihre Richtung und zeichnen so faszinierende Formen in den Himmel. Dann gehen sie in einen Sturzflug über, nur um dann dicht über einem See, der gerade vor Karl auftaucht, in einen graziösen Konturflug überzugehen.

Wow, was für ein Anblick. Karls Herz quillt über vor Glückseligkeit und Demut. Er bringt Sjarre zum Stehen und steigt ab. Gemeinsam gehen sie zum Seeufer, wo sich Karl auf einen Stein niederlässt.

Gemeinsam genießen sie den Augenblick. Karl entspannt sich, schließt seine Augen und empfindet Harmonie und Glückseligkeit. Wilbert liegt zu seinen Füßen und Sjarre schaut Karl mit großen Augen erwartungsvoll an.

Danke, mein Lieber, vielen Dank. Was für ein Ausritt. Du kannst jetzt wieder zurück zu unserer Gemeinschaft gehen, grüße Robert von mir. Bestelle allen meinen Brüdern und Schwestern meine besten Wünsche, ich komme bald. Übermittele ihnen, dass ich zunächst noch auf Elfriede warten werde, bevor wir uns alle wieder vereinen.

Sjarre wiehert, stellt sich auf seine Hinterbeine, stößt sich ab und verschwindet in einer Kugel aus hellem Licht. Karl ist zusammen mit Wilbert, der ihm folgt, wieder alleine. Nach einer Weile denkt er, es wäre eine gute Idee, wieder zum Haus zurückzukehren. Ein Gedanke später - und beide sind wieder vor ihrem Haus in der Ankunftsebene. Die Sonne steht noch immer an derselben Stelle, wie schon den ganzen Tag - herrlich! Allerdings hat sich das Licht etwas verändert, es wirkt jetzt wärmer und ein wenig dunkler. Das ist anders als auf der Erde, aber nicht unangenehm.

Karl nimmt sich vor, etwas aus seinem vergangenen Leben in sein Refugium hier in der Ankunftsebene einzufügen. Deswegen hatte er es ja auch erschaffen, um sich bei der Rückkehr aus einem Leben zu erinnern - wer und was er ist. Das würde er aber mit Elfriede besprechen, wenn ihre Zeit gekommen ist.

Bis dahin gibt es noch viel zu tun, unter anderem gilt es, einen ganz bestimmten Freund aus seinem letzten Leben zu besuchen. Dieser verstarb einige Wochen vor ihm. Als er damals die Nachricht vom Tod des Freundes bekam, war er sehr betrübt und dachte noch, dass er jetzt herausfinden wird, woran er zeitlebens so fest geglaubt hatte.

Er konzentriert sich.

*

Karl nähert sich dem Haus und erkennt schon aus der Ferne Franz, wie dieser draußen vor seinem Haus mit Freunden sitzt, freudig erregt diskutiert und immer wieder seinen Bekannten zustimmend zunickt.

Er hat sich kein bisschen verändert, der alte Philosoph. Stets sucht er die Nähe von Gleichgesinnten, um mit ihnen über Gott und die Welt zu reden.

‚Karl!' Franz steht auf und kommt mit offenen Armen auf ihn zu. ‚Ich habe es dir doch gesagt, es geht weiter!'

Sie umarmen sich. ‚Schön zu sehen, dass es dir gut geht, Franz!'. Er sieht erholt und Jahrzehnte jünger aus. ‚Darf ich dir meine Brüder vorstellen, sie waren es, die mich dort unten ständig unterstützen ...' Sie nicken Karl lächelnd und verständnisvoll zu. ‚Ich muss mich noch umstellen, ich bin es noch zu sehr gewohnt, Sprache zu benutzen.' Er grüßt zurück und sendet seinen Namen, seine Kennung und verneigt sich vor dem Selbst des Franz.

Die Kennung ist eine eindeutige und einmalige Identifikation einer Gemeinschaft oder eines Selbst, das wusste er wieder unmittelbar, als er die Kennung empfängt. Seine lautet: Aris 4. Etwas, das mit einem Sonnensystem zu tun hat, in dem er seine ersten Erfahrungen als individualisierte Persönlichkeit vor Jahrmilliarden Jahren menschlicher Zeit sammelte. Es existiert schon lange nicht mehr. Die eher transzendenten Wesen in diesem System waren zwar durchaus intelligent, verfügten allerdings nicht über die Bandbreite an Emotionen, wie Menschen es tun, sodass es kaum Veränderung und somit nur wenig Entwicklung gab.

Gefühle: Welch eine grandiose Idee des Kosmos. Manchmal bitterböse und zerstörerisch, aber genauso oft auch berauschend und erschaffend. Nicht wenige Seelen werden süchtig danach und jagen so von Inkarnation zu Inkarnation. Derwischen gleich wirbeln sie durch das Leben, immer auf der Suche nach neuen Erfahrungen, Höhen und dem nächsten Kick.

‚Ja, Franz, alles ist wahrlich gut und wie ich sehe - eigentlich ist es eher ein Wahrnehmen -, liebst du noch immer die Philosophie. Ich bin noch nicht so weit wie du, aber alles kommt wieder, nach und nach. Meine Kennung fiel mir gerade wieder ein, als ich euren Gruß empfangen habe.‘ Karl nickte erneut freundlich dem Selbst von Franz zu und schaute sich um: ‚Schön hast du es dir hier gemacht: Eine Berghütte und ein prächtiges Alpenpanorama, so wie in deiner Heimat, in Kärnten. Sind das etwa Murmeltiere da oben?‘

‚Ja, du weißt doch, wie sehr ich sie auf meinem Glockner geliebt habe‘. Franz lebte ganz in der Nähe, in der beschaulichen Gemeinde Winklern, unweit von Heiligenblut am Fuße des Großglocknermassivs. Die Natur war seins. Er lebte zeitlebens alleine und war zum Schluss mehr in den Bergen als unter den Menschen.

‚Der Franz …‘. Karl lächelte.

Franz und Karl unterhalten sich noch eine ganze Weile, bevor es vollends dämmrig wird und Karl sich erinnert, dass es auch hier so etwas wie einen Tag-Nacht-Rhythmus gibt, wenn auch keine vollständige Dunkelheit, auch Schatten sieht man hier nicht. Die Aktivität nimmt etwas ab und man ruht, es gibt also Phasen der geistigen Entspannung: Höhen und Tiefen in der Stimmungslage. Das ergibt Sinn, denn nur so lässt sich das eine vom anderen unterscheiden. Kein Computer läuft beständig unter voller Auslastung und Monotonie ist zweifelsohne destruktiv.

Karl verabschiedet sich und man verspricht sich in Kürze wieder zu besuchen. Franz wünscht Karl alles Gute und gibt ihm noch Grüße mit auf den Weg für Elfriede. Er wünscht ihr einen guten Übergang.

*

Inzwischen sind bereits sechs Monate seit dem Tode ihres geliebten Mannes vergangen. Es schmerzt immer noch wie am ersten Tag, Karl fehlt ihr so sehr. Als sie in den letzten Tagen durch das Fenster in den Himmel schaute, glaubte sie sein Gesicht gesehen zu haben, das ihr aufmunternd zulächelte. Im gleichen Moment spielte das Radio ihre Melodie *Die Gitarre und das Meer* von Freddy Quinn. Bei diesem Lied lernten sie sich damals kennen. Es war Liebe auf den ersten Blick. Sie schauten sich damals tief in die Augen und es war, als blickte sie in die Tiefen der Ewigkeit. Sie waren füreinander bestimmt.

Elfriede seufzt.

Es ging ihr seit einiger Zeit nicht mehr besonders gut, sie verzehrte sich nach ihm. Sie ging nicht mehr vor die Tür und so richtig Appetit hatte sie auch nicht mehr, seit Tagen aß sie schon nichts mehr. Sehr zum Leidwesen der Kinder – sie machten sich große Sorgen. Sie fühlte sich schwer und unendlich müde und irgendwie wusste sie, dass es nicht mehr lange dauern würde. Alles wird gut – auch das wusste sie, irgendwie.

Ihre gemeinsame Tochter Marion war jetzt Tag und Nacht bei ihr, sie wollte sie jetzt nicht mehr alleine lassen. Sie war so müde.

‚Hallo Elfriede.'

„Wer? ... Karl bist du das?"

Karl steht neben ihrem Bett und lächelt sie an.

„Ach Karl, du bist es, ich vermisse dich so sehr!" Sie lächelt entzückt.

‚Alles ist gut, meine Liebe. Ich bin hier, um dich abzuholen, es ist alles in bester Ordnung – sorge dich nicht!'

Marion stürmt ins Zimmer, sie hat ihre Mutter sprechen gehört. „Mutter, was ist? Hast du mich gerufen ...? Geht es dir gut?"

Sie setzt sich neben ihre Mutter und nimmt ihre Hand, aber Elfriede nimmt sie nicht richtig wahr und schaut zu einem Punkt im Raum, an dem nichts zu sehen ist.

Marion bekommt es mit der Angst zu tun.

Ihre Stimme vibriert: „Mutter, mit wen redest du da, da ist doch nichts?!" Das müssen die Medikamente sein, die ihr die Palliativärztin gegeben hat. Sie halluziniert, genauso wie ihr Vater, als er im Sterben lag. Oh mein Gott, bitte, nimm sie noch nicht zu dir.

Marion fühlt sich hilflos.

„Kind, alles ist gut." Elfriede lächelt ihre Tochter schwach an. „Es ist dein Vater, er will mich abholen. Er sieht so gut aus, so wie damals, als wir uns kennenlernten. Er bestellt dir Grüße, du sollst dich nicht grämen und sorgen. Es geht ihm gut und er wird, ... wir werden, immer bei dir sein. Du kannst das vielleicht noch nicht verstehen, aber so wird es sein."

Elfriede Stimme wird schwächer und brüchig: „Ich gehe jetzt, ... Karl, Liebster, ... ich komme ... helfe mir ..."

„Ach, Mutter!" Marion beginnt zu schluchzen, Tränen laufen ihr übers Gesicht.

Karl geht auf sie zu und breitet seine Arme aus. Elfriede lächelt, lässt die Hand der Tochter los und beugt ihren Oberkörper mit ausgestreckten Armen ihrem Karl entgegen.

„Mutter! Ich liebe euch! Grüß Vater von mir ...!“

Es sieht aus, als würde sie einen Unsichtbaren umarmen. Dann fällt sie leblos zurück in ihr Bett.

Marion ist unendlich traurig, weint hemmungslos und umarmt den nun leblosen Körper der Mutter.

Karl und Elfriede stehen neben ihr. Sie halten einander an der Hand, blicken ein letztes Mal wohlwollend und liebend auf ihre Tochter, bevor sie auch die anderen Kinder in ihrem jeweiligen Zuhause besuchen und sich dort ebenfalls still verabschieden. Als das erledigt ist, nicken sie sich einvernehmlich zu, dann krümmt sich der Raum, ein Tunnel bildet sich und ein warmes Licht leuchtet ihnen den Weg. Es ist Zeit, nach Hause zu gehen.

Alles ist gut – und es war nie anders gewesen.

Ende.

# TEIL VIER

## AUSBLICKE UND EINSICHTEN

Leben ist Bewegung.

Bewegung ist Veränderung.

Veränderung ist Wachstum.

Alles ist gut.

# Wieso vergeht die Zeit im Alter schneller?

Zeit ist weder eine feste Größe, noch können wir sie vollumfassend verstehen oder gar eindeutig definieren. Tatsächlich gibt es nur eine Abfolge von Ereignissen, die wir auch Momente nennen, in der alles von der Ordnung zum Chaos strebt.

*Etwas, das mir immer sehr bewusst wird, wenn ich auf meinen Schreibtisch etwas suche. Sie kennen das.*

Mit der Beschreibung der Zeit und der Erfindung von entsprechenden Messinstrumenten wie Sand- oder Sonnenuhren – und später mit den mobileren mechanischen Uhren – haben wir Instrumente geschaffen, die uns dabei helfen, uns selbst durch die Zeit zu navigieren, ganz so, wie es ein Kompass im Raum tut.

Beide Instrumente sind aber *nur* Navigationshilfen und definieren nicht das Phänomen, das wir in seiner Gesamtheit die ‚Raumzeit' nennen. Gerade die Zeit ist abstrakt, nicht greifbar und wird zudem sehr unterschiedlich empfunden und wahrgenommen.

Es ist genau dieses Zeitempfinden und nicht zwingend die Anzahl unserer Lebensjahre, die über die Qualität unseres Lebens entscheidet. Ein Mensch, der 100 Jahre alt wird, hat keinesfalls per se ein besseres oder erfüllteres Leben gelebt als jemand, der vielleicht nur 50 Jahre alt geworden ist.

Eine Eintagsfliege empfindet ihr Leben wahrscheinlich als genauso lang und erfüllt, wie ein Mensch seine Lebensspanne empfindet. Der Versuch, eine Fliege mit einer zusammengerollten Zeitung zu erschlagen, scheitert schon alleine deshalb, da die Dauer dieser Aktion der Fliege in etwa so erscheint, wie einem Menschen eine ganze Woche. Sie hat ‚alle Zeit der Welt', um sich in Sicherheit zu bringen und um vor dem Abflug in aller Ruhe noch einen Happen zu sich zu nehmen.

Es ist also durchaus vorstellbar, dass es Wesen gibt, die uns aus der Ewigkeit heraus betrachten und für die die Dauer eines Menschenlebens nicht mehr ist als ein flüchtiger Moment.

Zeit ist und bleibt relativ.

Wenn ein Großvater seinem jungen Enkel ankündigt, mit ihm in einer Woche in einen Freizeitpark zu gehen, wird das besonders augenscheinlich. Beide sind erfüllt mit Vorfreude. Während aber für den alten Herrn die Tage bis zu dem gemeinsamen Ausflug nur so dahinfliegen, ziehen sich die Tage für den Jungen zäh und unendlich lang. Jede Sekunde scheint Ewigkeiten zu dauern. Das hat erst einmal nichts mit dem geplanten Ausflug zu tun, denn die Zeit vergeht im Leben eines Menschen umso schneller, je älter er wird. Mit 70 rasen die Monate nur so dahin, während es für einen Zehnjährigen gefühlt Ewigkeiten dauert, bis er ein Jahr älter oder gar erwachsen wird.

*Ein insgesamt gewollter Prozess, denn zum Ende hin werden nicht nur weniger Erfahrungen gemacht (neue Erfahrungen sind ebenfalls ein wesentlicher Faktor, warum die Zeit im Laufe des Lebens schneller vergeht), das Leben ist auch zunehmend mit körperlichen Einschränkungen verbunden und manchmal auch mit viel Leid. So ist das schnelle Vorübergehen des Lebens eine gewisse Gnade für die erfahrende Seele, kommt sie so doch empfunden schneller nach Hause, ohne die Erfahrung in Lebensjahren zu verkürzen. Dieser Prozess ist auch eine Regelung oder eine Art Programmierung, die einer künstlichen Verlängerung des menschlichen Lebens eine deutliche Grenze setzt (siehe auch Fragestellung „Wird der Mensch es jemals schaffen, seinen Körper unsterblich zu machen?").*

Am Tag des Ausflugs nun passiert etwas Merkwürdiges, das jeweilige Zeitempfinden scheint sich gegenseitig zu beeinflussen und anzunähern: Für den Großvater bremst die Zeit, sie wird langsamer. Neue Erfahrungen werden gemacht und diese führen zu einem intensiveren Erleben und einer besseren Lebensqualität.

Für den Jungen hingegen beschleunigt sich die Zeit. Für ihn vergeht sie rasend schnell und der Ausflug ist viel zu kurz. Diese Erfahrung wird sich in seinen Erinnerungen einprägen und er wird sich noch bis ins hohe Alter an diesen einen Tag erinnern. Und ganz sicher wird er sich noch an diesen Tag zurückerinnern, wenn er eines Tages selbst mit seinem Enkelkind einen Tagesausflug unternimmt.

Das Phänomen der Zeit verhält sich höchst subjektiv und ist somit auch für die Forschung nur schwer greifbar.

## Was ist Zeit?

Zeit ist selbstverständlich, strukturiert unseren Alltag und verhält sich dabei wie ein Diktator - treibt sie uns doch unbarmherzig von der Wiege bis zur Bahre.

Sie ist aber auch ein wesentlicher Teil der Schöpfung, da sie Leben aus vermeintlich toter Materie erschafft. Etwas zwingt die Zeit dabei, in nur eine

Richtung abzulaufen. Dieses Phänomen, auch Zeitpfeil genannt, ist überall im Universum gültig.

Obwohl wir die Zeit ständig mit unserem Wachbewusstsein erfahren, bleibt sie doch ein Mysterium. Genauso wie die Ursache der Gravitation, ist auch die Ursache der Zeit noch völlig ungeklärt. Die Zeit gehört zum Raum, der wiederum durch die Gravitation bestimmt wird. Sollte also das eine irgendwann erklärt werden können, wird das wohl auch auf das andere zutreffen.

Genauso gut könnte die Zeit auch rückwärts laufen, so wie wir es im Mikrokosmos beobachten können. Dort können Abläufe rückgängig gemacht werden. Die Bausteine des Lebens, unsere Elemente (Atome), vergehen nicht (zumindest konnte das bei diesen Bausteinen bis heute nicht beobachtet werden), sondern sie setzen sich beständig wieder zu Molekülen zusammen. So atmen Sie, rein rechnerisch, mit jedem Atemzug Argon-Atome ein, die einst zu Platon oder zu einem anderen, längst verstorbenen Menschen gehörten. Wenn Sie so wollen, ist unser Planet ein einziges Recyclingcenter, der alle komplexeren Bausteine (Moleküle) mithilfe der Zeit und der Elemente vergehen und wieder auferstehen lässt. Zumindest rein materiell betrachtet.

Im Mikrokosmos scheint die Zeit ohne Relevanz zu sein und die Elemente erscheinen ebenso zeitlos und unvergänglich.

Das ist in unserer erfahrbaren Welt, im Makrokosmos, gänzlich anders.

Der Zeitpfeil erlaubt hier nur eine Richtung - von der Entstehung hin zur Zerstörung. Ein durchaus wichtiger Umstand für unsere Erfahrungsrealität. Denn wie Sie bereits wissen: Altes muss vergehen, damit Neues entstehen kann. Ohne diese zeitliche lineare Abfolge, einhergehend mit der Vergänglichkeit, wären ständig neue Erfahrungen nicht möglich und wir könnten das Gestern nicht vom Heute unterscheiden. Wir würden nicht einmal existieren.

Könnte alles rückgängig gemacht werden, unsere Welt würde stillstehen. Keine Erfahrungen, kein Fortschritt oder irgendeine Entwicklung wären möglich.

Der Sinn unserer Realität ist aber das Lernen durch ständig neue Erfahrungen. Denn nur durch Erfahrungen kommen wir zu Einsichten und über diese zu unseren Überzeugungen und so letztlich, zusammen mit allem, was ist, zu geistigem Wachstum.

Die Zeit ist das mächtigste Werkzeug eines endlosen Schöpfungsprozesses, der Wesen hervorgebracht hat, die komplex genug sind, um die Bedeutung von Zeit zu verstehen und die nun beginnen, ihren Platz im Universum zu finden.

Wir sind dabei nicht nur ein zufälliges und kurz aufflammendes Strohfeuer in der

Lebensspanne unseres Kosmos, wie uns gerne erzählt wird. Wir sind viel mehr: Jeder Einzelne ist ein notwendiger Entwicklungsschritt auf unserem Weg, um individualisiert ausgeprägtes und ewig währendes Bewusstsein zu werden. Als ein solches Fraktal des Ganzen sind wir die bereits angesprochenen Atome Gottes, die sich über Erfahrungen weiter zu ‚Molekülen' entwickeln.

## Gibt es Aliens?

Leise da draußen, oder?

Damit beziehe ich mich auf ein Paradox, dass bereits Fermi in der Mitte des letzten Jahrhunderts beschrieb.

Wir sind Nachzügler in unserem Universum, das, folgt man der allgemeinen Lehrmeinung, etwa 13,8 Milliarden Jahre alt ist. Unser Stern, die Sonne, entstand vor etwa vier Milliarden Jahren und vor gerade mal 543 Millionen Jahren kam es auf unserem Weltenkörper zur sogenannten Kambrischen Explosion, dem explosionsartigen Beginn des vielzelligen Lebens, aus dem letzten Endes wir hervorgegangen sind.

Intelligentes Leben hätte aber schon viel früher, auch bei uns in der Milchstraße, entstehen können und müssen. Wir reden hier von Milliarden von Jahren. Bereits nach einer Milliarde Jahren entstanden die ersten Sterne der dritten Generation im Universum und deren Vorgänger produzierten bereits alle Elemente, wie wir sie heute kennen. Zusammen mit denen von Anbeginn an herrschenden Naturgesetzen, die im gesamten Kosmos gültig sind, bildeten diese also bereits vor sehr langer Zeit die Grundlage für Leben, so wie wir es heute kennen.

Rechnet man nun die bereits entdeckten Planeten hoch, auf denen Leben, zumindest theoretisch möglich ist, kommen wir allein in unserer Galaxie auf abertausende von Weltenkörpern, wenn nicht gar auf Millionen, auf denen sich intelligentes Leben entwickelt haben muss – und das lange vor unserer Zeit. Neben unserer Galaxie gibt es da draußen aber noch 100 Milliarden weitere Galaxien, die jeweils wiederum aus etwa 100 Milliarden Sternen bestehen. Und viele von ihnen existierten bereits lange, bevor sich unsere Milchstraße formte.

Insgesamt also mehr als genug Zeit, um zumindest eine intelligente Spezies hervorzubringen, die im Laufe von Millionen von Jahren unsere gesamte Galaxie komplett erobert und erschließt, auch ohne mit Lichtgeschwindigkeit zu reisen (übrigens eine Unmöglichkeit in unserem Kosmos). Der Äther und die Himmel müssten demnach voll sein mit Signalen, Flugkörpern und Weltraumschrott, der zwangsläufig anfällt und der über Millionen von Jahren im Kosmos erhalten bleibt. Im All gibt es zwar auch Erosion, sie funktioniert dort aber anders und vor allem viel langsamer.

Signale, einmal gesendet, lassen sich nicht wieder einfangen und jagen mit unterschiedlicher Sendeleistung, aber immer mit Lichtgeschwindigkeit, durch die Weiten des Kosmos, einige nur wenige Lichtminuten, andere weit über die Grenzen einer Galaxie hinweg – und diese sind nicht klein. Ein entsprechend starkes Funksignal würde 100 000 Jahre benötigen, um von einem Ende unserer Milchstraße zum anderen zu kommen.

Wenn Sie auf einem TV-Gerät einen bestimmten Kanal suchen, dann sehen Sie zwischen den Stationen dieses weiße Rauschen und Flimmern: Das ist die Reststrahlung des angenommenen Urknalls von vor 13,8 Milliarden Jahren, die noch heute empfangen werden kann. Wir, die Menschen, strahlen seit der Entdeckung der Funkwellen Informationen in den Weltraum. Da diese sich mit Lichtgeschwindigkeit ausdehnen, könnte man, zumindest theoretisch, in etwa 85 Lichtjahren Entfernung die Machtergreifung Hitlers ‚live' mitverfolgen.

Wenn sich auch nur eine Spezies so verhält, wie sich das Leben auf der Erde entwickelt und ausgebreitet hat (und davon ist auszugehen, da alle Regeln universal gültig sind), dann dürften wir auf gar keinen Fall alleine sein – eigentlich sollten wir überhaupt nicht existieren. Es sei denn, man hat es uns ‚erlaubt' oder wir sind gewollt und eine Art ‚Zucht', die in ihrem Habitat auf der Erde gehalten wird. Eher unwahrscheinlich und mehr eine These für eine Verschwörungstheorie, ausschließen kann ich sie aber nicht, da auch dieser Idee der Schöpfungsgedanke zugrunde liegt.

Wie auch immer.

Da draußen ist nichts Auffälliges, nur Stille, mal abgesehen von einem einzigen, aufgefangenen Signal (googeln Sie mal das ‚Wow!-Signal').

Daraus lassen sich Rückschlüsse ziehen.

1. Alles nur eine Illusion – eine Schöpfung (siehe nachfolgende Fragestellung: „Gibt es eine Matrix?")

2. Der gesamte Kosmos ist eine Schöpfung und, bedingt durch Gesetzmäßigkeiten, die wir noch nicht kennen, werden Schöpfungen voneinander getrennt gehalten (zum Beispiel durch die unglaubliche Größe des Universums und der damit einhergehenden Begrenzung der Lichtgeschwindigkeit), da sie sich sonst gegenseitig aufspüren und vernichten könnten.

Gar nicht so abwegig – ich möchte nicht von einer Spezies wie der unsrigen zuerst entdeckt werden. Jakob Lorber („Der schreibende Prophet") nannte das Universum bereits im 19. Jahrhundert eine „Pflanzschule Gottes". Sehr passend, denn Weltenkörper gibt es mehr als genug da draußen und die Krone der Schöpfung wird immer und auf jedem dieser Planeten erreicht.

Ich denke, dass der Kosmos voll ist mit bewusstem Leben, ja, sogar dass das gesamte Universum Bewusstsein *ist* – uns eingeschlossen. Es ist nur nicht ausschließlich physisch materiell, sondern mehrdimensional und transzendent. Damit will ich sagen: *Wir* sind die Aliens, die wir selbst dort draußen suchen. Zurzeit sind wir nur inkarniert und durchleben die letzte Stufe einer langen Entwicklung in der Materie. Wir sind vorübergehend geistig eingeschränkt und somit für den Rest unserer Brüder und Schwestern ‚dort draußen' nicht erreichbar. Falls Sie sich jetzt fragen sollten, warum wir uns das alles hier antun, habe ich ein passendes Zitat für Sie:

*„Wir sind alle berufen Engel Gottes zu werden, aber keiner zwingt uns."*

Treffender als Emanuel Swedenborg es gegen Ende des 18. Jahrhunderts formuliert hat, kann man es wohl kaum auf den Punkt bringen.

Sind Engel Aliens? Es ist alles eine Frage der Perspektive. Dieses Thema werde ich am Ende des Buches noch einmal kurz aufgreifen.

Fußnote: Emanuel (von) Swedenborg (eigentlich Swedberg; 29. Januar 1688 in Stockholm; †29. März 1772 in London) war ein schwedischer Wissenschaftler, Mystiker und Theosoph.

1758 gab er sein wohl wichtigstes Werk heraus, das seinen Ruf als Seher vor allem begründet hat: Himmel und Hölle aufgrund von Gehörtem und Gesehenem. Der Einfluss dieses Werks auf die Jenseitsvorstellungen war groß. So schrieb Jorge Luis Borges: „Von Swedenborg an denkt man in Seelenzuständen und nicht an eine Festsetzung von Belohnungen und Strafen."

Dieses Werk Swedenborgs finden Sie als frei zugängliches PDF-Format im Internet. Wenn Sie sich näher mit den Strukturen der energetischen Welten beschäftigen wollen, kommen Sie an diesem Dokument nicht vorbei.

# Gibt es eine Matrix?

Eigentlich könnte die Frage auch lauten: Gibt es eine virtuelle Realität, in der wir leben? Denn eine Schöpfung ist etwas Erschaffenes und virtuelle Realität trifft es demnach mindestens genauso gut. Virtuell bedeutet in der Physik dann auch treffenderweise:

nicht beobachtbar – aber erschließbar.

Sie werden jetzt vielleicht denken: Aber ich *sehe* sie doch, die Realität, und ich fühle mich auch überhaupt nicht künstlich. Zum einen ist das Sicht- und Greifbare aber nicht gemeint, sondern vielmehr das, was diese Realität erzeugt, aufrechterhält und was sie vor allem definiert und gestaltet. Zum anderen ist eine virtuelle Realität immer dann gut und folgerichtig programmiert, wenn die künstliche Intelligenz in ihr diese eben nicht als solche erkennt.

Der gesamte Kosmos ist Bewusstsein. Das altgriechische Wort Kosmos beschreibt diesen sinngemäß als ‚die Ordnung' und es ist auch genau diese Ordnung, die zwar stringent und allgegenwärtig, aber eben nicht *offen*sichtlich, dafür aber überall ableitbar ist.

Auch wenn wir uns eine solche fortgeschrittene Programmierung nicht wirklich vorstellen können, gibt es starke Hinweise darauf, dass wir eben genau in einer solchen programmierten Realität leben. Programmierung heißt in diesem Zusammenhang nichts anderes, als dass etwas beschrieben, definiert und in Funktion gebracht wurde: eine Schöpfung eben.

Und wenn Sie glauben, dass alles, was Sie tagtäglich erfahren, all das Leid und der Schmerz, so überaus real ist und man doch eigentlich nur gute Erfahrungen machen will, dann muss ich Ihnen leider sagen, dass gerade die schlechten und unliebsamen Erfahrungen das größte Entwicklungspotential haben (wer verändert sich schon, wenn es ihm gut geht?). Wenn sich das dann noch real, also wahrhaftig anfühlt, hat der Schöpfer alles richtig gemacht. Und nichts Geringeres würden wir von solch einem Wesen auch erwarten, nicht wahr?

Alles, was ist, einschließlich Ihrer Erinnerungen, all Ihre Erfahrungen und Ihre Gefühle, ja sogar unser gesamter Körper, lässt sich datentechnisch erfassen und mit 1en und 0en binär definieren. Genauso wie das gesamte Universum und eben ‚alles, was ist'. Zumindest in der Theorie, in der Praxis ist das nicht umsetzbar - zumindest noch nicht. Alle Computer dieser Welt zusammengenommen sowie alle Datenspeicher auf unserem Planeten würden bei Weitem nicht ausreichen, um auch nur einen einzigen sich selbst bewussten Menschen zu simulieren und zu speichern, geschweige denn seine Seele und all das, was diese bislang erfahren hat. Der Mensch wird wohl niemals in der Lage sein, so etwas Gewaltiges wie eine Seele zu programmieren, da würden wir schnell an unsere Grenzen stoßen (siehe auch Fragestellung: „Warum die Wissenschaft die jenseitigen Welten nicht erklären kann"). Aber, auch das muss gesagt werden, kategorisch ausschließen kann ich es nicht. Vieles, was gestern noch Utopie war, ist heute Realität. Vielleicht gelingt es uns ja eines fernen Tages doch und mit dem Einschalten eines Quantencomputers (Fußnote 1) bringen wir uns selbst in die Existenz. Irgendwie paradox, aber vorstellbar. Übrigens schön dargestellt im Film *Interstellar* aus dem Jahr 2014.

Fußnote 1: Auszug aus der Wikipedia - Artikel „Quantencomputer" (diesen dürfen Sie auch gerne überspringen – nur für Technik- und Computerbegeisterte!):

„Ein Quantencomputer bzw. Quantenrechnerist ein Computer, dessen Funktion auf den Gesetzen der Quantenmechanik beruht. Im Unterschied zum Digitalrechner arbeitet er nicht auf der Basis der Gesetze der klassischen Physik bzw. Informatik, sondern auf der Basis quantenmechanischer Zustände. Die Verarbeitung dieser Zustände erfolgt nach quantenmechanischen Prinzipien. Hierbei sind das Superpositionsprinzip (d. h. die quantenmechanische Kohärenz, analog zu den Kohärenzeffekten, siehe z. B. Holographie, in der sonst inkohärenten Optik) und die sogenannte Quantenverschränkung von besonderer Bedeutung. Theoretische Studien legen nahe, dass unter Ausnutzung dieser Effekte bestimmte Probleme der Informatik, z. B. die Suche in extrem großen Datenbanken (siehe Grover-Algorithmus) und die Produktzerlegung großer Zahlen (siehe Shor-Algorithmus) viel effizienter gelöst werden können als mit klassischen Computern. Dies würde das mathematische Problem, das die Basis für die Sicherheit weit verbreiteter kryptographischer Verfahren darstellt, leicht lösbar und diese damit unbrauchbar machen. Der Quantencomputer ist gegenwärtig ein überwiegend theoretisches Konzept. Es gibt aber viele Vorschläge, wie ein Quantencomputer realisiert werden könnte, und in kleinem Maßstab wurden einige dieser Konzepte im Labor erprobt und es wurden Quantencomputer mit wenigen Qubits realisiert; der Zeitpunkt einer tatsächlichen Anwendung und praktischem Nutzen ist jedoch unklar." (Doppellizens: GNU-Lizenz für freie Dokumentation und Creative Commons CC-BY-SA 3.0 Unported. In der Wikipedia ist eine Liste der Autoren verfügbar. Stand 07.08.2017)

*Zusammengefasst kann man sagen: Das Potential eines einzigen Quantencomputers übersteigt alles, was wir heute computertechnisch entwickelt haben - bei Weitem. Er kann als ein ‚Computer' verstanden werden, der mit höheren Dimensionen interagiert und diese effizient nutzt (eben wie es auch die Quantenverschränkung zu tun scheint). Der Quantencomputer steht im Vergleich zur heutigen Computertechnik, wie diese zum Fingerzählen der ersten Menschen.*

Ich bin gelernter Programmierer und kenne insbesondere Datenbanken und ihre Beziehungen untereinander - und das bestens. Unsere Welt, mit all ihren Regeln und Gesetzen, verhält sich kausal stringent und erinnert mich sehr daran, wie Daten und Regeln wechselseitig miteinander interagieren. Auch findet sich überall um uns herum die Mathematik. Sie ist die Sprache Gottes.

Die Zahl Pi zum Beispiel. Sie ist für mich die Schöpfungszahl schlechthin - sie ist allumfassend, unendlich und findet sich überall in der Natur - und das nicht nur in der Geometrie. Sie ist im gesamten Kosmos allgegenwärtig und kann doch vom menschlichen Geist nicht vollumfassend verstanden und erfasst werden.

Tatsache ist jedoch, dass in ihr jede nur vorstellbare Zahlenkombination vorhanden ist: ihr Geburtsdatum, ihr gesamter genetischer Code, jede Information, einfach ‚alles, was ist, war und immer sein wird' - binär codiert.

Das ist zwingend logisch, ist sie doch unendlich.

*Bild: Die Zahl Pi (aus dem "Mathematikum" Gießen)*

*

Ob Spiralen, die sich überall in der Natur finden lassen, oder die verblüffenden Strukturen von Eiskristallen, von denen niemals eine so aussieht wie die andere, oder die Symmetrie dessen, was lebt: All das, und wir sind keine Ausnahme, ist mathematisch präzise berechnet und definiert.

Schauen Sie sich nur einmal eine Sonnenblume etwas genauer an, in ihr werden sie genauso perfekte Spiralformen antreffen wie bei Schneckenhäusern, einigen Broccoliarten, Sturmwirbeln oder bei Galaxien. Ihnen allen liegt ein und dasselbe Muster zugrunde, etwas, das Leonardo Fibonacci zu seinen Lebzeiten als Zahlenfolge beschrieb, die auch nach ihm benannt wurde. Er beschrieb im Jahr 1202 das Wachstum einer Kaninchenkolonie.

Die Fibonacci- Zahlenfolge: 0 1 1 2 3 5 8 13 21 34 55 ...

Die Fibonacci-Zahlenfolge beginnt mit der Zahl Eins, jede weitere Zahl ergibt sich aus der Summe der beiden vorangegangenen Zahlen. Auf diese Weise beschreibt sie exponentielles Wachstum.

Die Fibonacci-Zahlen lassen sich überall in der Natur auslesen, nicht nur als Wachstumsspirale, oftmals direkt vor unserer Nase – wir sehen sie nur nicht. So entwickeln Blumen häufig entweder 3, 5, 8, 13, 21, 34, 55 oder sogar 89 Blütenblätter. Besonders auffällig ist das bei Gänseblümchen.

Sie wissen schon: „Sie liebt mich, sie liebt mich nicht ..."

Sollten Sie jetzt vielleicht denken, dass das Ergebnis dieses ‚Rituals' von vorneherein, bedingt durch die immer gleiche Anzahl von Blütenblättern, feststeht, dann muss ich Ihnen sagen, Sie irren sich: Gänseblümchen haben entweder 34, 55 <u>oder</u> 89 Blütenblätter. Nicht nur ihre Blätter, auch ihre Blüten sind verblüffend organisiert: Die kleinen gelben Punkte im Inneren (die eigentlichen Blüten) sind in kleinen Spiralen angeordnet, die sich von der Mitte nach außen drehen – so wie es auch bei Sonnenblumen zu beobachten ist. Ebenfalls ein Phänomen der Fibonacci-Zahlen.

Erstaunlich, nicht wahr? Sie dürfen sich jetzt zu Recht fragen: Woher wissen die das? Genauso können Sie sich fragen, woher ein Baum seine Form kennt oder ein Eiskristall seine absolut symmetrische Form.

*(Gänseblümchen, Illustration von Johann Georg Sturm)*

Diese überall anzutreffende Goldene Spirale oder auch Wachstumsspirale lässt sich ebenfalls mathematisch präzise beschreiben.

*Die Goldene Spirale (Zitat)*

*„Fügt man an ein Quadrat (1) ein weiteres gleiches Quadrat (1), sodass nun die Gesamtstrecke der Außenkanten als Grundlage für ein neues Quadrat (2) dient, ergibt sich ein Rechteck (1, 1, 2). Wird dieses Prinzip weiter fortgeführt (Strecke 2 und 1 ergeben Quadrat 3; Strecke 2 und 3 ergeben Quadrat 5; usw.), bilden sich immer wieder neue Rechtecke, die genau nach den Proportionen des Goldenen Schnitts geteilt sind. In diese Quadrate lässt sich nun die sogenannte Goldene Spirale zeichnen. Und diese Spirale, das ist das eigentlich Besondere, dreht exakt nach den Proportionen des Goldenen Schnittes und somit letztlich nach der wunderschönen Zahl Φ (Phi)." Quelle: was-darwin-nicht-wusste.de vom 08.06.2017*

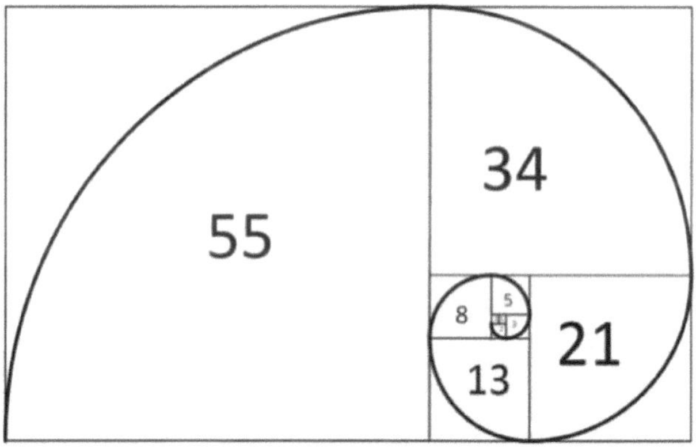


*(Bild: Ein verblüffender Zusammenhang zwischen der Fibonacci-Zahlenfolge und den Proportionen des goldenen Schnitts, basierend auf der Zahl Phi.)*

Der irrationale Zahlenwert Phi (Φ), auch die Goldene Zahl genannt, ist wie die Zahl Pi (nicht zu verwechseln!) eine unendliche Zahlenfolge mit ebenfalls verblüffenden Eigenschaften. Eine davon ist der Goldene Schnitt, wie er oben zur Erstellung der Goldenen Spirale (Abbildung) zur Anwendung kam. Sie kann, wie die Zahl Pi auch, überall in geometrischen Figuren und in der Natur gefunden werden.

*Der Goldene Schnitt: „Zwei Strecken stehen im Verhältnis des Goldenen Schnittes, wenn sich die größere zur kleineren Strecke so verhält, wie die Summe der beiden Strecken zur Größeren. Der Wert dieses Streckenverhältnisses (a geteilt durch b) entspricht exakt der Goldenen Zahl Φ. Dieses Verhältnis findet sich in der Schöpfung erstaunlich oft wieder, z.B. bei Bienen oder bei Pferden." Quelle: www.was-darwin-nicht-wusste.de vom 08.06.2017*

Diese Goldene Spirale, genau wie die Fibonacci-Zahlenfolge, ist als äußerst präziser Bauplan zu verstehen, eine Art Blaupause oder Matrix. Sie war bereits den alten Griechen sowie den Indern bekannt, auch wenn sie nicht nach ihnen benannt wurde. Und so kommt es nicht von ungefähr, dass sich unser Universum vom Ursprung aus spiralförmig in die Ewigkeit entfaltet, exponentiell wachsend.

*

Wenn Ihnen die Mathematik nicht so liegt, dann heben Sie doch einmal des Nachts Ihren Blick und schauen Sie sich unseren Nachthimmel an. Da gibt es viele extrem unwahrscheinliche Dinge zu entdecken und einige davon befinden sich direkt vor unserer Nase.

Zum Beispiel unser Mond.

Er ist genau 400-mal kleiner als die Sonne.

Dabei ist er (ebenfalls) 400-mal näher an der Erde, als es die Sonne ist.

Nur so kann es zu einer totalen Sonnenfinsternis kommen, wie wir sie hin und wieder auf unserem Planeten beobachten dürfen, zuletzt in den Vereinigten Staaten. Der Mond schiebt sich dabei exakt vor die Sonne und offenbart uns so ihre Korona.

Etwas, das wir für alltäglich und völlig normal halten - wie übrigens auch das Leben im Allgemeinen.

Man beachte dabei die ungeheure Größe und Ausdehnung des Sonnensystems. Würden wir auf einem unserer Nachbarplaneten stehen, der Venus oder dem Mars, wir würden unseren Planeten nicht mit bloßem Auge erkennen können. Eine von vielen leuchtenden Stecknadeln am Firmament. Da darf man sich schon einmal fragen, wie Superman ohne Navigationsgerät von Krypton den Weg zurück zur Erde gefunden hat? ;-) Dass die Erde sich mit einer Geschwindigkeit von etwa 108.000 km/h um die Sonne bewegt (eigentlich ‚rast' sie ja und wir mit ihr), macht die Sache nicht einfacher.

Um eine Sonnenfinsternis erfahren zu können, müssen Sonne, Mond und der Beobachter auf der Erde exakt auf einer Linie sein. Sie müssen eine schnurgerade Perlenkette in den unendlichen Weiten des Kosmos bilden. Das ist Millimeterarbeit in einem Raum, den wir ansonsten in Millionen von Kilometern messen - als kleinste sinnvolle Maßeinheit.

Daraus kann man ableiten, dass diese Konstellation aller Wahrscheinlichkeit nach ein Alleinstellungsmerkmal im gesamten Universum hat. So etwas dürfte es kein zweites Mal geben - und das bei geschätzten 100 Milliarden Galaxien mit jeweils etwa 100 Milliarden Sternen, wie unsere Sonne einer ist.

Damit aber nicht genug.

Der Mond umrundet unsere Erde, unabhängig von der Erdrotation, in exakt demselben Zeitraum, den er benötigt, um sich einmal um sich selbst zu drehen: in 27 Tagen, 7 Stunden und 43 Minuten.

So kommt es, dass der Mond uns immer dasselbe Gesicht zeigt, egal, wo wir uns gerade auf dem Planeten aufhalten. Die hintere Seite des Mondes (die ‚dunkle Seite') sehen wir deshalb nie.

Alles extrem unwahrscheinliche Gegebenheiten, oder?

Und doch ist es genau so, zumindest ‚jetzt'. Denn diese Gegebenheiten waren nicht immer so und werden auch nicht immer so bleiben. So gesehen leben wir nicht nur an einem besonderen Ort, sondern auch zu einer besonderen Zeit.

Auch dass wir uns als Schöpfung ungestört auf unserem Planeten entwickeln können, hat einen Grund.

Den Jupiter.

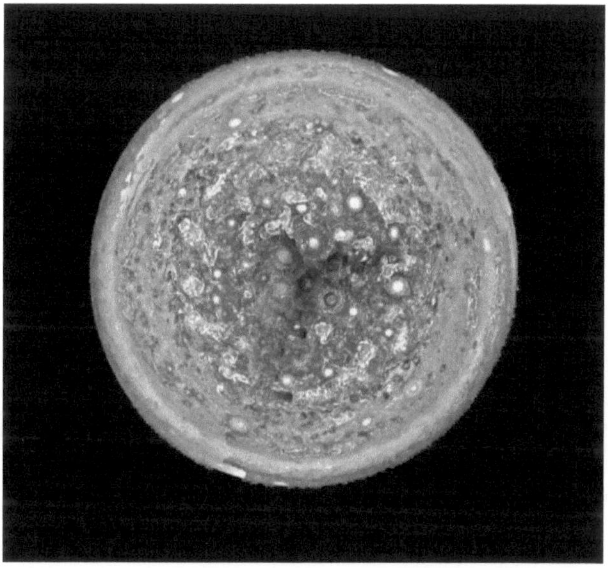

*Bild: (NASA/JPL) Spektakuläre Aufnahme eines der Pole des Jupiters durch die Raumsonde Juno im Jahr 2016.*

Der größte Planet unseres Sonnensystems. Man nennt ihn auch den kosmischen Staubsauger und Beschützer der Erde, sorgt er doch mit seiner ungeheuren Masse und Größe dafür, dass umherfliegende Brocken von den inneren Planeten wie zum Beispiel der Erde abgehalten werden und sich auf ihr die Schöpfung weitestgehend ungehindert entfalten kann. Zuletzt schaffte es vor etwa 65 Millionen Jahren ein Asteroid bis zur Erde - keine schlechte Bilanz.

Der Jupiter ist dafür exakt an der richtigen Stelle im Sonnensystem platziert und er ist so groß, dass die Erde 1000-mal in ihm Platz fände.

*

Wer bei all dem noch behauptet, wir existierten in einem rein zufälligen Universum, ist entweder ziemlich ignorant oder will es nicht anders sehen.

Man muss schon wirklich mit verschlossenen Augen durchs Leben gehen, um nicht die immer wiederkehrende Präzision zu erkennen, die in ‚allem, was ist' innewohnt. Diese ist von einer derartigen Eleganz und Qualität, die den Zufall als voranbringende Kraft der Evolution völlig verblassen lässt. Selbst Jahrmillionen vermögen so etwas nicht hervorzubringen. Dahinter steckt Wille, Plan und eine Intelligenz, die die unsrige weit übersteigt.

So gesehen benötigt ein Mensch, der einer Schöpfung kritisch entgegensteht, bei all den Wundern in der Schöpfung einen deutlich größeren Glauben an das Prinzip Zufall als jemand, der an eine Schöpfung und somit an eine steuernde und planende Intelligenz glaubt.

> *Diesen schönen und zugleich passenden Vergleich fand ich in ähnlicher Form auch auf der Seite* www.was-darwin-nicht-wusste.de. *Eine sehr gut gemachte Webseite zum Thema, schauen Sie dort doch einmal vorbei. Es lohnt sich.*

*

Wenn wir in einer virtuellen Realität leben sollten – und vieles spricht dafür –, dann handelt es sich konsequenterweise auch um eine programmierte Umgebung mit einer Zielsetzung. Nichts existiert ohne Sinn oder Zweck und ausnahmslos alles ordnet sich dabei einem übergeordneten Ziel unter: neue Erfahrungen zu ermöglichen, neues Wissen zu schaffen, um so Wachstum zu erreichen. Die Goldene Spirale ist Ausdruck genau dessen.

Programme dürfen sich nicht verselbständigen oder in Endlosschleifen laufen. So etwas wird in jedem Programmcode abgefangen, egal, ob schon sehr alt oder zukünftig.

Das ist Programmierlogik.

Und somit hat jedes Programm ein Ende oder einen Ausstieg programmiert – da es ansonsten automatisch irgendwann in einen Fehler hineinlaufen würde. Die ‚Ewigkeit' in einer linear ablaufenden Wirklichkeit ist also nicht wirklich programmierbar, da eine Erfahrungsrealität immer endlich ist - endlich sein muss. Das kennen Sie von Computerspielen, nur dass sich unsere Realität auf einer sehr viel höheren Ebene abspielt.

Wenn ich den ‚Heiligen' oder ‚Großen Geist' als eine Art Computer-Arbeitsspeicher beschreibe, in dem jede vorhandene Information abrufbar ist, dann ist das um einiges weiter entwickelt als noch die Vorstellung zu Christi Lebzeiten, greift aber genauso kurz. In weiteren 2000 Jahren würden wir unsere heutige Vorstellung vielleicht müde belächeln.

Der Kosmos könnte sehr wohl ein ziemlich fortschrittlicher Quantencomputer sein, für den wir vielleicht ein Wort, aber nicht wirklich einen Bauplan haben. Er erzeugt eine Umgebung, die es uns ermöglicht, Erfahrungen zu erleben, die so ganz anders sind als das, was wir wahrhaftig sind: ewige und unendliche Wesen.

Um das tun zu können, müssen wir lediglich unsere Herkunft vergessen und in die bereitgestellte virtuelle Realität eintreten – nackt und ohne jede Erinnerung.

*Kennen Sie die Filme „Total Recall"? Das kommt dem schon sehr nahe.*

Diese Vorgehensweise hat eine Sicherung. Egal, was wir auch tun, wir können uns nie verlieren. Wenn wir zurückkommen, werden wir uns an all das, was wir wahrhaftig sind, wieder erinnern. Das, was wir erfahren haben, wird keine Konsequenzen haben, es wird uns aber charakterlich verändern und – da wir Neues erfahren haben – unsere Möglichkeiten erweitern.

Wie der Ort aussieht, von dem wir einst aufgebrochen sind, kann ich nicht wirklich sagen - es ist auch nicht wichtig für mich. Um zu wissen, *dass* mich ein Zug von hier nach dort zurückbringt, muss ich nicht zwingend wissen, wie dessen Ziel, das einmal mein Startpunkt war, exakt aussieht.

Für mich ist lediglich wichtig, *dass* es diesen Zug gibt und *dass* ich bereits ein Rückfahrticket habe. Eines ohne Verfallsdatum.

*

Wenn ‚alles, was ist' ein Quantencomputer ist, dann muss es auch so etwas wie ein Betriebssystem geben. Etwas, das alles definiert und in die Existenz bringt. Etwas, das die Basis erschafft und diese mit Hilfe von festen Regeln und Gesetzen koordiniert und steuert. Dieses Betriebssystem wird von der Gnosis auch der Demiurg genannt, der Gott des Alten Testaments.

*Gnostizismus beschreibt ein bestimmtes ‚Wissen'. Es gibt Gnostiker und Agnostiker. Letztere sind ‚Nichtwissende' und oftmals Suchende. Den Gnostizismus gibt es in unterschiedlichen Ausprägungen; da es auch mehr als nur eine Wahrheit gibt, ist das gut nachvollziehbar. Wesentliche Merkmale des Gnostizismus sind die Reinkarnation und die Idee, dass Gott nicht menschlich ist, sondern ‚alles, was ist'. Der zürnende Gott des Alten Testaments wird als der Demiurg bezeichnet – ein untergeordnetes Wesen, das den Kosmos in die Existenz gebracht hat. Dieser existiert innerhalb von ‚allem, was ist' (die christliche Gnosis habe ich in meinem Buch „Die Entdeckung der jenseitigen Welten" beschrieben).*

Dann gäbe es da noch einen Arbeitsspeicher, etwas, das ich das Feld nenne. Aus dem Feld heraus wird alles Materielle erschaffen und gelenkt – es ist unsere temporäre Heimat, solange wir im Kosmos unterwegs sind.

Wir, das ist das Bewusstsein, eine Intelligenz, die sich in den Kosmos hat fallen lassen, um ihn zu *erleben*. Wir sind gleichzeitig der Spieler (oder der User) und die Spielfigur. Wir haben eine feste, untrennbare Anbindung an den Eintrittspunkt, den wir den auch Ursprung nennen. Tief in unserem Quellcode ist der Wunsch programmiert, eines fernen Tages, wenn alle Erfahrungen gemacht wurden, zurückzukehren an den Ort, von dem wir einst aufgebrochen sind. Dieser Wunsch kann nicht unterdrückt werden, er ist Teil unseres Seins und wird mit zunehmendem Erfahrungsschatz stärker.

Dieser Drang zeigt ebenfalls, dass wir eben nicht Teil dieser Simulation sind, sondern hier nur (im wahrsten Sinne des Wortes) *zeit*weilig unterwegs sind.

Diesbezüglich gibt es eine interessante Beschreibung unserer Realität, die zwar nicht zwingend und exakt meine Sicht der Dinge widerspiegelt, sehr wohl aber interessant zu lesen ist und uns den Hauch eines Gefühls geben kann, wie es ist, in einem Computer zu existieren. Auch zeigt sie das Suchtpotential des Materialismus auf.

*Eine Abstraktion unseres Seins*

*Der Demiurg (das Betriebssystem), als zornige und rachsüchtige Gottheit des Alten Testaments, brachte alles, was ist, in die Existenz und hält es bis in die Gegenwart aufrecht. Er definiert, stellt alle Regeln auf und gleichzeitig die Kausalität sicher. Er nimmt alles auf und ist die Ursache für jede Existenz im Kosmos. Der Demiurg ist das kontrollierende Management unserer Realität.*

*Aber der Demiurg, das Betriebssystem, korrumpierte mit der Zeit. Anstatt die Seelen zu unterstützen, für die er erschaffen wurde, sann er selbst danach, allmächtig und unsterblich zu werden. Er fing an, die Seelen in der Illusion zu halten und sie zu manipulieren, ihre Unwissenheit ausnutzend. Das machte er, indem er sie davon überzeugte, dass unsere Realität und mit ihr der Materialismus die einzige Wahrheit und er selbst der einzige und wahrhaftige Gott sei.*

*Insbesondere der materialistische Gedanke funktioniert so in der westlichen Kultur bemerkenswert gut.*

*Derart systemüberzeugt werden viele Seelen zum Erfüllungsgehilfen des Materialismus und reinkarnieren nach ihrem Tod überstürzt, der Gier nach Leben folgend. Sie tun das, weil es ja sonst ‚nichts' gibt - und solange ein Selbst davon überzeugt ist, kann es auch nicht dauerhaft in den energetischen Welten Fuß fassen.*

*Dieses ‚falsche' Verhalten des Betriebssystems blieb nicht unbeobachtet und Gegenmaßnahmen wurden vom Ursprung aus eingeleitet.*

*Buddha und auch später Jesus, um nur zwei Beispiele zu nennen, sind als Anti-Virenprogramme zu verstehen, die in unsere Welt gekommen sind, um ihre Brüder und Schwestern zu erlösen, ihnen einen Weg, und mit den Himmeln(durch Jesus) ein Auffangbecken aufzuzeigen, um zum Ursprung zurückkehren zu können.*

*Diese Maßnahmen laufen seit Jahrtausenden sehr intensiv und der Demiurg versucht alles, um eine Rückkehr zu verhindern, würde er doch seinen Existenzzweck verlieren, wenn die letzte Seele die Illusion verlassen hat. Wohlgemerkt, es handelt sich hierbei nicht um eine Strafaktion gegen das Betriebssystem – das würde auch wenig Sinn ergeben – sondern um eine Rettungsaktion für die betroffenen Seelen, die sich aufgrund von Unwissenheit auf der Erde verloren haben.*

*Da der Materialismus aber auf einer Lüge beruht (nichts im Universum ist wahrhaftig von Dauer), wird es auch zwangsläufig zu einem Ende kommen, kommen müssen. Die Menschheit in ihrer jetzigen Form sowie der Kosmos selbst werden enden.*

*Unser Habitat (unsere Erfahrungsrealität) läuft langsam, aber sicher mit 7,4 Milliarden inkarnierten Seelen voll, und bedingt durch die Auswüchse des Egoismus, eine Ausprägung des Materialismus, wird es für viele von uns in Kürze zu einem erzwungenen Ende der Erfahrung kommen. Etwas, das auch durch unzählige Prophezeiungen in fast allen Kulturen vorhergesagt wird ...*

Soviel zu dieser Abstraktion, die nicht gänzlich von der Hand zu weisen ist. Wie versprochen, eine interessante Betrachtungsweise. Nicht mehr, aber auch nicht weniger. Die Matrix, einmal anders.

# Wie entstehen eigentlich neue Seelen?

Nur über das Leben kann das Universum zu einem Verständnis von sich selbst kommen.

Unter der Fragestellung „Was ist das Selbst?“ konnten Sie nachlesen, dass der gesamte Kosmos Bewusstsein ist, und dass wir, als Fraktale des Ganzen, ein fester und geplanter Bestandteil der Ordnung sind.

Das Ganze oder ‚alles, was ist, war und immer sein wird‘ hatte weder einen Anfang, noch wird es je ein Ende haben. Gott ist alles und dabei eines ganz besonders: Wachstum und Expansion. Wir sind eingebettet in einen allumfassenden Plan, der genau das völlig automatisiert sicherstellt. Man kann auch sagen, wir *sind* der Plan.

Es gilt inzwischen als gesichert, dass sich unser Universum mit zunehmender Geschwindigkeit ausdehnt. Neuer Raum entsteht aus dem Nichts, sehr zur Verwunderung unserer Wissenschaft, die dieses Phänomen nicht erklären kann (siehe auch die Fragestellung: „Warum kann die Wissenschaft die jenseitigen Welten nicht beweisen?“ – Stichwort ‚Ballon‘)

Das hat übrigens nichts mit der bereits vorhandenen Energie respektive Materie zu tun (beide sind frei untereinander austauschbar: $E=MC^2$). Die Gesamtmenge bleibt innerhalb eines geschlossenen Systems immer gleich - so wie es die Gesetze der Thermodynamik korrekt beschreiben (Fußnote). Dies ist auch der Grund, warum der Weltraum sich zunehmend abkühlt, eine Folge der Verdünnung der konstant gleichen Energiemenge im immer größer werdenden Raum.

Fußnote: Der Erste Hauptsatz der Thermodynamik beschreibt die Energieerhaltung in thermodynamischen Systemen. Er sagt aus, dass die Energie (=Materie) eines abgeschlossenen Systems konstant ist.

Aber woher kommt denn nun der neue Raum?

Wir sind die Summe und die Konsequenz aller unserer gemachten Erfahrungen. All diese kann man auch als komplex strukturierte Informationen bezeichnen, die, und das ist ein Gesetz in unserem Universum, nicht verloren gehen können. Das gilt für jede Information. Selbst schwarze Löcher vernichten keine Informationen, sondern nehmen lediglich Materie/Energie auf, was sich unter anderem in einer Erhöhung ihrer Gravitation auswirkt. Die Information verbleibt hier im Universum – im oder über den Ereignishorizont eines solchen

Phänomens, abgelegt im Feld.

Jedes kleine Bit - und sei es scheinbar noch so unbedeutend im Kosmos -, bleibt erhalten und wird gespeichert. So vergrößert sich kontinuierlich die Informationsmenge insgesamt, nichts geht verloren. Ähnlich wie ein Buch, das fortwährend weitergeschrieben wird.

Dies wird in der Mystik mit dem allsehenden Auge innerhalb eines Dreiecks, umgeben von einem Strahlenkranz, dargestellt. Oft befindet sich diese Zusammenstellung auf einer Pyramide (das finden Sie auch auf jeder Ein-Dollar-Note - siehe Abbildung). Das Auge sagt aus, dass alles gesehen und aufgezeichnet wird, nichts bleibt verborgen. Jede Tat, jede Motivation, jeder Gedanke wird genauso aufgezeichnet wie jede Bewegung eines noch so unbedeutenden Staubkorns im Universum. In einigen Religionen wird dieser Speicherort auch „Das Buch des Lebens“ oder „Akasha Chroniken“ genannt. Prinzipiell ein und dasselbe. Ein Ort, der keiner ist und an dem alles, was ist, was war und *was noch sein wird*, aufgezeichnet *ist*. Etwas, das ich ‚das Feld‘ nenne.

Der Strahlenkranz veranschaulicht, dass Gott von einem Zentrum aus in die Unendlichkeit ausstrahlt (sich entfaltet). Und schließlich das Dreieck: Es symbolisiert die Geometrie der Schöpfung, die Illusion oder eine geschaffene virtuelle Realität - ganz wie Sie es sehen wollen. Es macht keinen Unterschied.

*Abbildung zeigt einen Ausschnitt der Ein-Dollar-Note der USA.*

Mit jedem Moment, den wir als Menschheit erfahren, kommen gewaltige Mengen an neuer Information hinzu, dadurch wachsen wir, aber auch ‚alles, was ist‘ expandiert. So wächst der Kosmos mit und durch uns. Jeder Augenblick produziert mehr Information, oder anders ausgedrückt, mehr Daten in Form von 0en oder 1en, als es Sandkörner im Universum gibt. Und wir sind ganz sicher nicht die Einzigen in der Ordnung, die gerade bewusst oder unbewusst

Erfahrungen sammeln und somit die Informationsmenge erhöhen.

Interessant in diesem Zusammenhang ist auch die Informationsqualität. Alles wird feiner, perfekter, bekommt mehr Tiefe. Wir können das in der Evolution beobachten, aber auch in allem, was wir bearbeiten, ersinnen oder produzieren. Schauten wir vor 20 Jahren noch in die ‚Röhre', haben moderne Bildschirme eine unglaubliche Schärfe und Auflösung. Es wird nicht mehr lange dauern, bis wir Tapeten an den Wänden haben, die wie Bildschirme funktionieren und die Wände transparent machen. Oder, um das Ganze noch zu steigern, wahrscheinlich *erleben* wir tatsächlich gerade eine Simulation (vieles spricht dafür) mit der perfekten Darstellung einer Umgebung innerhalb einer virtuellen Realität.

Wir Menschen sind Problemlöser. Man könnte auch sagen, wir sind extrem leistungsfähige Datenverarbeitungsmaschinen, die sich zudem noch selbst reproduzieren. Ein gigantisches extrem kreatives Computernetzwerk, das unablässig Neues ersinnt und an Verbesserungen arbeitet. Lässt sich etwas nicht weiter optimieren, wird es fallen gelassen und sich Neuem zugewandt. Das machen wir so – und die Natur sowieso. Auch an diesem Beispiel wird die Lehre von den Entsprechungen deutlich.

Ein Fraktal dieses Quanten-Computer-Netzwerks, sagen wir das Bewusstsein eines siebenjährigen Kindes, ist in seiner Komplexität und in seinen Möglichkeiten allen herkömmlichen Computern dieser Welt zusammengenommen weit überlegen.

> *Unterschätzen Sie sich nicht. Schauen Sie mal, was Sie alles wissen (das allein füllt schon ganze Bibliotheken), an was Sie sich alles erinnern und wie viele Dinge Sie simultan tun können. Alleine schon die Funktion Ihres Körpers aufrechtzuerhalten, ihn bewusst zu benutzen, wie es Ihnen gerade beliebt, dabei zu denken und zu planen, ist etwas, das kein Computer dieser Welt auch nur im Ansatz hinbekommt. Von der Kreativität ganz zu schweigen – das ist etwas, das eine Maschine schlicht nicht kann, ein siebenjähriges Kind hingegen schon.*

Nicht alles, was wir kreativ ersinnen und produzieren, gereicht uns zur Ehre, die Tötungsindustrie zum Beispiel. Aber es gibt auch viel Gutes. In jedem Fall geht es voran und das immer schneller.

Könnte man diesen Zuwachs an neuen Informationen beobachten und berechnen, wir würden auf die Goldene Spirale stoßen (beschrieben unter der Fragestellung „Gibt es eine Matrix?"), die wiederum für exponentielles Wachstum steht.

Unser Körper lässt sich neben dem, was wir erfahren und erleben, ebenfalls über die Informationsverarbeitung beschreiben und definieren. Auch wenn das heutzutage mit den uns zur Verfügung stehenden Mitteln noch nicht möglich ist, vorstellbar ist es schon.

Durch das beständige Wachstum von Information erklärt sich auch die Reinkarnation und der damit verbundene Zuwachs von menschlichen Seelen über die Jahrtausende hier auf der Erde.

Stellen Sie sich vor, Sie *selbst* wären auf einer höheren Ebene eine Art Informationsmasse. Sie ist die Summe all Ihrer bisher erfahrenen Fleischwerdungen, genauso wie Sie, als inkarnierter Mensch, die Summe aller Ihrer bereits gelebten Tage hier auf der Erde sind.

Mit jeder weiteren Erfahrung als Mensch wächst diese Masse, einem Hefe- oder Brotteig, der aufgeht, nicht unähnlich. Am Ende Ihres biologischen Lebens gehen Sie wieder in diese Masse zurück, ohne sich dabei zu verlieren. Sie sind dann das Paradoxon des Individuums in der Vielheit, etwas, das wir mit unserem beschränkten 3-D-Verstand nicht wirklich begreifen können.

> *Übrigens sehr anschaulich von Dr. Eben Alexander in seinem Buch „Blick in die Ewigkeit" beschrieben. In diesem Buch verarbeitete der Neurochirurg seine Nahtoderfahrung. Zuvor überzeugter Atheist, veränderte diese Erfahrung ihn von Grund auf. Heute ist er einer der größten Verfechter einer transzendenten und multidimensionalen Existenz.*

Aus dieser Masse heraus geben Sie nun erneut ein Stück von sich in das Leben, begleiten es und nehmen es am Ende der Erfahrung, gewachsen und gereift, wieder in sich auf. Auf diese Weise werden Sie zunehmend mehr und so wächst auch ‚alles, was ist' - und damit der gesamte Kosmos. Dass diese Masse Ihr Selbst ist, brauche ich Ihnen nicht zu sagen. Das wissen Sie inzwischen.

Wir (ich) sind viele: Zum einen sind wir alle als Kollektiv Menschheit eins, zum anderen existieren wir innerhalb dieser Spezies auch als separates Selbst und auf einer noch tieferen Ebene als Sie und ich.

Wenn ich meine Erfahrung hier beendet habe, mache ich vielleicht noch einen Zwischenhalt in den Glaubensgebieten (siehe auch die noch kommende Fragestellung: „Gibt es eine Verurteilung oder Verdammung einer Seele?"), wahrscheinlicher ist es aber, dass ich gleich wieder eins werde mit meinem Selbst. Ich werde also nicht wiederkommen, ich werde aber sehr wohl erneut einen Teil von mir aus meinem Selbst heraus ins Leben geben und diesen dann begleiten und unterstützen - so gut, wie wir es als die Seelenschwestern und Brüder des neuen heranwachsenden Individuums vermögen.

Hin und wieder bekomme ich gesagt, dass eine bestimmte Person auf gar keinen Fall noch einmal wiederkommen möchte, da das Leben so grausam und ungerecht zu ihr ist. Das ist verständlich, verkennt aber die gegebene Situation und die Vielheit des Seins. Sie wird nicht wiederkommen, aber erneut einen Teil von sich ins Leben geben. Genauso könnte diese Person in Frage stellen, warum immer wieder erneut Kinder in die Welt gesetzt werden.

Es ist immer ein Akt der Liebe – und sei die Welt noch so grausam.

Zugegeben, inkarniert und geistig *beschränkt*, nicht ganz einfach nachzuvollziehen, aber so erklärt sich die Zunahme von menschlichen Seelen und gleichzeitig auch die kontinuierlich schneller werdende Ausdehnung unseres Universums.

Ergibt Sinn, nicht wahr?

## Woher stammen unsere Interessen und Hobbys, Sympathien und Antipathien?

Einige Vorlieben oder Abneigungen erklären sich sicher ursächlich über unsere Gene (siehe auch die folgende Fragestellung: „Was sind Gene?"). Aber das alleine ist es nicht.

Unser Selbst, das ich ‚meinen Puppenspieler' nenne, hat einen maßgeblichen Anteil an dem, was wir mögen oder ablehnen, ist er doch die Summe all meiner Erfahrungen und Vorleben. Auch setzt er (setzen wir) Ziele für ein neues Leben, das er aus sich heraus hervorbringt. Biochemische Prozesse (Gefühle) als Motivator sowie speziell eingespielte Erfahrungen beeinflussen den jeweiligen Menschen, damit gesetzte Ziele auch erreicht werden.

Es kann sich bei unseren Interessen um Auswirkungen handeln, die direkt mit unseren Vorinkarnationen im Zusammenhang stehen. Die Nostalgie interessiert mich und ich reise gerne und viel. Nicht selten habe ich erst im Nachhinein erfahren, dass viele der Orte, die ich besucht habe, in der Mystik ebenfalls eine Rolle spielen. Ich kann mir gut vorstellen, an jenen Orten, zu denen es mich hinzog, schon einmal gelebt zu haben. Zumindest glaube oder ahne ich, schon einmal dort gewesen zu sein.

Sympathien und Antipathien gehen einher mit dem Resonanzgesetz. Seelen, die uns gleichen, sind uns per se sympathischer als Seelen, die, sagen wir es einmal vereinfacht, uns weniger gleichen.

Wir haben uns auf Anhieb verstanden, Liebe auf den ersten Blick, oder wir konnten uns nicht riechen, sind Ausdruck genau dieser Umstände.

Und nein, das lässt sich eben nicht nur auf geruchliche Botenstoffe, die Pheromone, reduzieren. Wenn dem so wäre, gäbe es längst käufliche Produkte, die immer und zuverlässig das gewünschte Ergebnis erzielen. Basierend auf dieser Annahme gibt es zwar jede Menge Produkte zu kaufen, die allesamt ein zuverlässiges Ergebnis versprechen, funktionieren tun sie jedoch nicht – wie auch? Die Grundannahme ist falsch.

Seelen aus gleichen Gemeinschaften in den energetischen Welten sind oft Seelenverwandte im Hier und Jetzt. Sie ergänzen sich, haben gleiche Interessen und Ziele, verstehen sich ohne Worte und das ein Leben lang. Es muss sich hier nicht zwingend um eine irdische Beziehung handeln; es können genauso Freunde und Freundinnen sein. Nicht selten trifft man sich erst im letzten Lebensabschnitt, um dann die Reise gemeinsam zu beenden.

Manchmal inkarniert ein Selbst mehrere (neue) Teile ‚aus' sich heraus in denselben Zeitabschnitt. So kann es durchaus sein, dass mehrere Inkarnationen von mir (von meinem Selbst) gleichzeitig hier sind, ohne dass wir uns jemals auf der Erde begegnen oder voneinander wissen werden. So etwas wird praktiziert, um ganz sicher ein bestimmtes Ziel zu erreichen, im Sinne der Gemeinschaft des Selbst. Beschrieben wird dies auch – um nur ein Beispiel zu nennen - von dem Reisenden Robert Monroe.

Nicht alles ist minutiös vorherbestimmt und jede Lebenslinie unterliegt Veränderung im laufenden Prozess - was uns zur nächsten Fragestellung führt.

## Was sind Gene?

Der Körper ist Ausdruck des Geistes, beschränkt ihn aber auch gleichzeitig. So sind zum Beispiel unser Denken und unser Verständnis im Vergleich zum normalen transzendenten Zustand stark limitiert. Menschen, die eine Nahtoderfahrung erlebt haben, kennen das. Während einer solchen Erfahrung sind sie wahrlich vom Körper befreit, schwimmen in unendlich vielen Ideen und Möglichkeiten (etwas, das auch ich erfahren durfte), verstehen umfassend den Sinn des Universums oder erleben ihr gesamtes Leben noch einmal, in nur einem einzigen Augenblick.

Unser Körper ist als eine Art Avatar, als Vehikel zu verstehen. Je nachdem, wie wir ihn definiert haben, verschafft er uns Möglichkeiten und spezielle Fähigkeiten. Diese werden über unsere Gene bestimmt und geregelt.

Diese, 22 000 an der Zahl, sind insgesamt keine Blaupause, sondern wie in der

Programmierung auch (hier sind wir wieder bei der Idee einer Matrix), einzelne Schalter, die bestimmte Eigenschaften oder auch Eigenarten, charakterliche Merkmale und so weiter bestimmen. Ein Gen kennt dabei drei Zustände: nicht definiert, ein, aus.

Unsere Gene bekommen wir zu einem Großteil über unsere Eltern vererbt. Viele ändern sich jedoch im Laufe unseres Lebens durch die Art, wie wir das selbige führen und durch unsere Umwelt, in der wir unsere Zeit verbringen. Sport verlängert ihr Leben, Rauchen erhöht ihr Risiko, an Lungenkrebs zu erkranken. Im letzten Fall wird der Schalter ‚anfällig für Lungenkrebs' von ‚nicht definiert' auf ‚ein' geschaltet - nur ein bildliches Beispiel, in der Realität ist es natürlich etwas komplexer.

Um auch ein positives Beispiel anzuführen: Jemand, der mit der Eigenschaft ‚anfällig für Herzinfarkt oder Schlaganfall' geboren wird (definiert ‚ein'), kann den Schalter durch regelmäßigen Ausdauersport (drei Mal die Woche) auf ‚aus' stellen. Auch das ist etwas komplizierter, Fakt bleibt aber: Ausdauersport verlängert das Leben in einem nicht unerheblichen Maße.

Sie glauben jetzt sicher, dass Sie die Wahl haben. Das kommt darauf an, inwieweit Sie im Einklang sind mit Ihrem Puppenspieler, also mit Ihrem Selbst. Der zieht die Fäden. Je näher Sie an ihm dran sind, desto mehr können Sie auch Einfluss nehmen auf Ihr geführtes Leben (siehe auch die Fragestellung: „Ist alles vorherbestimmt?"). Was bleibt, ist die wunderbare Illusion eines freien Willens.

Ich glaube, dass unser Selbst sehr wohl Eltern gezielt aussucht, um gewisse Fähigkeiten über die Gene zu erlangen, oder um gewisse Erfahrungen von vorneherein sicherzustellen.

Unser Selbst hat zudem im Leben jederzeit die Möglichkeiten, seinen Menschen (Sie und ich, sich selbst) zu ändern, sei es über sein Verhalten oder über einen gezielten Eingriff in die Gene.

So funktioniert auch die Evolution.

Gene veränderten sich und wuchsen, wie von Geisterhand, und plötzlich waren es einige Sequenzen mehr. Zielgerichtet, sinnvoll und punktuell, und nicht, wie verbreitet angenommen, durch zufälliges Hinzufügen von Genen - so lange, bis eine sinnvolle Aneinanderkettung dabei herausrauskam. Solch eine *zufällige* Vorgehensweise der Natur (und wer oder was sich dahinter verbirgt, wissen Sie ja inzwischen) konnte noch nirgends beobachtet werden - und unsere Flora und Fauna ist nun wirklich sehr umfang- und artenreich.

Ende der 80er Jahre führten die Kollegen Lenski und Barrick ein Experiment durch, indem sie mehrere Kulturen mit Escherichia coli Bakterien anlegten. Die

Lebens- und Fortpflanzungsbedingungen im Labor waren konstant und optimal. Die ‚Nahrung' - der Zucker - wurde allerdings bewusst knapp gehalten, um so die Grundlage für eine Veränderung, wie zum Beispiel eine effizientere Futterverwertung oder ein längeres Leben, zu gewährleisten. Simuliert werden sollte die Evolutionstheorie nach Darwin. Insgesamt sollten zunächst 40 000 Generationen dieser Kultur beobachtet und analysiert werden. Diese Rate entspricht der zeitlichen Entwicklung des Menschen vom Homo erectus zum Homo sapiens, die zeitgeschichtlich etwa eine Million Jahre in Anspruch nahm. Da das Leben und Sterben von Bakterien viel schneller vonstattengeht, braucht man hier nur einen Zeitraum von lediglich 21 Jahren, um dieselbe Anzahl von Generationen, eben 40 000, zu erreichen.

Insgesamt konnte nach 20 000 Generationen ein Sprung in der Häufigkeit der Mutationen beobachtet werden, insgesamt aber kam es bei der Generation 40 000 im Jahr 2009 auf nur 658 bleibende Veränderungen im Erbgut, jede einzelne jedoch ohne irgendeinen offensichtlichen sinnvollen oder zielführenden Evolutionseffekt. Sechs Kulturen haben ihre Fähigkeit zur Reproduktion verloren, insgesamt ist die Reproduktionsrate deutlich gesunken. Natürlich kam es auch zu millionenfachen destruktiven Veränderungen im Erbgut, so wie wir das von jeder Spezies als Erbguterkrankung kennen. Diese Anzahl wurde hier nicht berücksichtigt, sondern nur jene, die zumindest *nicht* destruktiv waren und auch sonst keine augenscheinlich negativen Effekte auf die Kultur hatte – bis dann eines Tages, über Nacht, etwas Erstaunliches passierte.

In einer der Petrischalen fand ein Evolutionssprung statt, der sich nicht anbahnte, sondern einfach da war.

Von jetzt auf gleich konnte eine der zwölf Kulturen Zitronensäure verdauen und so für sich nutzen. Die Säure wurde von Anfang an mit angeboten, obwohl sie für Kolibakterien eigentlich ungenießbar ist. Dies führte bei jener Kultur zu verstärktem Wachstum, da sie eine neue Nahrungsquelle für sich erschließen konnte.

Eine Untersuchung der Gensequenz ergab, dass die letzte Mutation nur der Abschluss von tausenden vorangegangen war.

Alle vorangegangenen Mutationen waren unbedeutend oder zeigten keinerlei Auswirkungen oder Funktionsverbesserung.

Ganz so, als wäre das Ergebnis, die Codierung zur Verarbeitung von Zitronensäure, eine Art Bauplan und bereits mit der ersten Veränderung bekannt gewesen. Im Laufe der Jahre kam so ein Baustein zum nächsten, bis mit der letzten Mutation die Zitronensäure verarbeitet werden konnte. Da war nicht ein bisschen oder wenig Verarbeitung, nein, von jetzt auf gleich funktionierte es. Ganz so wie ein Puzzle, das auch erst im zusammengesetzten Zustand das gesamte Bild preisgibt.

Ein Ergebnis, das den Zufall außen vorlässt. Wir hätten nur dann ein rein zufälliges Ergebnis, wenn es Billiarden weiterer nicht-destruktiver Veränderungen gegeben hätte, und nur eine von diesen hätte zu genau dieser Verbesserung geführt – es waren aber lediglich nur einige Hundert. Dieser Umstand ist ein starker Hinweis auf eine planende und gestaltende Intelligenz, die eine Form anbietet, die dann lediglich nur noch mit Hilfe der Zeit befüllt werden muss. Ganz so, als arbeite das Universum vom Ende, also vom Ergebnis her, so als stände bereits von Anbeginn der Zeit fest, was am Ende des Universums dessen Ergebnis sein wird.

Um das zu verdeutlichen: Am Ende steht das fertige perfekte Produkt, anschließend sendet man alle dazu nötigen Elemente zeitlich korrekt in die Vergangenheit und der Bau kann beginnen.

Vergangenheit, Gegenwart und Zukunft, alles existiert gleichberechtigt nebeneinander und interagiert miteinander, sodass das Ergebnis immer erreicht wird. Zeit ist da lediglich eine Illusion, die es uns ermöglicht, den Kosmos und seine Abläufe als Landschaft zu erfahren, die wir durchwandern können. Für die Formeln der Physik - nur um das zu unterstreichen - existieren alle drei Zeitbeschreibungen simultan und gleichberechtigt nebeneinander; es ist lediglich unser Bewusstsein, das sich von Moment zu Moment hangelt und auf diese Weise die Illusion von Zeit überhaupt erst erschafft. Ein Umstand, der uns wieder und wieder über Nahtoderfahrungen und Jenseitskontakte bestätigt wird: Alles geschieht in einem einzigen Moment oder anders ausgedrückt: Das Universum *ist* ein einziger Moment, es wird nur unterschiedlich wahrgenommen.

Um noch einmal auf den Zufall zu sprechen zu kommen. Alles kommt in die Existenz und ist möglich, wenn ich keinerlei Grenzen habe und ich nicht durch die Zeit limitiert werde.

Wenn Sie einen komplett in seine Bestandteile zerlegten Computer nur oft genug vom Empire State Building fallen lassen, dann wird er auch, eines Tages, zusammengesetzt, hochgefahren und voll funktionsfähig unten ankommen – auch wenn es dafür nicht genug Tage in diesem und jedem anderen Universum gibt. Aber so will es das Gesetz der Wahrscheinlichkeit.

Und unsere Evolution, die in nur 543 Millionen Jahren stattgefunden hat, ein Wimpernschlag im Kosmos, soll all das, was wir heute kennen, durch eine Aneinanderkettung von unzähligen Zufällen hervorgebracht haben? Wobei jeder einzelne dieser evolutionären ‚Zufälle' schon jede Wahrscheinlichkeitsrechnung sprengt.

Wer das glaubt, der glaubt auch, dass sich ein komplettes Einfamilienhaus, mit allem Drum und Dran, von ganz alleine baut, nur weil alle erforderlichen Elemente im Boden und eine halbe Milliarde an Jahren Zeit zur Verfügung steht (Fußnote).

Fußnote: Wunderbar beschrieben in diesem Artikel (auf der bereits von mir empfohlenen Webseite „Was Darwin nicht wusste"): https://www.was-darwin-nicht-wusste.de/download/Der_Glaube_an_die_Zufallszelle.pdf

Das wird nicht passieren, aber genau diese Systematik unterstellen uns die Evolutionisten nach Darwin – und dabei ist eine menschliche Zelle noch um ein Vielfaches komplexer als ein freistehendes Haus, selbst wenn dieses schlüsselfertig ist. Das, was wir also Zufall nennen, sind wahrhaftig nur Schein-Zufälle, da wir keine andere rationale Erklärung für diese nur *vordergründig* zufälligen Geschehnisse haben. Wir können es intellektuell nicht überschauen.

Es hat tatsächlich den Anschein, als kenne da irgendeine Instanz die Codierung für den nächsten sinnvollen Evolutionssprung und als setze sie diese nun, nach und nach, korrekt zusammen. Nicht zufällig, sondern zielgerichtet. Wir, für die der Baumeister unsichtbar ist, sehen aber nur einzelne kleine Veränderungen, die willkürlich und sinnlos erscheinen, bis das Gesamtkonstrukt irgendwann fertig ist. Chladnische Klangmuster sind ein gutes Beispiel, um das Vorhandensein eines unsichtbaren Planes zu verdeutlichen. Sie entstehen, wenn bestimmte Frequenzen angestimmt werden, aus dem Nichts. Zum Beispiel, wenn Sie feine Metallspäne auf eine Metallplatte legen und diese mit einem Geigen-Bogen anstreichen, entstehen Muster wie von Zauberhand, eben Chladnische Klangfiguren.

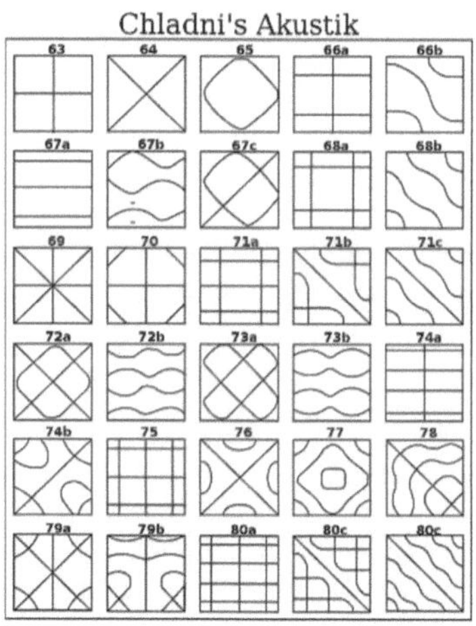


*(Bild: Chladnische Klangfigur. Quelle: Aus dem Buch „Die Akustik" von E.F.F.Chladni.)*

Dort, wo diese definiert sind, werden Sie auch die Baupläne eines jeden einzelnen Genoms einer jeden Spezies im Kosmos finden.

Unsere Wissenschaft kann Gene jedenfalls nicht so virtuos schalten und verändern, wie sie es gerne möchte (um so jedes nur gewünschte Ergebnis hinzubekommen) - obwohl sie genau das ständig versucht.

Mit der Genmanipulation unserer ‚modernen' Wissenschaft ist es in etwa so, als würde jemand versuchen, mit einem Taschenrechner von Texas Instruments aus den frühen 80er Jahren die Internationale Raumstation ISS funktionstüchtig zu halten.

Das wird nichts.

Zu diesem Thema kann abschließend gesagt werden: Alle Forscher und Wissenschaftler dieser Welt zusammen schaffen nicht das, was zwei unbedarfte und einfach strukturierte Menschen auf der ganzen Welt fast sekündlich hinbekommen und das, ohne groß darüber nachzudenken:

neues Leben zu erschaffen.

## Warum sind einige Menschen medial veranlagt und andere nicht?

Es ist auffallend, dass gewisse mediale Fähigkeiten linear in einer Familie weitergegeben werden. So etwas fällt Ihnen nicht aus heiterem Himmel zu. In meiner Familie lief es über meinen Vater an mich (im Buch *Realitäten* im Kapitel „Wahrnehmung" habe ich etwas dazu geschrieben, wenn Sie mehr darüber erfahren möchten).

Viele Menschen, die medial oder allgemein spirituell begabt sind (ein breit aufgestellter Bereich), geben diese Fähigkeit an ihre Kinder weiter. Nicht nur in meinem Bekanntenkreis ist das zu beobachten, oft wird mir das auch zugetragen. Es ist immer das gleiche Schema: „Meine Mutter hatte das auch ...", „Mein Sohn hat dieselben Erfahrungen gemacht wie ich ...", „Das war schon bei meiner Großmutter so ...", und so weiter.

Bei Menschen, die eine Nahtoderfahrung oder Vergleichbares erfahren haben (auch hier gibt es eine große Bandbreite), ist es oft plötzlich so, dass diese ebenfalls über außergewöhnliche Fähigkeiten und Einsichten verfügen. Diese einmal geöffnete Tür wird sich zeitlebens nicht mehr schließen. Würden wir für diese besonderen Fähigkeiten die entsprechende Gene finden, und ich bin mir sicher, dass es diese gibt, wir würden erkennen, wie sich diese nach einer solchen Erfahrung verändert haben.

Im Übrigen geben ältere Eltern andere Informationen an ihre Kinder weiter als in jüngeren Jahren. Ihre Entwicklung spiegelt sich somit in ihren Kindern wider. Auf diese Weise kann eine besondere spirituelle Erfahrung wie eine NTE auch der Beginn einer neuen Linie von medial begabten Menschen sein - muss es aber nicht.

# TEIL FÜNF

## SCHWIERIGE FRAGEN

## Was ist der Sinn des Ganzen, warum all das Leid?

Dieser liegt in der Erfahrung selbst.

Wir sind ewige Wesen, die zurzeit erfahren, wie es ist, begrenzt und vergänglich zu sein - und das mit all seinen Facetten. Es sind hauptsächlich und leider die negativen Erfahrungen, die zu Veränderungen und somit zu Wachstum führen. Ein Mensch verändert sich nun mal nicht, wenn es ihm fortdauernd gut geht. Es sind die Höhen und Tiefen, die es uns erst erlauben, diese auch als solche zu erkennen.

‚Alles, was ist, war und immer sein wird' hat dabei keinerlei Präferenzen. Er (das Phänomen Gott) ist gleichzeitig Krieg und Frieden, die Krankheit und die Heilung, das Schwert sowie die Wunde, Täter wie Opfer.

Ein jedes seiner Wesen liebt Er dabei bedingungslos und nimmt diese verlorenen Söhne und Töchter nach Beendigung ihrer Erfahrung wieder in sich auf, spätestens erfolgt das am Ende aller Tage.

Und dieses Ende wird kommen.

Durch die Liebe Gottes haben wir auch gleichzeitig ein Ziel bekommen, das wir erreichen sollen: Wir sollen lernen, bedingungslos und wahrhaftig zu lieben, so wie es der Vater tut. Auch sollen wir möglichst viele Erfahrungen machen, dadurch wachsen wir, aber auch gleichzeitig alles, was ist.

Es ist die Dualität, die uns erlaubt, die höchste Form der Liebe (auch das ist Gott) zu erfahren. Denn allem in unserer Schöpfung steht etwas gegenüber.

Daraus folgt: Ohne Hölle kann es auch keinen Himmel geben.

Und so ist die Hölle ein notwendiges Übel (und mit ihr auch alles Leid auf Erden).

## Und warum gibt es so viele böse Menschen?

Grundsätzlich bin ich der Auffassung, dass es so etwas wie ‚gut' und ‚böse', ‚richtig' oder ‚falsch', nicht wirklich gibt. Was für den einen richtig ist, ist wiederum für den anderen falsch - und so weiter. Es ist lediglich eine Sache der Bewertung innerhalb der Dualität. Nehmen Sie zwei Kriegsparteien als Beispiel: Die Guten sind immer nur die eigenen Leute. In einer solchen Situation wird es besonders bizarr. Menschen, die sich nicht kennen, töten sich gegenseitig und werden von Menschen befehligt, die sich kennen und das nicht tun. Wer ist da gut und wer ist da böse? Auf welcher Seite ist Gott?

Auf keiner Seite, denn Gott ist alles, was ist: ‚Sie' (‚Er') ist das Schwert und die Wunde, der Tod und die Heilung. Und so schlimm sich das jetzt vielleicht auch für Sie anhören mag, aber Gott ist auch der widerlichste Serienmörder, den Sie sich vorstellen können und auch jeder König, Despot und Diktator, der im Laufe der Geschichte sein Volk und andere Völker in die Vernichtung getrieben hat. *Gott* erfährt sich so durch jeden einzelnen von uns selbst. *Wir* erfahren uns so selbst.

Ein anderer Aspekt ist, dass nicht alle Seelen dem Altruismus entgegenstreben, nicht wenige fühlen sich im Egoismus und in der Niedertracht sehr wohl. Sie wollen es auch gar nicht anders haben. Ein jedes Geschöpf auf Erden und ein jedes Wesen in den energetischen Welten hat sich so entwickelt, wie es heute ist – und das aus freien Stücken und einem freien Willen. Es ist immer die Liebe, die eine Seele antreibt. Das, was wir tun, tun wir, weil wir es lieben, genau das (und nicht das Gegenteil) zu tun. Das mag, aus Ihrer Sicht, etwas Wundervolles sein, kann aber auch etwas sehr Niederträchtiges darstellen – je nach Standpunkt.

Niemand zwingt Sie, ein Teufel zu sein, Sie werden aber auch nicht gezwungen, ein Engel Gottes zu werden.

Und so tummeln sich auf Erden Seelen aus allen möglichen Bereichen und Gemeinschaften von Gleichen, aus den sieben Himmeln oder den Himmeln und den Höllen, was immer Sie bevorzugen. Aus der äußerstes Finsternis und aus den hellsten und himmlischsten Orten befinden sich immer Repräsentanten aus ausnahmslos allen Gemeinschaften, aus allen Bereichen der energetischen Welten, ständig mitten unter uns.

Auch hier ist alles im Gleichgewicht: Egoismus und Altruismus halten sich die Waage.

Auf dieses schwierige Thema gehe ich im weiteren Verlauf dieses Buches noch ein.

## Was sind Elementale?

Wir sind Schöpfer. Grundsätzlich erzeugt jeder Wunsch von uns ein *Elemental*. Das ist die bildhafte Beschreibung eines ‚Informationspakets', das einfach strukturiert sein kann, aber auch ein äußerst komplexes Wesen, das von vielen Menschen durch deren Glauben und deren Überzeugungen erschaffen wird.

Wenn wir liebevoll an jemanden denken, wird *es* genauso erschaffen und kommt in Nullzeit bei dem an, an den wir gerade denken, ähnlich wie bei einem Wutausbruch, wenn wir Hass und Zorn über jemanden ausschütten.

Die meisten von uns sind offen für positive Elementale und somit verbleiben diese beim Adressaten und entfalten dort ihre Wirkung - das ist nicht nur bei den Lebenden so, auch bei denen, die ihre Reise durch das Leben bereits beendet haben und sich wieder in den energetischen Welten aufhalten, kommen diese an.

Bei negativen Elementalen sieht das etwas anders aus. Hass, Wut, Neid und Zorn bringen sie in die Welt. Nicht jeder ist offen für diese Art von negativen Einflüssen oder, wenn Sie so wollen, für diese Energie (der Energie oder Kraft des Glaubens nicht unähnlich). Ein *Ein*fluss setzt also immer eine gewisse *Offen*heit voraus.

Niemand kann Sie be*einflussen*, wenn Sie das nicht wollen. Da Sie Schöpfer sind, haben Sie auch alle Karten in der Hand. Somit funktionieren Voodoo oder vergleichbare Glaubenssysteme auch nur bei denen, die *glauben*, dadurch zu Schaden zu kommen. Denn diese *sind* ja davon *überzeugt,* angreifbar zu sein - und was der Mensch glaubt, erfüllt sich nun mal. Ängste und Befürchtungen spielen hier eine große Rolle. Wenn Sie also glauben, angreifbar zu sein, wenn Sie davon überzeugt sind, dann sind Sie es auch.

Diesen Glauben kann man aber kompensieren, bis zu einem gewissen Grad.

Stellen Sie sich eine weiße oder hell leuchtende Kugel vor, die Sie nach außen gegen jeden negativen Einfluss abschirmt - eine Art Schutzschild à la Star Trek. Das kann auch ein positives Elemental sein, das Sie ausschließlich zu Ihrem Schutz in die Existenz bringen, wenn Ihnen danach ist. Statten Sie es noch mit Schild und Schwert aus und gut ist es. Wird funktionieren.

Übrigens durchaus vergleichbar mit den aus dem Schamanismus bekannten Schutztieren: Das sind lebenslange Begleiter, die ebenfalls ein Teil von Ihnen sind, Sie reflektieren und stärken.

Was Sie auf gar keinen Fall brauchen, ist externer Schutz. Sobald Sie um Schutz bitten, sind Sie quasi offen, denn Sie sind ja gerade außerstande, sich selbst zu schützen, zumindest glauben Sie das - und der Glaube ist in dieser Welt alles, was zählt. Er ist es, der zusammen mit der Willenskraft erschafft und aufrechterhält. So sind auch wir Wesen, die sich als Gedanken Gottes, seines Glaubens an uns (seiner bedingungslosen Liebe für uns) und seiner Willenskraft verstehen können.

Sie brauchen also keinen Götzen oder einen Talisman, der Sie schützt. Allerdings spricht auch nichts dagegen, einen Anhänger mit einem bestimmten Symbol zu tragen - wenn man versteht, wie das funktioniert.

Ich trage gerne ein Halsband mit dem Sanskritzeichen für den Urton *Om*. Für den einen ist das lediglich etwas Leder und Metall. Für mich ist es hingegen eine ständige Erinnerung daran:

- dass alles, was ist, aus diesem Urton hervorgegangen ist,
- dass auch ich nur Schwingung respektive Frequenz bin,
- dass somit alles lediglich nur eine Illusion oder (je nach Gusto) eine Schöpfung ist.

Insgesamt ist das ein dynamischer Prozess, durch den sich meine Ausrichtung und auch meine Überzeugungen stärken. Es bringt mich in Resonanz zu genau dieser Wahrheit und somit offenbart sich mir vieles in meiner täglich erlebten Realität. Einsichten und Erkenntnisse fallen mir auf diese Weise regelrecht vor die Füße.

Es ist auch hier der Glaube, der all das bewirkt. Das funktioniert mit einem Kreuz, das ich gleichsam gerne trage, genauso. Es ist nur eine andere Überzeugung, die mit diesem Symbol einhergeht. Das Kreuz habe ich übrigens aus Jerusalem, dort habe ich es in der Grabeskirche in Kontakt mit dem Grab Jesu gebracht. Ein weiteres Kreuz aus Jerusalem habe ich meinem Vater ins Grab gelegt und ihm so einen Teil meiner Überzeugungen mit auf den Weg gegeben. Ein letzter Gruß aus der materiellen Welt. Das Kreuz selbst ist lediglich ein Objekt, das, aus Metall gefertigt, über keine besonderen Eigenschaften verfügt.

Sie sind es, die den Dingen Macht und Stärke geben - und das ist doch schon einmal etwas.

Und was passiert dann nun mit negativen Elementalen, die keinen Einfluss nehmen können?

Sie kehren zurück zum Absender und entfalten dort genau die Wirkung, die sie bei jemand anderem erreichen sollten. Das macht die Menschen, die diese Elementale erzeugen, noch zorniger, noch wütender, noch böser und schließlich noch verbitterter, als sie es sowieso schon sind.

Könnte man bei einem solch negativ ausgerichteten Menschen die von ihm ständig hervorgebrachten Elemente sehen, sie wären eine dunkle Wolke von unzähligen kleinen schwarzen Elementalen, die ‚ihren' Menschen beständig umkreisen und auf ihn einwirken. Auch das ist ein Prozess, der die Ausrichtung eines Menschen zunehmend stärker verändert. In diesem Fall jedoch nicht zu seinem Vorteil. Dies hängt aber – wie so oft - vom Standpunkt des Beobachters ab.

## Wer war zuerst da, der Mensch oder die vielen Götter, die er erschaffen hat?

Es sind tausende Jahre vergangen, seit wir angefangen haben, uns auf der Erde auszubreiten und gewissermaßen ‚auszutoben' und seit Anbeginn gibt es eine Vielzahl von Göttern, die uns begleiten.

Diese waren aber nicht vor uns da, sondern kamen *mit* uns in die Existenz.

Wir erschaffen viele dieser Götter durch unseren Glauben, genauso, wie wir unsere jetzige Realität und auch das, ‚was da kommt', erschaffen und aufrechterhalten. Auch Sie sind Elementale, jedenfalls die meisten.

Wir sind Fraktale, die aus dem Ganzen hervorgegangen sind und besitzen somit dieselben schöpferischen Fähigkeiten und Potentiale wie ‚alles, was ist'. Wir sind hier, um zu lernen, Engel Gottes zu werden, und um uns im Umgang mit diesen schöpferischen Fähigkeiten zu üben. Allerdings zwingt uns keiner zu irgendetwas, denn nur die freiwillige Einsicht des Selbst, dieses oder jenes aus seinen tiefsten Überzeugungen heraus zu werden, bestimmt die Richtung, in die es gehen soll.

Im Gegensatz zu uns sind Elementale keine ewigen Wesen. Dazu gehören übrigens ebenso einige imaginäre Freunde von Kindern, sie verschwinden aus unserer Realität, sobald niemand mehr da ist, der an sie glaubt. Deshalb ist es durchaus nachvollziehbar, dass einige ‚Götter' (nicht alle nennen sich so) ein begründetes Interesse daran haben, dass wir weiterhin an sie glauben oder sie zumindest fürchten. Sie tun viel, damit das auch so bleibt.

> *Wir, die aus dem Göttlichen hervorgegangen sind, die wir dieselben Möglichkeiten haben wie das Ganze, unterwerfen uns selbst erfundenen Göttern - nicht-ewigen Wesen. Klingt irgendwie widersprüchlich, oder?*

Allerdings sind nicht alle Götter von uns erschaffen und so gibt es auch Seelen, die bereits einmal als Mensch unter uns waren und die Gefallen daran gefunden haben, ‚Gott' zu sein. Nicht wenige von diesen tun dies bereits als noch lebende, auf der Erde existierende Menschen. In dieser Form haben sie als Pharao, Kaiser, Staatenlenker usw. bereits die Weichen im Hier und Jetzt für ihren zukünftigen Status in den energetischen Welten gestellt. Nordkorea ist ein aktuelles Beispiel: In der dortigen Gesellschaft haben einige Menschen sich und ihre Staatsform zur Religion erklärt.

Es ist der Glaube von uns Schöpfern, der reinste Energie ist. Energie, die wir weder sehen, fühlen noch messen können und die diese menschlichen Götter und

Elementale stärkt und ihnen dadurch Möglichkeiten und Kraft gibt. Das ist in unserer Welt ganz ähnlich: Je mehr Menschen an etwas (zum Beispiel Währungen oder Edelmetalle, Aktien) oder jemanden (Stars, Politiker, Künstler aller Art, usw.) glauben, desto mächtiger, stabiler und wertvoller werden sie.

Fast scheint es, als würden sie durch ihren Glauben (oder ihrer Furcht - immer wenn sie etwas fürchten, glauben sie auch daran) einen Teil ihrer schöpferischen Energie abgeben. Das muss nicht immer etwas Schlechtes sein. So bin ich zum Beispiel ein Anhänger des Rabbi Jesus von Nazareth und seiner Lehren (ich benutze hier einmal seinen europäisierten Namen). Jesus ist, wie Sie auch, eine wahrhaftige und ewige Seele, mit guten Absichten. Ich glaube zwar nicht an die Trinität, also dass Gott, Jesus und der Heilige Geist ‚eins' sind - zumindest nicht im menschlichen Sinne (alles ist eins), aber sehr wohl daran, dass Jesus die Kraft, die er durch uns Gläubige bekommt, dazu benutzt, um seine Brüder und Schwestern am Ende aller Tage zurück zum Vater zu führen - zurück zum Ganzen.

So erklärt sich auch seine Bitte am Kreuz: „Vater, vergib ihnen, denn sie (die Brüder und Schwestern) wissen nicht, was sie tun". Der Glaube von Milliarden von uns, die, die leben und die, die bereits gegangen sind, machen Ihn zu dem mächtigsten Wesen in den energetischen Welten der Erde. Sie geben Ihm die Macht und die Kraft, den Himmel des Menschengeschlechtes zu ordnen und eines Tages zurückzuführen.

Was mich wieder zurückbringt zu den Elementalen und so gesehen auch zu der treffenden Bezeichnung, den falschen Göttern. Sie alle wollen nur eines: dass der Mensch als unwissender Schöpfer an sie glaubt. Dazu ist ihnen jedes Mittel recht.

Sie nutzen Medien, die überzeugt davon sind, mit Gott, Jesus, einem Erzengel oder einer außerirdischen Allianz und was weiß ich mit wem noch zu kommunizieren. Fast alle Medien handeln dabei im guten Glauben, denn das, was sie empfangen oder das, was durch sie in die Welt kommt, ist immer etwas, mit dem sie in Resonanz sind, also Wesen, die genauso sind (ihr Muster betreffend), wie sie selbst.

Grundsätzlich ist eine solche Kommunikation auch in Ordnung, zu bedenken geben möchte ich lediglich Folgendes: Wir sind für jedes energetische (transzendente) Wesen ein offenes Buch, während wir hingegen keinerlei Möglichkeit haben, diese Wesen auch nur im Ansatz zu prüfen. Immer wenn diese Licht und Liebe senden, als gäbe es kein Morgen mehr, werde ich hellhörig. Wie ein Schäfer halten sie ihre Gläubigen zusammen - das Internet ist in dieser Hinsicht übrigens sehr hilfreich. Sie reden den Menschen nach dem Munde.

Das wirklich Erstaunliche dabei ist, dass sie sich selbst widersprechen und es, nur um ein Beispiel zu nennen, hunderte von Erzengeln Michael da draußen gibt, in aller Herren Ländern, die absolut unterschiedliche Aussagen machen - und doch, die Gemeinde vergisst schnell und bleibt in der Herde. Der 21.12.2012 - angekündigter Weltuntergang - war so ein Tag: Sehr viele Wesen bereiteten ihre Schäfchen auf diesen Tag des Aufstiegs vor und dann ... passierte nichts. Ein Jahr später war all das vergessen und man fand neue Ziele, auf die man seine Menschen ausrichten konnte. Eine Rechtfertigung war besonders bizarr: Ein Wesen, das sich selbst Gott nannte, sagte einige Tage danach: „Aufgrund von technischen Problemen kommt es zu einer Verzögerung, aber keine Sorge, bald wird es soweit sein." Echt jetzt?!

Natürlich gibt es die Erzengel und auch Jesus - aber nicht in tausendfachen Kopien. Widersprechen tut sich der Eine schon einmal gar nicht und ein Gott, der technische Probleme hat?! Ich bitte Sie ...

Ein Grund, warum ich dem Thema ‚Channeling' sehr kritisch gegenüberstehe.

Allerdings muss ich auch sagen, dass viele Medien gute Arbeit leisten und im Rahmen eines Coachings (Lebensberatung) oder durch Vorhersagen (die klassische Wahrsagerei) anderen Menschen helfen. Auf diese Weise kommt viel Wissen durch sie zu un sauf diese Welt, als Beispiel seien hier wiederholt die sehr lesenswerten Seth Manuskripte (Jane Roberts) genannt.

Fußnote: Channeling: Channel = Kanal. Ein Mensch wird von einem Wesen aus den energetischen Welten als Kanal oder dessen Sprachrohr benutzt. Dieses gleicht dem Menschen bezüglich seines Musters (Matrix, Ausrichtung, aber vor allem in puncto Reife). Wesen von der anderen Seite sind per se nicht höher oder weiter entwickelt als noch inkarnierte Seelen. Auch Elementale gleichen ihren Schöpfern und haben somit das gleiche Muster wie diese.

Seien sie sensibel, nicht zwingend skeptisch und hören Sie auf Ihre Intuition. Das Lesen von Erfahrungsberichten, falls Sie ein Medium oder einen Coach suchen, ist ebenfalls sehr hilfreich.

## Was sind erdgebundene Seelen?

Mit dem letzten Herzschlag eines Menschen beginnt sich seine Seele vom Körper zu lösen. Der Zustand einer Seele unmittelbar nach dem Eintreten des biologischen Todes ist dem Zustand während unserer nächtlichen Träume sehr ähnlich.

In diesen halten wir alles, und sei es auch noch so bizarr und unlogisch, für real und folgerichtig. So sind wir nach dem vermeintlichen Ableben noch traumatisiert und realisieren nicht, was gerade geschehen ist.

Auch deshalb werden wir oftmals von bereits verstorbenen Verwandten am Sterbebett abgeholt oder ein warmes Licht zieht uns magisch an. Sie geleiten uns dann durch eine Tunnelerfahrung ins Geisterreich (siehe auch Kapitel „Die energetischen Welten“ in *Die Entdeckung der jenseitigen Welten*). Dies soll verhindern, dass wir in der Illusion bleiben und uns weiterhin für unbestimmte Zeit an die ‚Erde binden‘.

Manchmal ist es auch die unbegründete Angst vor Auslöschung oder bestimmte Begierden, die die Seele hier halten. Einige klammern sich an ihren Besitz, von dem sie nicht loslassen können. Besonders schlimm ist es für diejenigen, die zeitlebens eine Begierde zu ihrer extremsten Form, der Sucht, weiterentwickelt haben. Sie sind fixiert auf das, was sie die ganze Zeit im Leben umgetrieben hat, und nichts anderes suchen sie dann auch auf der anderen Seite – das ist keine Bestrafung. Die Seele handelt vielmehr immer aus ihrem eigenen Antrieb heraus. Manche klammern sich an noch lebende Menschen und versuchen auf diese Weise, verzweifelt ihre Sucht zu befriedigen. Ein Grund, warum ich es für ratsam halte, eine Sucht noch zu Lebzeiten in den Griff zu bekommen – so schwer das auch manchmal sein mag.

> *Wussten Sie, dass der Partner im Alter oftmals innerhalb von nur wenigen Monaten seiner oder ihrer verlorenen Liebe folgt - und das ohne ersichtlichen medizinischen Grund? Ganz so, als würde es eine Absprache zwischen den Seelen geben oder die eine auf die andere warten, um gemeinsam den Weg zurück nach Hause anzutreten.*

Viele binden sich aber auch aus reiner Liebe oder Fürsorge an ihren noch lebenden Partner und warten darauf, dass dieser ebenfalls seine Reise antritt, oder sie können nicht loslassen, da so sehr um sie getrauert wird.

So verbleiben viele noch eine lange Zeit unter uns und nicht wenige sind außerstande, diesseitige oder jenseitige Hilfe anzunehmen. Sie werden zu erdgebundenen Seelen.

Es ist in vielen Kulturen die Aufgabe des Schamanen, die Seele ins Geisterreich zu geleiten, zum Wohl der Seele, aber auch zum Schutz der noch Lebenden, damit diese sich ungestört entwickeln können.

Ich für meinen Teil zünde immer eine Kerze an, wenn ich solch eine Seele in meiner Nähe wähne. Ich empfehle sie ins Licht, oft sage ich ihr noch, dass alles gut ist und sie nichts zu befürchten hat. Diese kurze Zwiesprache halte ich übrigens auch, wenn ich an einem Ort vorbeikomme, an dem sich jemand das Leben genommen hat oder Menschen durch einen Unfall ums Leben gekommen sind. Es ist nicht nur das Denkmal, das Hinterbliebene aufgestellt haben, sondern auch ein intuitiver Gedanke, der mich motiviert, genau das zu tun. Menschen, die einen Suizid verübt haben, befürchten oftmals eine Bestrafung, die es so aber nicht gibt, und gehen deshalb nicht ins Licht. Menschen, die in jungen Jahren plötzlich aus dem Leben gerissen werden, zum Beispiel durch einen Unfall, realisieren manchmal nicht, dass sie nicht mehr zu den Lebenden gehören. Der Ausspruch „Es kann nicht sein, was nicht sein darf“ trifft es ziemlich genau.

Nichts ist näher an der Ewigkeit als das Licht (siehe auch Fragestellung „Also ist Gott auch Licht?“). In dieser Hinsicht ist ein Kerzenlicht die kürzeste Verbindung zwischen uns und den energetischen Welten und so gesehen ein gutes Mittel, um ein Portal zu öffnen, um dadurch mit jemanden zu kommunizieren, der bereits vorausgegangen ist. Ich verbinde dies immer mit einem liebevollen Gedanken. Das tut der Seele, aber auch mir gut. Dieses Portal ist auch ein Grund, warum wir auf Friedhöfen und Kirchen Kerzen anzünden. Natürlich ist es auch eine Liebeserklärung an ‚alles, was ist, war und immer sein wird.‘

Denn eines ist Gott ganz sicher – Licht.

## Gibt es eine Verurteilung oder Verdammung der Seele?

Nein, das ist ein weit verbreiteter Irrglaube, an dem die katholische Kirche des Mittelalters nicht ganz unschuldig ist, hielt sie doch mit dieser Androhung nicht wenige Schäfchen auf Linie. Aber so ganz sind die Höllen (und damit eine Art Verdammung) nicht von der Hand zu weisen. Sie existieren und sind eine reine Sache der Definition – versteht darunter doch ein jeder etwas anderes. Vor allem aber sind sie etwas, das sich eine jede Seele selbst erschafft.

Zunächst kommt es unmittelbar nach Verlassen unserer Realität zur Lebensrückschau. In dieser erlebt jede Seele noch einmal ihr ganzes Leben, vom ersten Atemzug bis zum letzten. Nichts wird ausgelassen, alles wird noch einmal ‚erlebt‘. Losgelöst vom Körper mit seinen Beschränkungen ist der Geist nun frei und kann all das Gelebte und Erfahrene in nur einem einzigen Moment erneut erfahren. Alle Erfahrungen, Emotionen, jeder Gedanke, Ängste und Befürchtungen kommen nun noch einmal auf den Tisch. Aber nicht nur das, Sie werden auch all das erfahren und durchleben, was Sie einem anderen Wesen angetan haben, Sie werden erkennen, welche Auswirkungen Sie auf andere gehabt haben, die Kausalkette rauf und wieder runter.

Sollten Sie ein Mensch gewesen sein, der andere gerne gequält hat, dann kommt jetzt Ihre finsterste Stunde.

Derjenige, der Sie durch diese Schau führt, werden Sie selber sein, eine höhere Bewusstseinsebene Ihres Selbst. Niemand wird Sie verdammen oder verurteilen.

Sie werden sich lediglich selbst die Frage stellen, ob Sie die Zeit, die Sie bekommen haben, auch sinnvoll genutzt haben, so wie Sie es geplant hatten - auch eine Offenbarung.

Nach der Lebensrückschau verweilt die Seele noch eine Weile in den Ankunftsgebieten, wo diese sich vom Trauma des Todes regeneriert und sich wieder an die energetischen Welten anpasst. In diesem Zeitraum wird das äußere Antlitz der Seele immer mehr zu ihrem inneren Seelenzustand. Das Innerste der Seele wird so sichtbar. Nichts bleibt dort verborgen, alles wird offenbar. Gütige Seelen werden als schön und hübsch empfunden. Egoistische Menschen, Menschen, die der Gewalt gefrönt oder andere unterdrückt oder missbraucht haben, werden zu hässlichen Fratzen. Das ist so, da es eben *keine* verurteilende oder einschränkende Instanz gibt. Die Seele ist absolut frei in ihrem Willen und dem, was sie machen möchte oder nicht. Und so benehmen sich einige Seelen wahrhaftig entfesselt und ihr wahres Gesicht wird offenbart.

Genau das ist auch der Sinn und Zweck des freien Willens. Entfesselt und ohne jedes Regelwerk oder jede Begrenzung (‚Du darfst eine Ewigkeit deinen bösen Neigungen nachgehen, wenn dir danach ist ...') offenbart sich immer die Wahrheit und so kommen auch nur die gereiften Seelen freiwillig zum Ursprung (zum Vater) zurück, die eben freiwillig altruistisch sind, nicht aus einer ‚Angst vor Bestrafung' heraus handeln (‚böse Menschen kommen in die Hölle ...') und zudem voller Liebe zum Vater sind. Ein insgesamt perfektes kosmisches System, erschaffen, um perfekte Engel hervorzubringen. Somit ist der Kosmos tatsächlich nichts anderes als eine ‚Pflanzschule' Gottes (frei nach Jakob Lorber) – der gepflanzte Samen, ein Seelenfunke, geht auf oder eben nicht und verbleibt in der Erfahrungsrealität. Auch der Himmel (die Höllen sowieso) sind Bestandteil dieser Erfahrungswelt, das geht schon alleine aus dem hervor, was in der Bibel geschrieben steht: „... und am Ende wird der Sohn dem Vater den Himmel des Menschengeschlechtes übergeben und sich ihm wieder unterordnen." (vgl. 1. Korinther 15,24-28)

Nun begibt sich die Seele von selbst an den ‚Ort' in den energetischen Welten, der ihrer Ausrichtung und ihrer Neigung entspricht. Sie kann gar nicht anders. Sie folgt dabei immer ihren tiefsten Überzeugungen und Glaubenssätzen. Gleiches kommt auf diese Weise immer mit Gleichem zusammen.

Die ‚Höllen' (drei Ebenen) sind so gesehen immer ‚Orte' von Gleichen nach dem Resonanzgesetz, genauso, wie es das Geisterreich (eine Ebene, das mittlere Reich) und die Himmel (drei) sind.

Der Name ‚Hölle' wurde durch das Christentum stark in Mitleidenschaft gezogen. Ich finde die Bezeichnung einer anderen Glaubensgemeinschaft, ‚die sieben Himmel', die sich lediglich in ihrer Nähe zu Gott, dem Herrn (dem Licht), unterscheiden, passender.

Die ‚Hölle' ist also lediglich ein Name, für den es viele unterschiedliche Konzepte gibt. Meines können Sie hier nachvollziehen.

Streng genommen gibt es auch keine ‚Orte' in den energetischen Welten, sondern lediglich diese Gemeinschaften von Gleichen, die im Kollektiv ihre Umgebung bewusst oder unbewusst erschaffen und aufrechterhalten. Der Himmel ist also dementsprechend ein Kollektiv von Engeln und kein Ort irgendwo über den Wolken. Das Äußere respektive die Umgebung ist dabei immer eine Entsprechung oder Spiegelung des Inneren. Das funktioniert bei uns ganz ähnlich, nur dass es hier etwas träger zugeht.

> *Es dauert in unserer Realität länger, bis sich eine Angst oder eine Überzeugung manifestiert. Das ist so, da wir mit vielen weiteren Seelen diese gemeinschaftlich erzeugen und aufrechterhalten. Es gilt der Grundsatz: Je mehr Seelen eine Realität erzeugen, desto stabiler, aber auch desto träger ist sie. Ein Umstand, der die Glaubensgebiete schnell zu sehr unangenehmen Orten werden lassen kann, insbesondere wenn man sich im Void, der Leere, befindet (siehe auch Kurzgeschichte „Karl").*

Nicht nur werden die Umgebungen dort kollektiv von einer Gemeinschaft erschaffen, es gibt auch keinerlei Geheimnisse untereinander: Die Empfindungen eines jeden einzelnen werden von allen erfahren, Kommunikation erfolgt nonverbal und es ist der reine Wille, der uns dort von einem Ort zum nächsten bringt.

Und so ist ein jeder auch an dem Ort, der seinem persönlichen Überzeugungs- und Glaubensmuster entspricht (siehe auch Kapitel „Der Glaube" im *Buch Jenseitige Welten – Berührungspunkte*). Das ist nicht immer wünschenswert. Warum das so ist, möchte ich Ihnen an einigen beispielhaften Geschichten verdeutlichen.

Meier ist ein sehr ordentlicher Mensch, man könnte ihn auch einen Pedanten nennen. Bei ihm hat alles seine Ordnung und alles ist an seinem Platz. Unordnung, Chaos gar sind ihm zuwider. Er liebt die Stille und will auch sonst seine Ruhe, andere Menschen sollen da bleiben, wo sie sind – weit weg. Wenn da bloß nicht diese Nachbarn wären, der Lärm der spielenden Kinder, die Nachbarin, die ihren Garten nicht pflegt, und der andere Nachbar, der seine Hecke nie schneidet. Sie alle hat er schon mehrfach verklagt, die Bälle der Kinder zerschnitten und zurückgeworfen, und sobald er einen dieser unmöglichen Menschen zu Gesicht bekam, hat er ihm mehr als deutlich mitgeteilt, was er von ihm hält.

Irgendwann dann kam sein letzter Moment und welch Überraschung, es geht weiter (da hatte der Pfaffe wohl doch nicht so unrecht gehabt). Es gefällt Meier, was er da sieht. Er befindet sich in einem Reihenhaus, das dem seinen ganz ähnlich sieht. Alle anderen Häuser sehen ganz genauso aus wie seines, alles ist akkurat an seinem Platz, die Straßen leergefegt und sauber.

Als er über den Gartenzaun schaut, wird er plötzlich angegiftet, er solle gefälligst auf seinem Grundstück bleiben und die Landschaft nicht mit seiner Anwesenheit verschandeln, sonst würde er gleich die Hunde auf ihn hetzen. Hat er da eine Schrotflinte gesehen?

Hin- und hergerissen zwischen Angst und Wut steht er in seinem ebenfalls akkurat, aber irgendwie leblos und traurig wirkenden Vorgarten. Das war der letzte Kontakt, den er zu einer anderen Seele hatte. Seine Welt ist leer, keine Kinder, keine Menschen, die sich auf der Straße befinden, keine Autos – nichts. Ruhe, Totenstille – nur Nachbarn, die so sind wie er: die er nie sieht, vor denen er sich aber fürchtet. Langsam dämmert es ihm, dass das vielleicht eine ganze Ewigkeit so bleiben könnte.

Die Höllen haben viele Gesichter, das wäre eines davon. Nun stellen Sie sich einen Menschen vor, der missgünstig ist, jedem alles neidet und der nicht davor zurückschreckt, andere zu erniedrigen, damit er selbst erhöht wird. In welcher Umgebung würde sich dieser wiederfinden? Es wäre wohl eine Gemeinschaft, in der ein jeder den anderen beständig versucht zu verletzen und zu erniedrigen.

Das Fatale ist, dass alles das, was dort einem anderen angetan wird, von allen, auch von dem Verursacher selbst, mitempfunden wird - er aber außerstande ist, genau das zu erkennen.

Der Sadist ist plötzlich von anderen Sadisten umgeben, denn seine Opfer sind an einem anderen Ort. Einem Ort, zu dem er nicht gelangen kann. Das Gleiche gilt für Soziopathen und Narzissten, für Diktatoren und Unterdrücker, Mörder und Kinderschänder. Sie alle kommen mit Gleichen zusammen, die keinen Deut besser oder schlechter sind als sie selbst.

Dann sind da noch diejenigen, die sich ständig selbst bemitleiden und die die Schuld für ihren Zustand immer bei anderen suchen. Auch diese werden sich an einem Ort von Gleichen wiederfinden, das Selbstmitleid verstärkt sich dort wechselseitig bis ins Unendliche und niemand, keiner, ist dort, der sich erbarmt und Trost spendet.

Wie würde man diese Orte wohl nennen?

Im Buch *Jenseitige Welten – Berührungspunkte* habe ich Ihnen bereits einige Erfahrungsberichte der Martha Jelinek vorgestellt. Hier ist ein weiterer Bericht (diese Erfahrung ist keine Fiktion oder Annahme!):

## FRAU AUS DER HÖLLE GEHOLT

„Ich lag im Bett und las, als sich eine unangenehme Atmosphäre breitmachte. Anfangs ignorierte ich sie noch, doch als sie sich steigerte und ich schon Angst bekam, wollte ich nachsehen, was los war. Da ich sowieso schon in einem entspannten Zustand war, ging ich mühelos aus dem Körper.

Vor mir stand ein fremder Mann. Ich spürte sofort, dass von ihm diese ungute, ja bösartige Schwingung ausging. Eigenartigerweise hatte ich jetzt keine Angst mehr – wie ich oft schon im außerkörperlichen Zustand feststellen konnte.

Ich fragte ihn, was er hier suche. Er versuchte mich zu verführen. Ich war völlig klar im Kopf, und wusste, was zu tun war. Ich ging anfangs darauf ein, um sein Vertrauen zu gewinnen. Dann fragte ich ihn nach seiner Tätigkeit. Es stellte sich heraus, dass er Menschen zum Bösen verführen wollte, ganz gleich, welcher Art das auch war.

Ich: „Ach so, du willst im Endeffekt also nicht gewinnen?“ Mann: „Aber ich gewinne doch. Sieh her!“

Er zeigte mir sein Verfahren, das aussagte, dass er im Endeffekt als Sieger ausstieg. Ich musste in mich hineinlächeln und sagte: „Denkst du wirklich, du wärst im Endeffekt mächtiger als Gott? Sieh her, ich zeige dir auch was.“ Und dann erklärte ich ihm anhand seines Modells, wo seine Grenzen, die Grenzen des Bösen waren und wie grenzenlos das Göttliche war. Ich weiß nicht mehr, was ich sagte, und ein physischer Teil von mir wunderte sich über meine Souveränität, meine Überzeugungskraft und Emotionslosigkeit. Er wehrte sich noch eine Zeitlang, indem er immer mehr Argumente hervorbrachte, die ich aber ohne große Mühe widerlegen konnte – alle anhand seines Modells. Schlussendlich gab er auf. Er wusste weder ein noch aus – aber komischerweise dafür ich. Ich ging voraus, er folgte mir.

Wir gingen einen schmalen Gang entlang, mit vielen Türen. Hinter jeder Türe lag eine andere Art von Hölle. Ich war dabei, den Mann hinter mir zur richtigen Türe zu bringen. Auf dem Weg dorthin begegneten wir einigen Menschen, die mich kannten, denn sie lächelten mir freundlich grüßend zu. Auch ich kannte sie, aber nicht mein physisches Bewusstsein. Ich musste den Mann hinter mir immer wieder maßregeln, wenn er versuchte, in eine Tür zu entwischen oder bei ähnlichen Fluchtversuchen. Ich war hart und unerbittlich, aber trotzdem innerlich emotionslos. Ich wusste, dass ich so und nicht anders handeln durfte. Auch an den Reaktionen der anderen, die mir entgegenkamen, war zu erkennen, dass sie meine Handlungsweise verstanden. Manche zwinkerten mir lächelnd zu. Einer blieb mal stehen und fragte mich grinsend: „Wohl nicht so leicht mit ihm, was?“

Nachdem ich ihn abgegeben hatte, war mein nächster Auftrag, jemanden aus einer bestimmten Hölle abzuholen. Derjenige wäre nun bereit für die nächste Ebene. Ich wusste nur die Art von Hölle, aber nicht, wie der Mensch aussah oder hieß. Ich würde von ganz alleine erkennen, wer es war. Als ich in die besagte ‚Hölle' hineinging, war alles wie in einer Sandwüste: sandfarben und düster. Die Menschen lagen lethargisch herum. Manche hatten entstellte Körper oder starke Verwundungen. Ich ging immer noch emotionslos herum, immer weiter. Noch war niemand zu sehen, dem ich helfen konnte. Da vernahm ich von Weitem eine energische Frauenstimme. Sie schimpfte und ärgerte sich in einem fort. Ich wusste, dass sie es war, die ich herausholen sollte, und ging der Stimme entgegen. Sie stand da und beschimpfte die anderen, die herumlagen, weil sie nichts für ihren Zustand taten und alles über sich ergehen ließen. Sie hatte nur eine kleine Verwundung an der Wade – nicht der Rede wert. Ich ging zu ihr und sagte, ich könne ihr helfen, wenn sie mir folge. Sie schimpfte immer noch, folgte mir aber brav. Ich holte sie hier heraus, aber leider riss dann meine Erinnerung ab."

Martha Jelinek, 1984

Außerkörperliche Erfahrungen (AKEs) sind immer geprägt von den eigenen vorhandenen Konzepten. Das muss auch so sein, da wir diese, wie zum Beispiel die ‚Türen' des Erfahrungsberichts, ansonsten nicht interpretieren könnten. Die Türen können auch Tore, Portale, Schlagbäume oder gar nichts sein – das ist sehr individuell. Die hier verwendete Beschreibung ‚Hölle' ist lediglich ein Konzeptname.

Der letzte Ort, den Martha beschrieb, scheint ein Ort zu sein, an dem sich die lethargischen, antriebslosen, vielleicht auch diejenigen befinden, die sich beständig selbst bemitleiden. Der innere Zustand dieser Gleichen definiert auch deren Umgebung.

Dieses Prinzip ist sehr pädagogisch und erlaubt es einer Seele, ihre eigenen Unzulänglichkeiten durch das Verhalten der anderen Seelen, mit denen sie zusammen ist, zu sehen und womöglich zu erkennen. Sie blickt quasi in einen Spiegel, da alle Seelen so sind wie sie selbst. Verändert sich dadurch ihre Ausrichtung, ihre Überzeugung, kann sie wechseln und diesen Ort verlassen, sie steigt auf, wenn Sie so wollen. Ein Grund, warum mir die Bezeichnung ‚die sieben Himmel' eigentlich mehr zusagt. Die Bezeichnung ist in unserem Kulturkreis nur nicht so geläufig.

Das, was ich also ‚die Höllen' nenne, ist unserer Welt sehr ähnlich.

*Falls Sie Zweifel haben sollten, sehen Sie sich mal die Nachrichten an.*

Eines muss ebenfalls noch erwähnt werden: Wenn Sie ein Mensch sind, der gerne einem anderen eine Freude macht, der bedingungslos gibt und liebt, der uneigennützig ist - an was für einen Ort würde ein solcher Mensch wohl kommen?

Es werden selige Gemeinschaften sein, in denen die Nächstenliebe dominiert. All das Gute, das dort einem anderen angetan wird, wird ebenfalls von allen und auch von dem Verursacher selbst empfunden. So wie sich das Übel in den Höllen wechselseitig verstärkt, so verstärkt sich dort die Liebe.

Diese Gemeinschaften nennen wir gemeinhin Himmel oder Paradies, Geisterreich oder Anderswelt. Auch hier: alles nur Konzeptnamen. Derer gibt es viele und sie alle sind wahr, ohne Ausnahme, denn die energetischen Welten der Erde sind ‚Orte', wo jede nur vorstellbare menschliche Ausprägung eine Heimat findet – mehr als 100 Milliarden Menschen sind bereits in diese eingegangen.

Was bleibt zu tun?

Schauen Sie sich selbst einmal in die Augen und horchen Sie tief in sich hinein.

Was für ein Mensch sind Sie wirklich?

Wenn Ihnen gefällt, was Sie sehen, und Sie sich vorstellen können, mit sich selbst die Ewigkeit zu verbringen, dann ist alles gut. Und dann ist es auch völlig egal, wie inkarnierte Wesen, wie wir es sind, diese Gemeinschaft von Gleichen nennen werden.

*Das Gesetz der Resonanz: Gleiches geht immer in Resonanz mit Gleichem und verstärkt sich wechselseitig. Das kennen Sie aus dem alltäglichen Leben: „Gleich und Gleich gesellt sich gern." Dazu verrate ich Ihnen mehr bei der Fragestellung: „Was sind Entsprechungen?"*

Wenn Ihnen allerdings nicht gefällt, was Sie da entdecken (soll ja hin und wieder vorkommen), ist es nie zu spät, sich zu ändern. Denn entwickeln tun wir uns bis zum Schluss, erst dann gilt: „Wohin ein Baum auch fällt - nach Norden oder Süden -, er bleibt da liegen, wo er hingefallen ist" (Prediger 11). Sich einen Platz im Paradies zu sichern durch die bloße Mitgliedschaft in einer Glaubensgemeinschaft oder nur durch regelmäßige Besuche einer Kirche wird jedenfalls nicht funktionieren.

‚Liebe Gott über alles und deinen Nächsten wie dich selbst' ist in diesem Fall (und auch in allen anderen Fällen) ein guter Ansatz.

Das erscheint mir im Übrigen auch die wichtigste Regel von allen zu sein.

Ansonsten gilt: Bleiben Sie dran. Denn mit dem Studium dieses oder eines anderen Buches, nicht nur von mir, verändern Sie sich bereits. Sie fangen an nachzudenken, sich selbst zu hinterfragen und verändern sich schon alleine dadurch – und das nicht zu Ihrem Nachteil.

## Was sind Entsprechungen?

Eine Entsprechung haben Sie gerade kennengelernt: In den energetischen Welten kommen ausschließlich Gleiche zusammen. Die Entsprechung in unserer Erfahrungsrealität wäre, dass Gleiche sich immer gerne zu Gleichen gesellen. Je mehr Gemeinsamkeiten eine Gruppe hat, desto besser.

Stets sind wir darum bemüht, uns selbst zu sortieren. Wären wir unter einer Gruppe von anderen Wesen, die nicht von dieser Erde stammen, würden wir uns automatisch zu anderen Menschen begeben. Sind wir unter ‚uns', machen wir das wahrscheinlich nach Staatszugehörigkeit oder nach Ethnien. Sind wir dann innerhalb einer solchen Gruppe, machen wir das, je nach Anlass, nach Rang, Status, Überzeugungen, Religion, Geschlecht und so weiter.

Selbst innerhalb einer Untergruppe fangen wir wieder an, uns zu sortieren. Im Grunde machen wir das, bis keine Unterscheidungsmerkmale mehr übrig sind.

Es ist dieser Drang in uns, ständig nach Gleichen zu suchen und alles bis auf den kleinsten gemeinsamen Nenner zu reduzieren.

Auch eine Art innere Programmierung.

Insgesamt schon amüsant, aber leider auch todernst, da unterschiedliche Gruppen sich abstoßen, was wiederum zu allerlei Konflikten führt. Aber so sind die Spielregeln.

Wir sind ein Mix aus allem, was es in den energetischen Welten an Gemeinschaften gibt. Vom bösesten ‚Teufel' bis hin zum höchsten ‚Engel' gibt es eben auch unter uns Seelen aus allen Bereichen der sieben Himmel. Und mich würde es überhaupt nicht wundern, wenn die Gemeinschaften sich dort nicht nur nach Überzeugungen, Glauben und Begierden sortieren, sondern auch nach ihrem Kulturkreis. Sprache ist in diesem Fall eher uninteressant, da dort nun mal nicht mit Sprache kommuniziert wird. Interessant in diesem Zusammenhang ist die Erzählung des „Turmbaus zu Babel" aus der Bibel.

*Diese Erzählung beschreibt die erzwungene Kommunikation durch Sprache in unserer Erfahrungsrealität und damit einhergehend auch die Unterbrechung des ‚wortlosen' Austauschs von Gedanken und Empfindungen innerhalb einer Gruppe von Gleichen, so wie ich sie in der Fragestellung zuvor beschrieben habe.*

Die hier erlebte Dualität ist genauso eine Entsprechung, wie es auch alles Materielle in dieser Welt ist. Nur das alles in den jenseitigen Welten farblich intensiver ist: kraftvoller, klarer und detailreicher. Menschen, die eine Nahtoderfahrung (NTE) erlebt haben, kennen das und berichten unisono von diesem Phänomen. Sie empfinden vieles in dieser Welt nur noch als eine schlechte Kopie.

*Wenn Sie eine Zeit lang Filme mit einer aktuellen 4K-Auflösung auf einem Flachbildfernseher der letzten Generation gesehen haben und dann wieder in die ‚Röhre schauen' müssen, also in einen Fernseher der 90er Jahre und seiner typischen PAL-Auflösung, dann bekommen Sie in etwa ein Gefühl, was mit diesem Vergleich gemeint ist.*

Wenn alles Diesseitige eine Entsprechung des Jenseitigen ist, dann lassen sich auch umgekehrt Rückschlüsse auf das, was kommt, schließen: nämlich aus dem, was wir in der materiellen Welt erleben und beobachten können.

Eine kurze Wiederholung.

Sterne sterben, und wenn sie das tun, werden sie zu einer Nova – sie expandieren zunächst, um sich dann wieder rapide zu verkleinern und schließlich zu explodieren. In diesem Prozess entstehen, neben den bereits entstandenen Elementen, all jene, die schwerer sind als Eisen. Diese verteilen sich im Raum und bilden die kausale Ursache für weitere Sterne, die dann, ebenfalls aus diesem Sternenstaub, in der dritten oder vierten Generation Planeten ausbilden und schließlich Leben hervorbringen, so wie wir es kennen.

Warum ist das eine Entsprechung?

Wenn die Raupe stirbt, ist sie nicht tot, sie wird zum Schmetterling. Wenn Lebewesen sterben, bilden sie wieder die Grundlage für neues, weiteres Leben. Wenn ein großer und alter Stern stirbt, dann ist auch er nicht wirklich *tot*, er wird lediglich zu einem neuen, langlebigeren Stern. Dieser wird im Zuge seines Lebens Planeten hervorbringen und somit immer höher entwickeltes Leben. Dieses Leben ist wiederum die kausale Ursache für das, was wir Engel Gottes nennen würden.

So etwas wie ‚tot' gibt es also gar nicht, nur Veränderung und Entwicklung.

Da der gesamte Kosmos Bewusstsein und somit beseelt ist und sich lediglich über die Materie ausdrückt, ist der materielle Kosmos, vom ersten Elementarteilchen an den Anfängen der Zeit bis hin zu uns, als eine Entwicklung zu verstehen. Eine Entwicklung zu einem immer höheren und komplexeren Bewusstseinszustand, von dem wir alle ein bewusster Teil sind, ein ständig wachsendes Fraktal. Unauslöschbar und ewig, denn die Materie vergeht, nicht aber der Geist, der sich über die Materie immer weiter entwickelt und sich so selbst in immer höhere Zustände des Seins bringt.

## Werden wir am Sterbebett abgeholt?

Ich gehe davon aus. Das liegt aber sehr an der Wahrnehmung, Ausrichtung und am Entwicklungsstand eines Menschen und letztlich auch am körperlichen Zustand eines jeden einzelnen von uns.

Für einen außenstehenden Beobachter ist es sehr schwer nachzuvollziehen, was da geschieht. Naturgemäß ist dessen Wahrnehmung auf das Diesseitige beschränkt. Zudem sieht ein jeder nur das – oder kann nur das sehen -, was er sehen will. So traf ich vor einiger Zeit einen Menschen, der seit Jahrzehnten in der Pflege arbeitete und bislang nichts bei Sterbenden wahrgenommen hatte, was auf eine Weiterexistenz des Menschen als körperlose Seele hindeutete.

Das ist an und für sich zwar schon extrem schwierig, aber es gibt ja auch extrem hartnäckige Seelen unter uns.

Das *Wahrnehmen-Können* des Übergangs ist im Übrigen keine Eigenschaft, die man sich aneignen oder erlernen könnte. Einige können es, andere wiederum nicht – keiner hat sich diese Fähigkeit ausgesucht, sie ist einfach gegeben oder eben nicht. Aber eine gewisse Offenheit gegenüber dem Thema erleichtert es in jedem Fall, gewisse Dinge zu erkennen und im richtigen Zusammenhang zu sehen.

Als ich bei dem Pfleger nachhakte, stellte ich schnell fest, dass dieser sehr wohl etwas beobachtet hatte. Er interpretierte es lediglich als Hirngespinst, Halluzination oder als Auswirkung der Medikamente, die verabreicht wurden. Das, was von ihm eben *nicht* wahrgenommen wurde (‚Da passiert nichts!'), entsprach genau seinen Überzeugungen.

Es gibt aber auch gerade in der Pflege Menschen, die sicher erkennen oder voraussagen können, wann ein Mensch gehen wird. So ist es manchmal ein ganz spezieller, fast schon betörender Geruch, der wahrgenommen wird (nicht zu verwechseln mit dem Geruch eines Menschen, dessen Stoffwechsel sich im Sterbeprozess verändert). Manchmal ist es einfach nur das Wissen: ‚Er stirbt jetzt oder innerhalb von wenigen Tagen' (obwohl oft noch in bester Verfassung). Oft berichten diese Menschen von wirklich erstaunlichen Beobachtungen am Sterbebett.

In dem Buch *Jenseitige Welten – Berührungspunkte* habe ich Ihnen einige dieser Erfahrungsberichte zusammengestellt. Sie haben verblüffende Gemeinsamkeiten (eine Leseprobe des entsprechenden Kapitels finden Sie am Ende des Buches).

Ähnlich wie bei Nahtoderfahrungen werden vom Sterbenden, der allerdings bei Bewusstsein ist, bereits Tage vorher Menschen gesehen, die im Raum nicht von den ‚realen' Anwesenden zu unterscheiden sind und die mit ihm kommunizieren. Es handelt sich hierbei oftmals um bereits verstorbene Verwandte, aber auch um Freunde aus den jenseitigen Welten. Manchmal handelt es sich nur um Fremde, jedoch *nie* um noch Lebende, die vom Sterbenden wahrgenommen werden. Ein mehr als deutlicher Fingerzeig, dass diese Erfahrungen wahrhaftig und real sind. Es geht weiter.

In den letzten Tagen blendet sich die eine Welt langsam aus und das, was kommt, blendet sich entsprechend ein.

Dies ist nicht nur auf Gläubige beschränkt, auch Atheisten widerfährt es, und ebenfalls nicht selten passiert rein gar nichts. Das Äußere ist die Illusion, das Innere wahrhaftig die Wirklichkeit. Unterdrückt durch Medikamente oder bedingt durch das funktionale Abschalten der einzelnen Organe im Sterbeprozess, rückt die eine Welt immer näher und die unsere bleibt zurück. Sie ist somit manchmal schon Wochen vor dem letzten Herzschlag für den Sterbenden nicht mehr erreichbar.

Leider nicht so selten, wie ich es mir wünschen würde, meist bei Materialisten, kommt es final zu einer Angst und Panikreaktion: ‚Ich will nicht in die Hölle', hört man sie rufen. Diese inneren Überzeugungen (Angst und Befürchtungen) öffnen ganz spezielle Türen in den energetischen Welten. Sie erschaffen sich damit selbst eine sehr real wahrgenommene Illusion (siehe auch Fragestellung „Gibt es eine Verurteilung oder Verdammung der Seele?".) Sie taumeln von einer Illusion (unsere Realität) in die nächste.

Wenn ich meine Recherchen zugrunde lege, dann liegt die Quote derer, die so etwas erfahren, bei etwa 10 bis 15 Prozent. Nichts, was ich jemandem wünschen würde.

Gott sei Dank erfährt die große Mehrheit einen guten Übergang. Die allermeisten von uns sehen die jenseitig angebotene Hilfe und nicht wenige bäumen sich mit geöffneten und ausgestreckten Armen final noch einmal auf und lassen dann mit einem Lächeln los.

*

Egal wie, der Sterbeprozess geht nicht nur immer einher mit dem stufenweisen Abschalten der Sinne, sondern auch mit dem des Egos und der Anhaftung an die materielle Welt. So lüftet sich der Schleier bei jedem von uns, ob Materialist oder Dualist, ob noch in Kontakt mit dem Äußeren oder eben nicht. Das, was kommt, wird für jeden von uns zunehmend deutlicher, und mit nur ein bisschen Offenheit und dem *Zulassen* erkennen wir, dass alles richtig ist, so wie es ist. Auch im Tod müssen wir uns fallen lassen, genauso wie bei unserer Geburt.

... und alles wird dann tatsächlich gut.

Versprochen.

## Wie kann ich mir das vorstellen: Alles steht in Verbindung zueinander?

Unser Universum hat einen Drehimpuls – das wissen wir inzwischen gesichert. Daraus kann geschlossen werden, dass es noch mindestens ein weiteres Universum gibt, folgt man den uns bekannten Naturgesetzen. Alles hat einen Gegenpol und steht im wechselseitigen Bezug zueinander. So entsteht Ausgleich. Alles im Kosmos ist beständig um einen solchen Austausch bemüht. Da draußen ist also mindestens noch ein weiteres Universum, vielleicht eines, dass eine gespiegelte Kopie des unsrigen ist: ein Spiegelbild oder ein Hologramm. Wer ist dann das Original und wer lediglich die Projektion? Nicht, dass das wichtig wäre, einen Unterschied macht es jedenfalls nicht. Wir sind, was wir sind, egal auf welcher Seite des Spiegels wir uns befinden. Beide Versionen wären jeweils ewige und beseelte Wesen und fest davon überzeugt, einen freien Willen zu haben – den beide aber nicht wirklich haben, zumindest nicht auf ihrer Bewusstseinsebene, aber das ist ein anderes Thema und kann in den Büchern *Die Entdeckung der jenseitigen Welten* sowie in *Realitäten* nachvollzogen werden – wenn Sie mögen.

Alle Galaxien innerhalb des sichtbaren Universums bewegen sich um oder auf einen Ort zu, der „The Great Attractor" genannt wird (dt.: Der große Attraktor, lat. ad trahere „zu sich hin ziehen"). Dort befindet sich eine gewaltige Anhäufung von Sternen, 10 Billionen an der Zahl, mit einem vermuteten gigantischen Schwarzen Loch im Zentrum. Dort lauert etwas, das die Wissenschaft eine Gravitationsanomalie nennt, wahrscheinlich ein Schwarzes Loch, das alle Rekorde bricht und sich jeder Beschreibung entzieht.

Und auch jeder direkten Beobachtung, denn diese Anomalie liegt aus unserer Sicht weit hinter unserer Milchstraße. Dazwischen gibt es ebenfalls eine Konzentration von Sternen, Gasen und Staub, sogenannte Nebula (Geburtsorte von Sternen), die uns die Sicht auf alles nehmen, was dahinter liegt.

*Ein Schwarzes Loch ist das Endprodukt eines supermassereichen Sterns. Ist so ein Stern (mit mindestens acht Sonnenmassen) am Ende seines Lebens angekommen, explodiert er in einer Super- oder Hypernova und stößt seine äußeren Schichten ab. Der Rest des Sterns kollabiert und wird auf winzigstem Raum zusammengepresst. Dort entsteht ein Schwarzes Loch, dessen Gravitation (Anziehung) so stark ist, dass weder Materie noch Licht entkommen können. Würde unsere Sonne zu einem Schwarzen Loch werden, hätte sie nur noch einen Durchmesser von drei Kilometern – allerdings ist ihr ein anderes Ende beschieden. Sie ist viel zu klein für eine Nova und wird daher zu einem ‚weißen Zwerg' (aber erst in vier Milliarden Jahren – Sie dürfen aufatmen). Schwarze Löcher nehmen im Laufe ihres Lebens immer mehr Materie und auch andere Schwarze Löcher auf, und werden somit immer größer und ‚mächtiger'.*

*Ihre Maßeinheit respektive Masse entspricht der Anzahl der jeweils theoretisch aufgenommenen Sonnen multipliziert mit der Masse unseres Sterns (unsere Sonne, na klar). Sagittarius-A, das angenommene Schwarze Loch im Zentrum unserer Milchstraße, hat die Größe von läppischen vier Millionen Sonnen. Dieses Schwarze Loch hat also bereits eine Masse erreicht, die vergleichbar ist mit der Masse von vier Millionen Sonnen, die in etwa der Größe der unsrigen entsprechen.*

Überhaupt, nur aufgrund der Beobachtung von anderen Galaxien und durch die Beobachtung von Gravitationseffekten konnten wir Rückschlüsse auf diese Anhäufung bekommen.

Dort muss etwas sein, das jedes bekannte Schwarze Loch in den Schatten stellt. Ein Objekt, das die Masse von Billionen Milliarden (kein Schreibfehler!) von Sonnen aufweist. Etwas, das vielleicht die Urzentralsonne darstellt, die Jakob Lorber bereits in der Mitte des 19. Jahrhundert als Ausgangspunkt und Zentrum Gottes beschrieb, von dem aus Er in alle Ewigkeit und unendlich ausstrahlt.

Unser Galaxienhaufen, die sogenannte ‚Lokale Gruppe', besteht aus 75 Galaxien und hat insgesamt einen Durchmesser von fünf bis acht Millionen Lichtjahren. Unsere Galaxie, die Milchstraße, besteht, wie die meisten der anderen Galaxien, aus etwa 100 Milliarden Sternen und hat eine Ausdehnung von nur 100 000 Lichtjahren. Andromeda, unsere Nachbargalaxie, ist etwa vier Millionen Lichtjahre entfernt und um einiges größer. Sie alle zusammen sind winzig im

Vergleich zum großen Attraktor mit seinem gewaltigen gravitativen Zentrum, das sich jeder Beschreibung entzieht und auf das auch wir uns zubewegen.

*Keine Angst, der Attraktor ist sehr (sehr!) weit von uns entfernt. Um das zu verdeutlichen: Ein Lichtjahr beschreibt eine Strecke, die das Licht in einem Jahr zurücklegt. Von der Sonne aus benötigt das Licht etwas mehr als acht Minuten zu uns. Weiter zum Pluto und dem Rand unseres planetaren Sonnensystems benötigt es zusätzliche 261 Minuten. Die nächsten Sterne relativ zu uns sind das Doppelsternsystem Alpha Centauri mit seinen Planeten. Das Licht dieser Sterne (Sonnen) benötigt vier Jahre, um uns zu erreichen. Alles ‚Peanuts' im Vergleich zu der Entfernung zum großen Attraktor, dessen Licht im Mittel etwa 200 Millionen Jahre zu uns unterwegs ist. Das Licht, das wir über die Gravitationseffekte von der Sternenansammlung um den großen Attraktor herum sehen, ist also zur Blütezeit der Dinosaurier zu unserem Planeten aufgebrochen. Das ist nicht nur lange her, sondern auch ganz schön weit weg.*

Diese mögliche Urzentralsonne könnte sehr gut der Ursprung sein, von wo aus sich das gesamte Universum spiralförmig in die Unendlichkeit entfaltet. Der Drehimpuls des Universums und die immer schneller werdende Ausdehnung legen das nahe.

Zusammengehalten, angetrieben und separiert von Dunkler Materie und Dunkler Energie, besteht all das, was wir da draußen sehen, zu lediglich fünf Prozent aus beobachtbarer Materie, wie wir sie kennen. Der Rest ist dunkel ... Mit anderen Worten, wir haben nicht die geringste Ahnung, woraus der große Rest des Universums, immerhin 95 Prozent, eigentlich besteht.

Schon beeindruckend.

Unser Sonnensystem kreist um den Mittelpunkt unserer Galaxie und es ist nicht nur die Gravitation alleine, die hier für Ordnung sorgt. Es muss noch eine weitere Kraft geben, die alles zusammenhält. Wäre dem nicht so, müssten die äußeren Sterne einer Galaxie, bedingt durch die Seitenführungskraft, herausgeschleudert werden – aber genau das tun sie eben nicht.

Das ist wie mit der rasanten Fahrt in einem Kettenkarussell. Je schneller Sie werden, desto stärker wird die Fliehkraft und irgendwann wird bei zunehmender Geschwindigkeit die Ankettung zu schwach: Sie fliegen raus. Auf eine Galaxie bezogen bedeutet das: Die Gravitation alleine ist viel zu schwach, um die äußeren Sterne in der Bahn zu halten.

Da sich alle Sterne mit gleicher Geschwindigkeit um das Zentrum herumbewegen, wird die Fliehkraft umso stärker, je weiter außen Sie sich befinden. Ein galaktisches Jahr dauert etwa 250 Millionen Jahre. Ob sie ganz nah dran sind oder ganz außen – völlig gleich. Das ist auch der Grund, warum uns der Sternenhimmel statisch erscheint und man in den Anfängen der Kosmologie von Fixsternen sprach – die Sterne sind konstant immer am selben Ort am Firmament.

Was mich zu unseren Planeten führt. Diese bewegen sich auffallend deutlich am Nachthimmel und sind eindeutig nicht statisch in Bezug auf unsere gemeinsame Sonne.

Sie werden einzig durch die Gravitation unseres Sterns in der Bahn gehalten. Je näher ein Planet der Sonne ist, desto schneller dreht er sich. Somit dauert ein Merkur-Jahr 88 Erdentage und ein Pluto-Jahr knapp 248 Erdenjahre (auch wenn der Pluto kein Planet mehr ist, in meinem Herzen bleibt er einer). Das muss so sein, da sie ansonsten entweder in die Sonne stürzen (zu langsam) oder rausgeschleudert würden (zu schnell).

Die zusammenhaltende Ordnung eines Sonnensystems unterscheidet sich also deutlich von der Ordnung innerhalb der nächsthöheren Stufe, einer Galaxie. Erklärungen dafür – Fehlanzeige: Dunkle Materie und Dunkle Energie.

Aber völlig unerheblich, ob wir die Ursachen kennen, feststeht, dass alles da draußen, bis hin zu unseren Monden, in eine kosmische Ordnung eingebettet ist, auch wenn wir diese noch nicht (vollständig) erklären können.

Diese Ordnung ist nicht nur im Makrokosmos deutlich zu erkennen. Sie durchdringt alles, vom größten Stern bis hin zum allerkleinsten Elementarteilchen.

Diese Verbundenheit zeigt sich auch in unserer Nahrungskette, die mit dem Licht der Sonne beginnt und uns über die Photosynthese der Pflanzen erreicht.

*

Sie als Mensch sind ein Kosmos für sich. Sie bestehen aus 10 hoch 26 Atomen, unzähligen Zellen (etwa zehn Billiarden), Milliarden von Bakterien und vielen weiteren Mikroorganismen und Kleinstlebewesen.

So wie das Universum in seiner Gesamtheit Bewusstsein ist und sich selbst ordnet und steuert, so sind auch Sie als Mensch die Summe all dessen, woraus Sie bestehen. Sie sind es auch, der all das steuert und ordnet - wenn auch unbewusst. Somit sind Sie die Gesamtmenge vieler kleiner Bewusstseinsanteile, Sie als Mensch sind dessen Kollektiv (siehe auch Fragestellung „Was ist das Biom?“).

Sie haben sicher schon einmal gehört, dass es Vermutungen gibt, dass Teile unseres Bewusstseins örtlich im Darm beheimatet sind (kein Witz), so wie es das Bauchgefühl, die Schmetterlinge im Bauch oder das gefühlte Unwohlsein nahelegen. Das ist gar nicht so abwegig.

Ohne unsere Mikroorganismen wären wir nicht überlebensfähig. Die meisten von ihnen leben in unserem Darm, in völliger Symbiose mit unserem Körper. Übertriebene Reinheit und falsche sowie einseitige Ernährung können wichtige Stämme dieser Bakterienkulturen abtöten. Unsere Abwehr wird geschwächt und wichtige biologische Funktionen werden gehindert, so zu funktionieren, wie es die Ordnung vorsieht.

Auch wissen wir inzwischen, und hier schließt sich der Kreis, dass ein aus dem Gleichgewicht geratener Darm die Ursache für schwere Depressionen sein kann, es also eine direkte Beziehung zwischen unseren Darmkulturen und dem Zustand unseres Bewusstseins gibt.

Das ist zudem gut nachvollziehbar, entfernen Sie mit dem Töten bestimmter Bakterienkulturen doch auch bestimmte Bewusstseinsanteile von sich. Ein Grund, warum man sehr gründlich zusammen mit dem behandelnden Arzt abwägen sollte, ein Antibiotikum zu nehmen oder eben nicht. Manchmal ist es eine unnötige und übertriebene Maßnahme, häufig aber auch ein lebensrettendes Mittel.

Denken Sie bei Ihrer Ernährung daran, dass Ihre Bakterien abwechslungsreich und möglichst giftfrei (Alkohol, Tabak, etc.) versorgt werden wollen. Eine verlorene Kultur eines Bakteriums lässt sich nur sehr schwer wieder ansiedeln – über den Magen geht es jedenfalls nicht.

> *‚Ein gesunder Geist lebt in einem gesunden Körper'- auch wenn die Redewendung ursprünglich gänzlich anders gemeint war, trifft es diese Interpretation doch ziemlich genau.*
>
> *Die Redewendung ist ein verkürztes Zitat aus den Satiren des römischen Dichters Juvenal. Wörtlich heißt es in Satire 10, 356: „Beten sollte man darum, dass ein gesunder Geist in einem gesunden Körper sei."*

Ein weiterer Aspekt ist die Informationsübertragung von einer Zelle, die stirbt, zu einer Zelle der nächsten Generation. Keine Zelle in Ihnen wird älter als zehn Jahre, dann wird diese ausgetauscht. Der Mensch, der Sie vor zehn Jahren waren, existiert also nicht mehr. Die neue Zelle übernimmt jede Information von der verstorbenen Zelle; auch die bereits entstandenen Schäden sowie Alterungsprozesse werden exakt übernommen.

Dieser Prozess ist, genauso wie die ablaufenden Heilungsprozesse im Körper, ein Vorgang, der sich zwar in oder an einer Zelle beobachten, aber nicht auslesen lässt. Sie sind es, Ihr Selbst, das für Ihren Körper alles leistet. Sie nehmen die Information der alten sterbenden Zelle auf (Information vergeht nicht – nur die Materie) und übertragen diese auf die neue Zelle. Natürlich sagen Sie der Zelle auch exakt, wo und wie sie zu wachen hat - wenn auch unbewusst. Genauso funktioniert der Betrieb Ihres Körpers, der Stoffwechsel, die Funktion Ihrer Organe und so weiter. Nirgends können Sie eine Anleitung oder ein Betriebssystem finden, nicht im Gehirn, noch sonst wo. Alles funktioniert jedoch nach festen Regeln und Gesetzen, die Sie aus der Ordnung für Ihren Körper bereitstellen und umsetzen.

> *Die Medizin hat diese Regeln und Gesetze übrigens nicht erfunden, sie beschreibt sie lediglich.*

Ein Heilungsprozess läuft auch auf diesem Wege ab, weshalb ich immer dazu rate, neben der Schulmedizin (diese ist wichtig), unterstützende Maßnahmen wahrzunehmen und einzuleiten. Maßnahmen, die Sie positiv ausrichten.

Letzten Endes sind *Sie* es, der den eigenen Körper heilt. Ihre Zellen alleine leisten das jedenfalls nicht (die haben zumindest kein Medizinstudium absolviert).

Die Medizin ist grundsätzlich als unterstützende Maßnahme zu verstehen, die über die Jahrtausende durch Beobachtung, Versuch und Fehler ihre Wege gefunden hat, die Heilung in uns anzustoßen und zu unterstützen. Wenn Sie das nächste Mal erkranken, denken Sie an diesen Funktionsmechanismus und auch daran, dass der Weg der Mitte immer der weisere ist.

Vielleicht noch etwas zu einem Nebenzweig der Medizin, der von der materialistischen Medizin weitestgehend abgelehnt wird (man sieht ja nichts ...).

Die Homöopathie.

Selbst, wenn deren Wirkstoffe sich auf molekularer Ebene nicht nachweisen lassen, so funktionieren sie dennoch, da es auch hier um Informationen geht, die zwar bis zur Unkenntlichkeit verdünnt, aber dennoch über das Phänomen der Verschränkung vorhanden sind und auf diese Weise wirken können (siehe auch Fragestellung „Ist alles mit allem verbunden und wie ist das zu verstehen?“). Nur weil ich etwas nicht sehe, heißt das noch lange nicht, dass es nichts bewerkstelligen kann. Es funktioniert genauso gut oder genauso schlecht wie normale unterstützende Medikamente auch. Im Übrigen gilt: Wer heilt, hat recht. Insgesamt also eine weitere gute Möglichkeit, sich zu behandeln, allerdings auch nur eine *unterstützende* Maßnahme.

Ich empfehle, immer das Beste aus allen Welten zu nehmen. Wer *ausgrenzt,* liegt immer falsch, das gilt ganz besonders für diejenigen, die die Schulmedizin ausgrenzen. Das ist mindestens genauso verkehrt, als wenn man sich nur auf diese verlassen oder unsere Fähigkeit zur Selbstheilung gänzlich ignorieren würde.

*

Ausnahmslos alles ist über eine allgegenwärtige Ordnung miteinander verwoben und verbunden, vom kleinsten Atom in uns bis hin zum Dreh-und Angelpunkt unseres Universums, der Urzentralsonne oder dem großen Attraktor.

Eine Ordnung, die alles verbindet, aber nicht greifbar ist. Ein Wille, der die Naturgesetze und Abläufe bis ins kleinste Detail regelt und organisiert. Etwas, das die Wissenschaft in Ermanglung einer Erklärung lediglich ‚Selbstregulierung' nennt.

Viel zu kurz gegriffen - aber auch verständlich, ist doch die Sicht der Wissenschaft begrenzt. Sie endet für sie immer an der imaginären Innenseite des ‚Ballons' und erlaubt es ihr nicht, darüber hinauszusehen.

Wir, die wir unbegrenzt sind, können das schon.

Alles eine Frage des Standpunktes.

## Warum fasten wir und was hat das mit unseren Sinnen zu tun?

Nun, zum einen, um eine gute Figur zu bekommen. :-)

Zum anderen gibt es da weitaus bedeutungsvollere Gründe. Gründe, warum nahezu alle Religionen und Glaubensgemeinschaften ihren Anhängern nahelegen, regelmäßig zu fasten.

Grund Nummer eins: um zu lernen, die eigenen Begierden zu kontrollieren.

Denn das Letzte, das Sie wollen, ist mit einer wie auch immer gearteten Sucht die Seiten zu wechseln. Das Selbst wird immer den Begierden des Egos folgen und sich damit in Bereiche bringen, die eher unschön sein könnten – je nach ausgeprägter Sucht oder Gier.

Denn zunächst als erdgebundene Seele zu enden, ist sicher auch kein erstrebenswertes Ziel. Selbstdisziplin ist also ein wichtiges Thema.

Bitte missverstehen Sie mich nicht. Das ist keine Verurteilung. Die Seele begibt sich ganz von alleine an den ‚Ort', der ihrem Verlangen entspricht. Sie kann gar nicht anders - und das muss auch nicht zwingend etwas Negatives sein. Das Verlangen, einem anderen Menschen zu helfen und zu stützen, wird sie in sehr angenehme Umgebungen bringen, die wir auch das Paradies oder die Himmel nennen. Die Gier nach Befriedigung der sexuellen Triebe, die Lust an der Qual anderer oder die Gier nach Suchtmitteln hingegen wird sie in gänzlich andere Gebiete führen.

Der Mensch als Krone der Schöpfung ist das letzte Glied in der materiellen Entwicklung einer Seele. Hier muss er (oder sie) lernen, seine Begierden zu kontrollieren und sich so zu fokussieren und zu konzentrieren, dass er seine Umgebung bewusst gestalten und aufrechterhalten kann.

Das unterscheidet die ‚Krone' von einem Tier.

Wer hin und wieder bewusst auf etwas verzichtet oder etwas weggibt, was er gerne behalten oder zu sich nehmen möchte, schult sich darin.

Grund Nummer zwei des Fastens ist das Erleben spiritueller Erfahrungen.

Je mehr wir durch unsere Sinne mit unserer Erfahrungsrealität interagieren, desto mehr werden wir auch von ihr eingenommen und eingespannt (siehe auch Fragestellung „Warum finden wir Filme so spannend?").

Menschen mit Einschränkungen, etwas, das wir Behinderungen nennen, haben eine wesentlich bessere Anbindung an die energetischen Welten als Menschen, die mit allen Sinnen fest in der Realität verankert sind. Sie sind kreativer, lernen leichter und sind einfühlsamer - und das in dem Maße verstärkt, in dem sie bezüglich ihrer anderen Sinne eingeschränkt sind.

Das bezieht sich nicht nur auf unsere Sinne wie das Sehen, Hören, Fühlen oder beispielsweise das Riechen, auch unsere Gedankenwelt ist ein Sinn, eine Art Antenne, wenn Sie so wollen, genauso wie das Schmecken. Nicht umsonst sagen wir: „Es ist mir in den Sinn gekommen."

Längst nicht alle unsere Gedanken sind von uns selbst generiert. Wir nehmen diese aus unserer Umgebung auf oder empfangen Sie von unserem Selbst oder von anderen Wesen aus den energetischen Welten. Auch das kennen Sie: Mitten in einer Diskussion spricht ein anderer aus, was Sie gerade sagen wollten.

Ein anderes Beispiel habe ich Ihnen bereits in *Berührungspunkte* geschildert. Eine Erfahrung, die ich selbst erfahren habe und bei der ich jemanden in meiner unmittelbaren Umgebung beeinflusste:

PARMESAN

„Meine Frau drückt mir eine Einkaufsliste in die Hand und schickt mich in den Supermarkt.

Dort angekommen, fange ich an, die Liste abzuarbeiten. Irgendwann bin ich dann bei 100 Gramm Parmesan angekommen, also ab zur Käsetheke.

Dort warten bereits zwei Damen.

Die erste Dame bestellt ... eine Minute, drei, nach fünf Minuten gibt sie die letzte Bestellung auf.

Irgendetwas in mir wird unruhig und fängt an zu brodeln.

‚Ganz ruhig, Brauner', denke ich so bei mir, ‚du kommst dran, wenn du drankommst, mach, was du immer tust - sei achtsam! Du kommst noch schnell genug an deine 100 Gramm Parmesan.'

Okay - achtsam sein! Alles gut. Kriege ich hin.

Die Verkäuferin fragt: „Wer ist der Nächste?"

„Das bin dann wohl ich", sagte die Dame vor mir, „ich hätte dann gerne 100 Gramm Parmesan."

„Den Parmesan am Stück oder geraspelt?"

Die Dame vor mir, verwirrt, schüttelt den Kopf: „Parmesan?! Ich will keinen Parmesan, Gouda, 500 Gramm, bitte."

Martin Heyden, 12.08.2016

Zu guter Letzt, und jetzt knüpfe ich an eine vorangegangene Fragestellung an, ist da noch unser Darm mit seinen vielen Milliarden Mikroorganismen.

Je beschäftigter Ihr Verdauungssystem und die vielen kleinen Bewusstseinseinheiten in ihm sind, desto träger und verschlossener sind Sie auch als Kollektiv Mensch. Ich habe es mir zur Angewohnheit gemacht, morgens nur eine Tasse Kaffee ohne Zucker zu trinken und dann Leserbriefe zu beantworten oder an meinen Büchern zu arbeiten. Das mache ich dann etwa vier bis fünf Stunden lang, bis mein Körper mir zu verstehen gibt, dass es nun an der Zeit wäre, etwas zu essen.

Zu fasten öffnet unsere Anbindung an das Feld, führt uns zu spirituellen Einsichten und erlaubt uns Visionen oder ermöglicht und vereinfacht außerkörperliche Erfahrungen und luzide Träume. Das Fasten entfernt nach und nach den Schleier, der über unserer Wirklichkeit liegt, und offenbart ihren wahren Charakter.

Auch Jesus ging 40 Tage in die Wüste, er fastete und suchte die Einsamkeit. Er tat dies, um Visionen und einen Zugang zu den energetischen Welten zu erlangen.

Im Schamanismus werden Reisen in die Anderswelt (Fußnote) dadurch erreicht, dass die Sinne massiv eingeschränkt werden. Drei Tage in einem Erdloch, nur mit Wasser, bei vorheriger Darmentleerung, in meditativer Geisteshaltung ('geistige Stille') erreichen das - auch ohne die Einnahme von bewusstseinserweiternden Drogen. Das ist eine von vielen weiteren Praktiken, die aber hier nicht Thema sind.

Dieses ‚Abschalten' der Sinne ist vergleichbar mit dem stufenweisen Abschalten des Egos und der Sinne im Sterbeprozess – auch dort lüftet sich zum Lebensende hin ganz automatisch der Schleier.

Fußnote: Die Anderswelt ist eine Bezeichnung aus dem Schamanismus, sie hat viele weitere Namen, auch Geisterwelt, Zwischenwelt, Fegefeuer, usw. Siehe auch Buch *Auf der Suche nach der Ewigkeit: Die Entdeckung der jenseitigen Welten*, Kapitel „Die energetischen Welten".

Gelegentliches Fasten ist somit nicht nur gut für Ihre Figur, sondern auch für eine gesunde Geisteshaltung und um tiefgehende Einsichten und Erkenntnisse zu erlangen - und damit meine ich nicht: Ich habe Hunger.

## Was passiert bei einer Organ- oder Blutspende?

Sehr kontroverses Thema.

Befürworter und Gegner halten sich in etwa die Waage und jedes Lager hat durchaus rationale oder zumindest gut nachvollziehbare Argumente.

Sie werden von mir keine Empfehlung bekommen, sondern lediglich meine Sicht auf die Organspende und wie ich es für mich persönlich halte. Ich lehne sie weder rundherum ab, noch bejuble ich sie als segensreiche Erfindung der Medizin. Auch hier versuche ich möglichst in der Mitte zu stehen, um Ihnen so einen Ausblick auf beide Argumentationen und deren Hintergründe geben zu können. Meine Position ist allerdings völlig unabhängig davon, wie ich es für mich persönlich entschieden habe.

Ich lehne eine Organannahme ab, konsequenterweise stehe ich auch nicht als Spender zur Verfügung. Beides sind sehr bewusste Entscheidungen, die ich für *mich* getroffen habe. *Sie* können für sich zu einem gänzlich anderen Ergebnis kommen. Das ist vollkommen in Ordnung, nachvollziehbar und sollte von jedem Menschen respektiert werden, auch wenn er oder sie zu einem anderen Ergebnis gekommen ist.

Ich verurteile nicht, weder einen Befürworter noch einen Menschen, der rigoros eine Organspende ablehnt.

Aber der Reihe nach.

*

Grundsätzlich ist eine solche Spende oder die Annahme eben dieser eine sehr persönliche Entscheidung. Ob sie, wie gerne behauptet wird, tatsächlich Leben retten kann? Kurzzeitig gesehen sicher, das liegt jedoch weitestgehend am jeweiligen Standpunkt eines Beobachters.

Wie ich es bereits in meinem ersten Buch aufgeführt habe, ist eine Organübertragung in der natürlichen (göttlichen) Ordnung nicht vorgesehen.

Was bedeutet das?

Wir sind nicht kompatibel miteinander und Organe sind nicht beliebig austauschbar – Blut ebenfalls nicht. Menschen, die eine Organspende erhalten haben, müssen zeitlebens starke Medikamente nehmen, die den Abstoßungsprozess des eigenen Körpers gegenüber dem fremden Organ unterdrücken. Oft sind diese Spenden auch nur zeitlich begrenzt. Zudem ist das Sterben eines Menschen Teil der Ordnung, so ist es vorgesehen und auch richtig. Niemand sollte seine Kinder überleben. Oder andersherum gedacht, stellen Sie sich einmal vor, wir alle würden von jetzt auf gleich ewig in der Materie leben, weil sich unsere Organe ständig automatisch erneuern: Es gäbe keinerlei Entwicklung mehr – nur noch Angst um das ‚zufällige' Ende der eigenen Existenz. Endlose Monotonie wäre die Folge. Denn, oh Wunder, plötzlich wird das eigene Leben, weil sehr lang, als überaus wertvoll betrachtet. Dass auch das persönliche Zeitempfinden in solch einem Fall nicht mitspielt, konnten Sie bereits an anderer Stelle lesen (Siehe Fragestellung „Wird der Mensch es jemals schaffen, seinen Körper unsterblich zu machen?").

*

Das Leben, das Sie leben, wird enden. Damit verrate ich Ihnen sicher nichts Neues, ich möchte es Ihnen lediglich nur noch einmal ins Bewusstsein rufen. Es kommt erst einmal nicht so sehr darauf an, wie lange Sie leben, sondern vielmehr, wie erfüllt und zufrieden Ihr Leben ist beziehungsweise war. Ein Mensch kann mit vierzig Jahren ein durchaus erfüllteres Leben gelebt haben als so mancher Achtzigjährige.

Wenn es soweit ist, dann ist es soweit und das Einzige, was dann zählt, ist nicht, ob ich mein Leben irgendwie um einige Wochen, Monate oder vielleicht um ein paar Jahre verlängern kann, sondern ob ich bereit bin.

Ein Mensch, der das nicht ist, wird sich auch mit 200 Jahren in den vermeintlichen

Tod hinein quälen. Qualitativ wird es für diesen Menschen keinen Unterschied machen, ob er zu diesem Zeitpunkt oder 160 Jahre zuvor geht.

Menschen sterben täglich und sie tun das überall auf der Welt. Keiner, der vor 125 Jahren in der Schöpfung unterwegs war, lebt heute noch, ob Kaiser oder Bettler, alle haben sie das Zeitliche gesegnet. Ein Umstand, den man Vergänglichkeit nennt und der auch uns ereilen wird - ausnahmslos.

Die Organspende ist Ausdruck des Materialismus und dessen Angst vor Auslöschung des Geistes durch den Tod. Das, was Materialisten zeitlebens leugnen, wird, wenn sich ihr Leben dem Ende nähert, zu ihrem größten Problem: ihr Glaube, dass unser Bewusstsein mit unserem Körper ausgelöscht wird. Deshalb versuchen sie diesen so weit wie möglich von sich wegzuschieben.

*

Vielleicht war das ein wenig überspitzt ausgedrückt, dennoch trifft es zumindest die rationale Ursache für Organspenden ziemlich genau: die maximal mögliche Verlängerung des biologischen Lebens. Mir ist dabei durchaus klar und bewusst, dass das Leben komplex ist und es neben Schwarz und Weiß noch sehr viele Graustufen gibt.

Wenn das Leben eines geliebten Menschen, vielleicht sogar das des eigenen Kindes, erhalten werden kann, so ist die Annahme eines Spendeorgans sicherlich eine gute Sache - zumindest ist es für mich gut nachvollziehbar - und überhaupt: *Wer stirbt schon gerne oder möchte mit ansehen, wie sein eigenes Kind sein Leben verliert?*

Auch ich bin Mensch und möchte das sicher nicht. Ebenso möchte mein Ego so lange wie möglich *hier* und in der materiellen Existenz bleiben.

Das Blutspende-Verfahren ist ebenfalls alternativlos. Millionen Menschen wären ohne eine entsprechende Spende sicher nicht mehr unter uns.

Und wie bereits gesagt: Ich möchte niemanden dafür verurteilen, dass er gespendet oder ein Organ angenommen hat.

Letztlich ist die freiwillige Gabe zu Lebzeiten, zum Beispiel eine Niere oder Blut, die im Einzelfall und gezielt bedingungslos sowie aus der Nächstenliebe heraus geschieht, eine altruistische Tat, die mit sehr viel Positivität einhergeht - also durchaus etwas, das uns weiter bringen kann.

Soviel zu den nachvollziehbaren und positiven Argumenten, die für eine Spende stehen und sich auch mir erschließen.

Schauen wir uns jetzt einmal die Kehrseite der Medaille an, denn es gibt da einiges zu bedenken.

Das, was Sie gleich lesen werden, zeigt Ihnen Gegebenheiten, die nun einmal so sind, wie sie sind – Umstände, die wir nur zu gerne ausblenden, da sie eher unschön sind.

*

Ein, wenn nicht *der* Aspekt der Organspende ist die Entnahme. Es ist zwingend für diesen Prozess, dass der Körper noch lebt und das Herz weiter schlägt, wenn die Organe der Reihe nach entnommen werden. Das muss so sein, da diese ansonsten mit Eintritt des Sterbeprozesses, der Minuten nach dem letzten Herzschlag beginnt, unbrauchbar würden.

*Wären* wir nur unser Gehirn, wäre ja alles in bester Ordnung: Das Bewusstsein wäre dann nicht mehr präsent und mit dem Hirntod quasi ausgelöscht.

Dem ist aber nicht so. Dies ist lediglich eine weitere Annahme der Wissenschaft, die eben nicht beweisen kann, dass wir unser Gehirn sind. Der Beweis konnte nicht erbracht werden und wird es auch nie: dass unser Gehirn tatsächlich und zweifelsfrei die kausale Ursache für unser Bewusstsein ist und der Speicherort all dessen, was uns ausmacht und was wir im Laufe unseres Lebens erfahren und gelernt haben.

Wie Sie bereits lesen konnten, hat die Wissenschaft immer wieder versucht, genau diesen Beweis zu erbringen und ist ein jedes Mal grandios gescheitert. Ganz im Gegenteil, man beginnt einzuräumen, dass da doch noch etwas ist, das wir nicht wirklich verstehen und begreifen können.

> *Das ist die wichtigste Fragestellung überhaupt. Denn wenn das Gehirn nicht die Ursache für unser Bewusstsein ist, dann existieren wir als Seele auf einer höheren Ebene, dann ist alles das, was Sie bislang über die Spiritualität gelesen und gehört haben, höchstwahrscheinlich zutreffend. Ein wenig Seele, ein bisschen oder etwas Seele, gibt es nicht. Das ist eine klare ‚Ja – Nein-Fragestellung'. Meine Antwort diesbezüglich kennen Sie ja bereits. Am Ende dieses Buches werde ich Ihnen noch einmal zusammenfassend die wesentlichsten Argumente aufführen, die für eine ewige Existenz sprechen und diese den vorhandenen Gegenargumenten gegenüberstellen.*

Passt aber insgesamt als Annahme ganz gut ins Konzept und das Argument, da sei ja nichts mehr zu beobachten, scheint den meisten dann auch zu reichen. Ist ja letztlich für einen guten Zweck (zumindest das ist unstrittig).

Für die Organspende bedeutet das: Die Seele wohnt ihrer eigenen Ausschlachtung bei. Hier wird die Industrialisierung und Kapitalisierung des Organspende-Verfahrens besonders deutlich – der Mensch als Warenkorb.

Um dieses Verfahren hat sich im Laufe der Zeit eine global vernetzte Industrie gebildet, in der es nicht primär um Menschenleben geht, sondern um sehr viel Geld.

Neben der Entnahme gibt es aber noch einen weiteren, nicht unwesentlichen Aspekt, der bei einer Organspende zum Tragen kommt: die Verschränkung. Sie hat langfristige Konsequenzen.

*

Seele und Körper gehen eine zeitlich befristete Verbindung ein - und mit Körper meine ich in diesem Fall nicht nur unser Gehirn als Schnittstelle, sondern tatsächlich unseren ganzen Körper. Jede einzelne Zelle (siehe auch Fragestellung „Ist alles tatsächlich mit allem verbunden?").

Wir sind die Summe unseres Körpers, steuern und organisieren diesen unbewusst. Wir sind jede einzelne Zelle, zeitlebens, aber auch noch kurze Zeit danach, bis alle Zellen tatsächlich abgestorben sind. Eine Verbindung besteht also über den medizinisch festgestellten klinischen Tod hinaus und zwar so lange, wie der Körper oder das entnommene Organ am Leben gehalten wird. Das hat für den Spender, aber auch für den Empfänger Konsequenzen.

> *Der Ablöseprozess der Seele erfolgt langsam und beginnt mit dem letzten Herzschlag. Solange die Zellen noch nicht vollständig abgestorben sind, gibt es auch noch eine Anbindung an den sterbenden Körper. Diese Ablösung kann auch plötzlich erfolgen, zum Beispiel durch die abrupte und vollständige Zerstörung des Körpers. Denkbar zum Beispiel in einer kriegerischen Auseinandersetzung oder bei einer wie auch immer lokal ausgelösten Freiwerdung von sehr viel Energie in sehr kurzer Zeit –zum Beispiel bei dem Einsatz von nuklearen Waffen. Aus einer solchen Konstellation lässt sich auch die Frage der Art der Beisetzung ableiten: Einäscherung oder Sarg? Ob das eine oder das andere von Vor- oder Nachteil ist, kann ich nicht beantworten, es liegen mir keine Erkenntnisse vor, die entweder für das eine oder für das andere sprechen. Und da der Sterbeprozess sich eher in Minuten, vielleicht Stunden, als in Tagen bemisst, ist auch beides in Ordnung für mich.*

Ich glaube, dass wir solange an Teile von uns gebunden bleiben, bis die letzte Zelle von uns gestorben ist, *wo* auch immer diese sich befinden mag. Auf diese Weise gehen mit dem Organ Bewusstseinsanteile von uns über an den Empfänger. Nicht selten wird berichtet, dass der Mensch, der die Spende empfangen hat, sich danach verändert. Plötzlich entstehen neue Interessen und Abneigungen, oder es wird sich an Dinge erinnert, die der Empfänger nie selbst erlebt hat.

Bei Bluttransfusionen ist das nicht anders, auch hier gilt die Verschränkung – und sie konnte sogar nachgewiesen werden.

*

Dr. Klaus Volkamer ist ein deutscher promovierter Chemiker. In Testreihen mit Blut fand er heraus, dass sich das Blut einer Person bei einer herbeigeführten räumlichen Trennung ähnlich verhält, wie Teilchen es über das Phänomen der Verschränkung in der Quantenmechanik tun (siehe auch Fragestellung „Ist alles mit allem verbunden und wie ist das zu verstehen?"). Etwas, das Einstein als *spukhafte* Fernwirkung beschrieb.

Das Blut einer Person, aufgeteilt in zwei Proben (jeweils ein Tropfen in einer winzigen Glasschale), wurde über mehrere Tage unter Licht und Luft so lange gelagert, bis das Blut komplett ausgetrocknet und sämtliche biologische Prozesse zum Erliegen kamen.

Anschließend wurden beide Proben über viele Kilometer voneinander getrennt an zwei verschiedenen Orten in einer sterilen und geschlossenen Umgebung unter Luftabschluss aufbewahrt. Um eine Vergleichsmessung durchführen zu können, wurden die Proben täglich computerunterstützt mit einer geeichten Präzisionswaage gewogen. Das Gewicht blieb bei beiden Proben konstant.

So definierte man an Ort A das gleiche konstante *Nullgewicht* wie an Ort B.

Nun gab man an Ort A drei Tropfen Nährlösung dem Blut hinzu, um es biologisch zu reaktivieren. So kamen an Ort A weitere 0,15 Gramm an Gewicht durch die Nährlösung hinzu. Die Probe wurde wieder von der Umwelt isoliert und das Nullgewicht dieser Probe (A) neu festgelegt.

Jetzt wurde es interessant. Nach einem Tag begann das Gewicht der Probe A im 1/1.000stel Milligramm-Bereich zu steigen – und das kontinuierlich, Tag für Tag.

Folgt man den Regeln der Physik, hätte das aber gar nicht geschehen dürfen, denn in einem geschlossenen System kann weder etwas hinzukommen, noch etwas entweichen. Und dennoch ...

Es stieg. Das ist ein deutliches Zeichen dafür, dass etwas, das biologisch tot war, erneut zum Leben gebracht werden konnte – denn hier fand Wachstum statt.

Vielleicht denken Sie bis hierhin noch, es könnte sich um eine Kontamination, eine Verunreinigung, handeln. Mitnichten ...

Richtig spektakulär wurde es, als man zum selben Zeitpunkt auch an Ort B die exakt gleiche Gewichtszunahme feststellte, auch hier stieg simultan zur Probe A das Gewicht täglich im 1/1.000stel Milligramm-Bereich. Dort wurde aber überhaupt nichts hinzugefügt. Die Probe wurde weder berührt noch geöffnet, noch nicht einmal angesehen.

Damit aber noch nicht genug. Als an Ort A der mit eingeschlossene Sauerstoff verbraucht war, ‚starb' die Probe wieder und das Gewicht reduzierte sich zu dem am Anfang gemessenen *Nullgewicht* – dasselbe passierte simultan mit der Probe an Ort B.

Die Schul-Physik und die Biologie können das nicht erklären.

Wie in der Verschränkung der Quantenmechanik erfolgte hier simultan (ein besserer Begriff als *zeitgleich*) ein Informationsaustausch zwischen dem Blut einer Person, das, vom Körper getrennt, an zwei verschiedenen Orten aufbewahrt wurde.

Dadurch drängt sich folgende Frage in Bezug auf die Organ- und Blutspende förmlich auf: Welche Informationen überträgt Spenderblut an einen Menschen, der es empfangen hat, und umgekehrt, welche Auswirkungen hat dies wiederum auf den Spender des Blutes? Und wenn Blut sich so verhält, dann wird es bei unseren Organen doch ganz ähnlich sein?

Denn offensichtlich ist eine untrennbare und zudem permanente Verbindung gegeben.

Insgesamt betrachtet ist das Experiment von Dr. Volkamer ein Hinweis, der wieder in Richtung Programmierung weist, die sich unabhängig von Raum und Zeit auf einer höheren transzendenten Ebene abspielt. Bei dem Versuch war ein Zugewinn an Masse (=Energie) zu beobachten. Dies ist auch gleichzeitig ein Zuwachs an Information.

Die Beobachtung der Zunahme an Masse in einem geschlossenen Raum ist ein Novum, da gemäß den Gesetzen der Thermodynamik genau so etwas eigentlich ausgeschlossen ist. Wie ich Ihnen bereits zuvor am Beispiel unseres Universums erklärt habe (ebenfalls ein angenommener geschlossener Raum – siehe auch Fragestellung „Wie entstehen neue Seelen?"), vergrößert sich der Kosmos zwar beständig, aber die Forschung weiß nicht, woher der neu entstandene Raum eigentlich kommt, auch wurde noch kein Zugewinn an Energie beobachtet. Die vorhandene Energie scheint immer gleich zu bleiben – daher ja auch die Abkühlung des Weltraums (Verdünnung der Energie).

Nun, beim Experiment von Dr. Volkamer kam etwas hinzu und das *spukhafterweise* an zwei Orten gleichzeitig. Zumindest theoretisch könnte man hier ableiten, dass es sich bei der Ausdehnung des Universums und beim Entstehen von neuem biologischem Leben ganz ähnlich verhält - in diese Richtung gehen auch die Forschungen von Dr. Volkamer. Es ist die transzendente Ebene (etwas, das ich auch ‚das Feld' nenne), die der Materie Leben einhaucht und ihr Struktur, Form und Masse verleiht. Das eine folgt zwangsläufig dem anderen. Seine Forschungen stehen sicher noch am Anfang, aber man darf gespannt sein, in welche Richtung sich das Ganze weiterentwickelt.

Fußnote: Auf der Webseite von Herrn Dr. Volkamer finden Sie mehr über seine Studien und Thesen: https://klaus-volkamer.de

*

Programmiertechnisch könnte man Blut auch als Informationsspeicher beschreiben, der Daten gleichzeitig aufnimmt, weiterleitet und umsetzt. Eine Blutgruppe fällt dabei mit ihren Eigenschaften besonders auf.

## Exkurs Blutgruppe 0 negativ.

Zu dieser Blutgruppe möchte ich Ihnen mehr erzählen.

Ohne zu tief in die Biologie einzutauchen (schwer genug), unterscheiden wir verschiedene Blutgruppen: A, B, AB und 0 – wie allgemein bekannt.

Dazu kommt noch der definierende Rhesusfaktor (Rh). Dieser zeigt an, ähnlich wie bei der Blutgruppe 0, ob ein bestimmtes zusätzliches ‚Antigen' vorhanden ist oder nicht (negativ).

Der Name rührt übrigens vom Rhesusaffen her – herausgefunden wurde dieser Faktor durch Versuche mit eben dieser Art.

Die Blutgruppe 0 Rh-negativ hat keinerlei Antigene oder auch Proteine, die man beispielsweise auch bei einem Affen finden könnte.

Die Blutgruppe und der Rhesusfaktor werden immer dann interessant, wenn wir eine Blutspende benötigen oder während einer Schwangerschaft.

Bei einer Blutübertragung müssen die Blutgruppe und auch der Rhesusfaktor des Spenders mit der Blutgruppe und dem Rhesusfaktor des Empfängers übereinstimmen. Ist dies nicht der Fall, verklumpt das Blut und wird dadurch zerstört.

0 negativ stellt hier eine Besonderheit dar: Ein Mensch, der diese Blutgruppe besitzt, kann sein Blut jedem anderen Menschen spenden. Er selbst kann aber nur 0 negativ aufnehmen.

Alles andere würde ihn töten.

Bei einer Schwangerschaft stellt die Blutgruppe ein Risiko dar, wenn die Mutter Rh-negativ ist und ein Rh-positives Kind trägt. Angenommen, dies ist die erste Schwangerschaft der Mutter, so gelangt bei der Geburt eine größere Menge Rh-positives Blut des Kindes in den Rh-negativen Blutkreislauf der Mutter.

Daraufhin werden im Blut der Mutter Antikörper gebildet, die das Blut des Kindes zerstören. Für das erste Kind ist dieser Prozess ungefährlich, für alle folgenden Rh-positiven Kinder besteht allerdings ein Risiko (das Einnehmen eines Immunoglobulin während einer Schwangerschaft verhindert das).

Ein Umstand (der Abstoßungsprozess gegenüber dem eigenen Kind im Mutterleib), den es so nur beim Menschen gibt, ganz so, als wolle die Natur sicherstellen, dass es bei der Weitergabe einer bestimmten Linie der Krone der Schöpfung nicht zu einer Verwässerung oder Verfälschung kommt.

Denn die Blutgruppe 0 und der Rhesusfaktor negativ setzen zwingend (im Rahmen der Vererbungslehre) voraus, dass beide Elternteile eines 0 negativen Menschen keinerlei Antigene an ihr Kind ‚vererbt' haben. Beide müssen also die Blutgruppe 0 und den Rhesusfaktor negativ weitergegeben haben, da die Blutgruppe 0 und der Rhesusfaktor negativ gegenüber ihren Konkurrenten rezessiv (zurücktretend) sind.

Das heißt nichts anderes, als dass diese Blutgruppe eine Art Blutlinie ist, die, würde ein jeder sie zurückverfolgen, bei einem ersten Menschen ihr Ende oder besser gesagt ihren Anfang finden würde.

0 negativ ist ein Merkmal, ein genetischer Fingerabdruck, der seit jeher unverfälscht geblieben ist - und es bleiben wird. Wäre es ein Barcode, man würde exakt dieselben Informationen auslesen können wie bei dem ‚Ersten'.

Die Herkunft könnte eindeutig belegt werden.

Aber *warum*?

Tja, das ist die große Frage.

Hier sind ein paar weitere Fakten, die zu diesem Thema in der spirituellen Szene zirkulieren. Ich spreche diese nur oberflächlich an.

- Lediglich 4% der Weltbevölkerung sind 0 negativ (die seltenste Blutgruppe ist AB negativ – 1%).

- Eine massive Anhäufung (0 negativ) findet sich im französischen Teil des Baskenlandes und zwar in den Gebieten, die direkt am Atlantik liegen.

- 90% der amerikanischen Ureinwohner haben die Blutgruppe 0. Diese Blutgruppe findet sich auch vermehrt im Nahen Osten sowie in Frankreich und Spanien.

- Die Wissenschaft hat bis heute keine plausible Erklärung (Ursache) für die Blutgruppe (0) Rhesusfaktor negativ und kann sie nicht mit der Abstammungslehre nach Darwin in Übereinstimmung bringen. Sie kann diesen

Typ nicht nachvollziehen (wie verbindet man etwas, das nichts hat, woran man anknüpfen kann?). Die Wissenschaft erklärt dies mit einer Mutation. Nun, das hört sich an wie eine ‚Singularität', auch ein Konzept, das nichts anderes bedeutet als: ‚Wir haben nicht die leiseste Ahnung, was das ist ...'.

- 0 negative Menschen können ausnahmslos jedem anderen Menschen Blut spenden. Umgekehrt tötet jede Gabe eines ‚fremden' Blutes einen Menschen mit 0 negativ.

Vorhandene Konzepte und Erklärungen gibt es reichlich, hier sind einige, die ich gefunden habe. Diese stellen *nicht* meine Meinung oder meine Überzeugungen dar und ich bewerte sie auch nicht. Das überlasse ich gerne Ihnen. Damit Sie das tun können, habe ich einmal all das aufgeführt, was es im Netz weltweit zu diesem Thema zu lesen gibt.

0 negativ:

- Blutlinie Jesus (er ist der Begründer dieser Linie, seine Frau Magdalena ist mit / ohne Jesus in das Gebiet des heutigen Baskenlandes gezogen).
- Unterschiedliche (genetische) Rassen werden durch die Blutgruppen repräsentiert - erzeugt / beeinflusst / von untereinander konkurrierenden Aliens (ohne Namen – einige wohlgesonnen - einige andere nicht, einige transzendent - einige materiell).
- In diesem Zusammenhang gibt es zwei konkurrierende Aussagen: Menschen, die 0 negativ sind, wollen die Welt unterwerfen; ihnen werden negative Charaktereigenschaften zugesagt. Dem steht gegenüber: 0 negative Menschen wollen die Menschheit aufklären und befreien (mehr dazu im Folgenden).
- Negativ sind reine und unverfälschte Menschen (keinerlei angehängte Antigene), meist (nicht immer!) Erwachte - keine Schläfer, intellektuell, spirituell, erkennen Unwahrheiten, wollen anderen helfen zu erwachen. Oft, aber nicht nur, sind solche Menschen Gefäße für alte Seelen.
- 0 negativ sind Nachkommen des Volkes, das einst Atlantis bevölkerte, welches von Platon beschrieben wurde (360 v. Chr.). Dies wird unter anderem auch vom ‚schlafenden Propheten' Edgar Cayce (* 1877; † 1945; USA) bestätigt.
- Sie sind der ‚Missing Link'.
- Rh-negative Menschen sind Sternenkinder und fühlen sich so, als wären sie nicht von hier.

**Exkurs Ende**

Viele der hier aufgeführten Thesen beinhalten Widersprüche (... wie aufgeführt: „0 negative Menschen wollen die Welt unterwerfen“ –„... sind die Retter dieser Welt und wollen aufklären”). Das liegt wohl auch am jeweiligen Standpunkt: Was für den einen gut ist, ist wiederum für einen anderen schlecht. Das macht es sicher nicht einfacher.

Eigentlich ist es jedoch gar nicht so wichtig, was tatsächlich zutreffend ist. Entscheidender ist doch, dass Blut tatsächlich etwas sehr Besonderes zu sein scheint. Etwas, das die Wissenschaft wirklich nur sehr oberflächlich in Form von Blutwerten versteht, eigentlich müsste man sagen, zu verstehen beginnt. Es ist doch sehr erstaunlich, dass die Forschung und die Wissenschaften außerstande sind, Blut künstlich herzustellen - und das trotz unserer ach so weit entwickelten Technologie. Das sollte im Vergleich zu der künstlichen Herstellung eines Organs ein Kinderspiel sein - und doch gelingt es nicht einmal im Ansatz.

Hier schließt sich der Kreis wieder und wir sind erneut bei der Organspende angelangt, denn ohne einen Spender geht es nicht.

Blut ist auch ein Informationsträger und genauso mit mir verbunden, wie es alle meine Organe sind. Sie alle sind ein Teil von mir, nicht nur meines Geistes, und sie alle tragen und transportieren Informationen und Wesenszüge von mir. Im Umkehrschluss bedeutet das für mich, dass ich, *wenn* ich einer Organspende zusage, zeitlebens einen Teil eines anderen Menschen mit mir herumtrage und ich auch mit diesem verbunden bleibe, solange ich noch biologisch lebe.

Innerhalb meiner genetischen Familie hätte ich keinerlei Probleme, zu Lebzeiten etwas von mir zu spenden oder auch zu bekommen. Wir sind, je nachdem, in welche Richtung man schaut, sowieso aus ‚uns‘ hervorgegangen (genetische Linie).

Ansonsten lehne ich für mich, wie ich bereits ausgeführt habe, jede Organspende ab. Konsequenterweise stelle ich mich auch nicht für eine solche nach meinem festgestellten klinischen Tod zur Verfügung.

Aber wie eingangs schon gesagt: Das muss ein jeder für sich selbst entscheiden. Vielleicht ändere ich meine Meinung zu diesem Thema ja auch noch. Ich werde nie zu alt sein, um mir selbst zu widersprechen. Denn ich bin Mensch.

Und Letzteres ist dies für mich ein Grund, warum ich ständig darum bemüht bin, nicht zu verurteilen. In diesem Zusammenhang fällt mir gerade ein schönes Zitat von Mutter Teresa ein, das auch gut zu dem Thema Organspende passt:

> „Wer Menschen verurteilt, hat keine Zeit, sie auch zu lieben.“

# Vegan, vegetarisch oder doch lieber nur Fleisch?

Die Frage, was wir essen, ist politisch und ideologisch aufgeladen und hat eigentlich nicht wirklich eine Berechtigung, werden Sie hier doch vor eine Wahl gestellt, die für sich genommen widersinnig ist und unsere bloße Existenz ad absurdum führt. Aber das Thema ist auch ein Riesengeschäft. Ein Umstand, der mich aufhorchen lässt.

Zunächst: Menschen, die sich vegetarisch oder vegan ernähren, genießen meinen Respekt, weil sie bewusst auf etwas verzichten – zumindest die meisten von ihnen (siehe auch Fragestellung „Warum fasten wir?“). Auch handeln sie altruistisch, da sie tierisches Leben schonen möchten.

*

Ich bin der festen Überzeugung, dass alles, was in diesem materiellen Kosmos existiert, Bewusstsein ist und durch Seelenfraktale, wie wir es sind, erfahren werden kann. Bäume sind für mich genauso Lebewesen, wie es Blumen oder die Wolken am Himmel und natürlich die Sterne und Planeten am Firmament sind. Alles in der Ordnung ist erfahrbar.

Es ist dahingehend *schon* etwas kurz gedacht, wenn ich mich strikt vegan ernähre, um dadurch tierische Wesen zu schonen, dafür aber eine nicht unerhebliche Menge an pflanzlichem Bewusstsein vernichten muss, um selbst weiter in der Existenz zu bleiben. Wer glaubt, dass es einen Unterschied macht, nur weil wir alles, was kein Nervensystem besitzt, als (bereits) tot betrachten, irrt – in vielerlei Hinsicht.

Mir blutet das Herz, wenn ich sehe, wie Bäume gefällt werden, nur weil sie optisch nicht mehr in die Landschaft passen, oder Gemüse gekauft, nicht verzehrt und anschließend weggeworfen wird.

Das widerstrebt mir genauso, wie wenn ich mitansehen muss, wie Menschen achtlos Blätter oder Blumen abreißen, um diese dann wegzuwerfen, oder wenn Insekten achtlos niedergetreten werden oder der Reihe nach einer Fliegenklatsche zum Opfer fallen.

Ich reiße noch nicht einmal mehr ein Blatt von einem Baum ab, weil ich weiß, dass ich ihm damit schade, und achte darauf, wo ich hintrete – zumindest meistens.

Das alles, und auch das möchte ich hier erwähnen, widert mich *genauso* an wie die Tierquälerei, die Massentierhaltung und das systematische Töten von tierischem Leben.

Das ist definitiv ein moralisches Dilemma.

Bis zum Beginn des 19. Jahrhunderts lebten wir noch größtenteils im Einklang mit unserem Planeten (mehr oder weniger). Alles war im Gleichgewicht. Dann erreichten wir die erste Milliarde und in den nächsten 200 Jahren kamen weitere 6,4 Milliarden Menschen hinzu. Das Abholzen der Regenwälder, die Massentierhaltung, das Abfischen der Ozeane und das Anlegen von riesigen Monokulturen sind Ausdruck dieses explosiven Wachstums. 20 Prozent der vorhandenen Landmasse wird zur Produktion von Nahrung benutzt, der Rest, *wenn er denn bewohnbar ist*, steht als Lebensraum zur Verfügung – und der wird knapp. Unsere Welt platzt aus allen Nähten. Mehr geht nicht – und doch wächst die Weltbevölkerung rasant weiter. Die Art, wie wir uns ernähren, ist nicht das Problem. Das Problem ist, *dass* wir uns ernähren müssen. Die Energiemenge, die ein Mensch benötigt, um sich zu erhalten, ist immer und überall gleich.

Wussten Sie, dass zurzeit zwei Milliarden Menschen auf der Welt hungern oder unter einer Mangelernährung leiden?

*

Bin ich ein perfekter Mensch? Sicher nicht.

Mähe ich meinen Rasen nicht mehr und töte ich keine Mücken mehr, wenn diese mich stechen? Doch, beides tue ich. Ich ernähre mich auch von der Schöpfung und zwar von allem, was gegeben ist. Ich bin in dieser Hinsicht im Gleichgewicht mit mir.

Ich bin, wie Sie auch, Mensch und ein integraler Bestandteil der Nahrungskette und der Schöpfung. Ich wurde so erschaffen, wie ich bin, mit einem Verdauungssystem, das auf pflanzliche und tierische Nährstoffe ausgelegt ist. Auch bin ich und alles, was in mir lebt, auf eine abwechslungsreiche Ernährung angewiesen, schon allein, um mich und meine Art langfristig zu erhalten. Es ist also von der Schöpfung so gewollt, dass ich mich von ihr ernähre – von allem, was sie mir zur Verfügung stellt.

*Worum* es mir geht, sind im Wesentlichen zwei Dinge: Erstens geht es mir um Achtsamkeit und zweitens um Respekt gegenüber ‚allem, was ist‘ (im Allgemeinen) und gegenüber der Schöpfung, in der wir leben (im Besonderen). Das betrifft die Tierhaltung genauso wie den Umgang mit pflanzlichen Nahrungsmitteln.

Letzten Endes sollten wir auch nicht vergessen, dass der einzige wahrhaftige ‚Geber‘ in unserem System die Sonne ist. Sie ist die Ursache für alles, was heute auf unserem Planeten ist, und zudem auch der einzige Energie- und somit Nahrungslieferant.

Alles andere in unserem Ökosystem, beginnend mit der Photosynthese, muss verdrängen oder töten, um zu existieren. Es heißt also nicht ohne Grund in den monotheistischen Religionen: „Gott hat dem Menschen die Welt untertan gemacht". Diese Regel löst schlicht das moralische Problem, dass wir, um existieren zu können, töten müssen.

Andere Glaubenssysteme wie der Schamanismus oder der Buddhismus (Hinduismus, etc.) betonen sehr deutlich den Respekt gegenüber allem, was ist – und wie Sie bereits wissen, ergibt das ja auch Sinn, denn zum einen gibt es so etwas wie ‚tote Materie' nicht und zum anderen tun wir gut daran, in Harmonie mit unserer Umwelt zu leben. Wir sind schließlich ein Teil von ihr und unsere Welt ist insgesamt ziemlich alternativlos.

Vegane oder vegetarische Ernährung ist inzwischen zu einem riesigen Markt geworden, der speziell umworben und ausgebaut wird. Fragen Sie sich doch einmal, wo diese Nahrungsmittel herkommen und unter welchen Bedingungen diese angebaut werden? Menschen, die sich vegan oder vegetarisch ernähren, haben denselben Energiebedarf wie alle anderen Menschen auch. Das Weniger an tierischem Eiweiß und Fett muss durch große Mengen an pflanzlichen Produkten ausgeglichen werden. Dies führt dazu, dass durch die Industrie riesige Monokulturen angelegt werden, die wiederum Waldfläche verdrängen – die Lungen unseres Planeten. Europa ist nicht seine eigene ‚Kornkammer', das sind die Kontinente, die wir sowieso schon seit Jahrhunderten ausbeuten und ausnutzen. Hinsichtlich dessen sind in erster Linie Afrika und Asien zu nennen. Afrika steht gerade vor einer der größten Dürrekatastrophen seit Menschengendenken. Insgesamt befinden sich zurzeit mehr Menschen auf der Flucht als am Ende des Zweiten Weltkrieges - weltweit.

Vegan, vegetarisch oder doch lieber Fleisch?

Dem gepeinigten Menschen wird diese Streitfrage vorkommen wie ein schlechter Treppenwitz. Auch wir werden eines nicht allzu fernen Tages die Auswirkungen der fortschreitenden Klimaveränderung zu spüren bekommen, sei es durch einen Mangel an Versorgung (Menschen, die fliehen, können keine Landwirtschaft betreiben - Stichwort Kornkammer Europas - und sind zudem auf unsere Hilfe angewiesen) oder durch das Klima selbst. Als ich mir kürzlich einen Stausee in meiner Nähe angeschaut habe, war der erschreckend leer – und das am Anfang des Sommers.

Wenn es dann bei uns vielleicht eines Tages eng wird mit der Versorgung, werden auch extreme ausgerichtete Menschen – ob in die eine oder in die andere Richtung - sich überlegen müssen, ob sie weiter zu ihren Prinzipien stehen oder sich und den eigenen Nachwuchs durch Verweigerung zu töten. Keine leichte Entscheidung, zugegeben.

## Wird die Welt untergehen?

Das Ende der Welt begann mit ihrem Anfang.

Nein, wird sie nicht, denn sie ist eine frei schwebende Kugel im Raum, die zudem so weit von anderen Planeten entfernt ist, dass ein direkter Zusammenstoß mit einem anderen Himmelskörper, allein aufgrund der Wahrscheinlichkeit, so gut wie ausgeschlossen ist.

Was an kosmischen Gefahren bleibt, sind Gase, Staub und Meteorite sowie Gammastrahlen, als Gruß eines fernen sterbenden Sterns aus unserer unmittelbaren Nachbarschaft, der sich gerade selbst ‚in die Luft gejagt' hat.

Bei einer bestimmten Art einer Nova (dem Sterben eines Sterns, siehe auch Fragestellung „Wieso heißt es: Wir sind alle Sternenstaub?"), nur um ein Beispiel zu nennen, kann die finale Ausdehnung und anschließende Implosion (Fußnote) so stark ein, dass sie einen Energieausstoß erzeugt, der unsere Planetenoberfläche sterilisieren würde, wenn er uns denn erreicht und diese Nova in unserer unmittelbaren Nachbarschaft stattgefunden hätte. Wir rechnen hier mit einem Abstand von bis zu 1500 Lichtjahren. Das ist sozusagen nebenan – und kosmisch betrachtet Nachbars Garten.

Fußnote: Eine **Implosion** ist der plötzliche Zusammenbruch eines Objekts infolge eines Außendrucks, der größer als der Innendruck ist, oder anderer Kräfte, die unausgeglichen auf die Objektmitte hin wirken. Die Implosion steht damit im Gegensatz zur Explosion, die dementsprechend aus dem umgekehrten Kräfteverhältnis resultiert. Quelle: Wikipedia "Implosion", entnommen am 20.03.2018. (Doppellizens: GNU-Lizenz für freie Dokumentation und Creative Commons CC-BY-SA 3.0 Unported. In der Wikipedia ist eine Liste der Autoren verfügbar.)

Leider gibt es keine Vorwarnung, wenn ein Gammastrahlenausbruch mit Lichtgeschwindigkeit zu uns unterwegs ist, da wir ihn erst dann bemerken, wenn er tatsächlich eintrifft.

Aber genau wissen, was dann passieren wird, weiß eigentlich keiner genau.

Wir wissen eben nur, dass unsere Welt bislang alle 60 - 70 Millionen Jahre von einem Massensterben der Arten betroffen war. Und mindestens einmal war ein Gammastrahlenausbruch, der auch Gammablitz genannt wird, die Ursache dafür. Dabei wurde ein Großteil des Lebens auf der Erde ausgelöscht. So entstand neues Leben und neue Formen konnten entwickelt werden. Häufigste Ursache für einen gewaltigen Strahlenausbruch sind spezielle Supernovaexplosionen von sterbenden Sternen, sogenannte Hypernovae. Eine weitere mögliche Ursache für einen Gammablitz sind verschmelzende Neutronensterne. Bei diesen handelt es sich um Sterne mit einer extremen Dichte, die allerdings geringer ausfällt als bei einem Schwarzen Loch.

Diese besonderen Gammablitze setzen in zehn Sekunden mehr Energie frei als unsere Sonne in Milliarden von Jahren. Für die Dauer seines Erscheinens ist ein Gammablitz heller als alle übrigen Lichtquellen am Himmel. Die freigesetzte Energiemenge ist derart gewaltig und intensiv, dass solch ein sterbender Stern für kurze Zeit heller leuchtet als seine gesamte Galaxie. Es handelt sich hierbei um die mächtigsten energetischen Eruptionen im Universum. Nichts ist brutaler, nichts ist stärker.

Den bislang hellsten beobachteten Gammablitz registrierte der NASA-Forschungssatellit Swift am 19. März 2008. Der Ausbruch kam von einem Objekt, das 7,5 Milliarden Lichtjahre (das *ist* weit!) von der Erde entfernt war. Er war 2,5 Millionen Mal heller als die leuchtstärksten bisher beobachteten Hypernovae und konnte als erster GRB (englisch für ‚gamma-ray-burst') mit dem bloßen Auge gesehen werden. Das war eine zufällige Aufnahme, denn wie gesagt, diese sind nicht vorhersagbar. Wäre dieser in unserer unmittelbaren kosmischen Nachbarschaft aufgetreten, unser Planet wäre von jetzt auf gleich sterilisiert und ein Großteil der Atmosphäre weggeblasen worden. Nur das Leben tief in den Ozeanen hätte das überstanden und wäre vielleicht erneut die Grundlage für eine weitere intelligente Spezies auf unserem Weltenkörper geworden, die dann, in einigen Millionen Jahren, erneut über Sternenexplosionen im Weltraum philosophieren kann.

Vielleicht ist das Ganze in ähnlicher Weise ja *tatsächlich* schon einmal auf unserem Planeten passiert. Dass wir die erste Krone der Schöpfung auf unserem Planeten sind, glaube ich nicht wirklich. Vielmehr halte ich es für wahrscheinlich, dass die menschliche Rasse bereits in unterschiedlichsten Konfigurationen existierte (Fußnote).

Fußnote: Beschrieben im Buch *Jenseitige Welten – Berührungspunkte.*

Die Sintflut ist Teil vieler Religionen und Überlieferungen, sie findet sich auch bei vielen Naturvölkern, die von unseren monotheistischen Religionen (Fußnote) nie etwas gehört haben. Die Erosion auf unserem Planeten bezüglich unserer jüngsten Geschichte sowie die tektonischen Plattenverschiebungen, bezogen auf die Äonen, in denen unser Planet atmet, hätten alle Beweise für eine Spezies, die vor Jahrmillionen hier bei uns vielleicht existierte, inzwischen sicher vernichtet.

Fußnote „Monotheismus": Der ägyptische Pharao Echnaton (zuvor Amenhotep) gilt heute als der Erfinder des Monotheismus. Er führte, wenn auch nur für sehr kurze Zeit, den Sonnengott (die Sonnenscheibe – Aton) als alleinigen Gott ein. Mit seinem Tod verschwand diese Staatsreligion wieder und das ägyptische Volk wandte sich erneut den alten Gottheiten zu, sehr zur Freude der Priesterkaste. Ob Echnatons Staatsreligion auch die Ursache für das später entstandene Judentum war, ist allerdings ungeklärt. Neben dem Judentum gelten das Christentum und der spätere Islam als monotheistische Religionen. Sie alle zeichnen sich durch den Glauben an nur einen (‚mono') Gott aus. Dem Monotheismus steht der Polytheismus entgegen: der Glaube an eine Vielzahl oberster männlicher und weiblicher Gottheiten – die Vielgötterei.

Betrachtet man das Zeitintervall, ist es bald (plus minus ein paar Million Jahre) wieder soweit. Passenderweise wurde in unserer unmittelbaren Nachbarschaft, in etwa 1800 Lichtjahren Entfernung, ein Doppelstern im Sternbild Schwan entdeckt, der tatsächlich kurz vor einer, allerdings sehr schwachen, Nova steht.

Es handelt sich bei diesem kommenden Ereignis um eine sogenannte Leuchtkräftige Rote Nova, die unter anderem immer dann entsteht, wenn zwei Sterne, die sich umkreisen, miteinander verschmelzen.

Das System KIC 9832227, so der Name des Systems im Sternbild Schwan, besteht aus zwei dieser Sonnen, die sich derartig eng umkreisen (ein Umlauf dauert nur 11 Stunden – Tendenz schnell sinkend), dass ihre äußeren Hüllen sich bereits berühren. In 2022 soll es dann soweit sein: Es wird zu einer Leuchtkräftigen Roten Nova kommen. Im Wesentlichen lässt sich solch eine Nova wie folgt zusammenfassen: viel Show – wenig Schaden. Da wir die Nadel im Heuhaufen entdeckt und die sich anbahnenden Ereignisse richtig interpretiert haben, lässt sich diese Nova vorhersagen. Das hat auch etwas mit der relativ geringen Entfernung zu uns zu tun. Die Vorhersagbarkeit ist allerdings nicht die Regel, sondern die Ausnahme, das muss klar sein.

Man rechnet nur mit einem sehr schwachen Ausstoß an gefährlicher Strahlung, sodass die Nova lediglich unser Firmament als roten Punkt erhellen wird, das allerdings für einige Monate. Sie werden es also garantiert nicht verpassen. In dieser Zeit werden wir dann zwei Monde haben, so intensiv wird die Leuchtkraft dieses kosmischen Ereignisses sein. Es gibt bis heute keinerlei Warnungen bezüglich dieses Events. Wir werden sehen - und das im wahrsten Sinne des Wortes.

Nur um das noch einmal deutlich zu machen: Dieses Ereignis wird uns *nicht* erst in 1800 Jahren erreichen (das Licht benötigt für diese Strecke eben 1800 Jahre), sondern es fand bereits vor 1795 Jahren statt, und was immer damals auch passierte, es wird sich uns in wenigen Jahren offenbaren. Zumindest dürfen wir uns über ein deutlich sichtbares rotes Lichtzeichen als Gruß unserer kosmischen Nachbarschaft am Firmament freuen.

Der Weltuntergang steht niemals für den Untergang unseres Weltenkörpers, sondern vielmehr für das Ende eines Zeitalters oder einer Epoche und somit auch für einen Neubeginn. Diese gravierenden Veränderungen hat es im Lauf der Erdgeschichte und dem plötzlichen Auftreten von Leben vor 543 Millionen

Jahren immer mal wieder gegeben. Denn wie Sie bereits wissen: Damit etwas neu beginnen kann, muss zunächst das Alte zerstört werden. Genau das passiert auf unserem blauen Planeten in regelmäßigen Abständen.

Auch wenn die Gründe nicht immer eindeutig waren, fand bereits fünf Mal ein Massensterben auf unserem Planeten statt.

Die bekanntesten Ursachen dafür sind ein Gammablitz, der Ausbruch eines Supervulkans (wie der Vulkan unter dem Yellowstone-Park einer ist) sowie ein Asteroideneinschlag vor 65 Millionen Jahren, der die Dinosaurier dahinraffte. Weitere vermutete Ursachen sind Fäulnisgase (Fußnote), entstanden durch die ersten Pflanzen auf unserem Planeten und, allerdings zuvor, ein Zuviel an Sauerstoff, ebenfalls verursacht durch die Pflanzenwelt, weshalb sie massenhaft ausstarben und eben ein Zuviel an Fäulnisgasen produzierten. Es herrschte anfangs noch kein Gleichgewicht, so wie wir es heute kennen.

Fußnote: Im Zuge des Austretens oder Freiwerdens dieser Treibhausgase erhöhte sich die durchschnittliche Temperatur auf unserem Planeten um etwa 10 Grad Celsius und das in sehr kurzer Zeit (ganz ohne Industrie). Dieser Auslöser für ein Massensterben der Arten auf unserem Planeten wurde vor Kurzem bestätigt.

Fünfmal hat es also schon einen Großteil aller Arten auf der Erde dahingerafft. Glaubt man einigen Forschern, und ich sehe in diesem Fall keinen Grund, daran zu zweifeln, so hat das 6. Artensterben auf unserem Planeten bereits begonnen (Fußnote).

Im letzten Jahrhundert sind achtmal mehr Arten ausgestorben, als es in diesem Zeitraum normal gewesen wäre. Diese Zahl beinhaltet nicht die Arten, die durch den Faktor Mensch als Ursache ausgerottet wurden. Rechnet man diesen Faktor mit hinzu, sind es unglaubliche hundertmal mehr Arten, die nicht mehr unter uns sind.

Fußnote: Quelle: http://advances.sciencemag.org/content/1/5/e1400253 (Gerardo Ceballos und Kollegen, Universität Mexiko, Fachmagazin Science Advances)

Honigbienen sind ein gutes Beispiel dafür, dass all das Aussterben auch kurzfristig Auswirkungen auf uns Menschen haben kann. Zwar sind die meisten Arten bislang nicht vom Aussterben bedroht, doch geht der Bestand stark zurück, was schon heute dazu führt, dass Bauern in einigen Regionen um ihre Ernte fürchten müssen. Denn ohne Bestäubung gibt es keine Früchte und damit weniger Nahrung. Dieses kleine Insekt ist ein wesentlicher Bestandteil unserer Nahrungskette.

Wie zur Bestätigung erscheinen seit 2016 beständig Nachrichten und Warnungen, die besagen, dass auch die Insektenpopulation insgesamt in manchen Regionen

Deutschlands um bereits unglaubliche 80% zurückgegangen ist und dass die Anzahl der heimischen Vögel ebenfalls dabei ist, dramatisch zurückzugehen – es wird still in unseren Wäldern. Achten Sie im nächsten Sommer einmal auf die Geräuschkulisse bei Ihrem Waldspaziergang oder auf den Verschmutzungsgrad der Windschutzscheibe Ihres Autos und Sie werden wissen, was ich meine.

Das Massensterben von Fischen können wir schon fast wöchentlich im Fernsehen mitverfolgen und ebenso, dass sich viele maritime Arten ‚neben der Spur' benehmen. Die Ursache für das alles ist eine weitere Veränderung unseres Planeten. Hier ist an erster Stelle das Klima zu nennen, Umweltgifte tun ihr übriges. Wer das leugnet, muss schon wahrlich ein Problem mit seiner Wahrnehmung haben oder will es nicht anders wissen – aus welchem niederen Grund auch immer.

Ob der Mensch die kausale Ursache für diesen Wandel ist, glaube ich zwar nicht (da nehmen wir uns mal wieder zu wichtig), aber mit seinem Umweltverhalten macht er die überall zu beobachtende Klimaveränderung ganz bestimmt nicht besser. Was auch immer die tatsächliche Ursache für dieses Weltgeschehen ist, es wird andauern und ist zudem sehr dynamisch.

Beim Schreiben dieser Zeilen hat sich gerade in der Antarktis eine Eisscholle von der Größe des Saarlandes gelöst und treibt in wärmere Religionen nach Norden. Ursache: sehr wahrscheinlich die globale Erwärmung. Überall auf der Welt entweicht in beträchtlichem Umfang das Treibhausgas Methan, ein Fäulnisgas, über Löcher im Erdboden und über Krater in den Meeren und Ozeanen. Ein weltweites Phänomen. So gelangt es direkt in die Atmosphäre und sorgt für eine noch schnellere Erderwärmung. Zuletzt wurden sogar direkt vor unserer Nase, vor Helgoland in der Deutschen Bucht, solche Krater auf dem Meeresboden entdeckt. 400 000 (!) sollen es hochgerechnet insgesamt sein.

Dass erst jetzt zahlreiche neue Vulkane unter dem ewigen Eis in der Antarktis entdeckt wurden, fällt da kaum noch ins Gewicht. Neben den 47 bekannten wurden 91 weitere entdeckt. Der ‚Deckel' auf diesem Vulkanfeld (das ewige Eis, das, wie sich gerade herausstellt, gar nicht so ‚ewiglich' ist) verliert durch die globale Erwärmung zunehmend an Gewicht und Stabilität. Man vermutet zu Recht, dass dieser Schwund Ausbrüche auslösen könnte. Lustig daran war nur ein Kommentar, den ich in der Berichterstattung gelesen habe: „Wir werden es beobachten - sicher ist sicher!" Na klar...

Was ein Vulkan mit einem darüber liegenden Gletscher macht, konnte man 2010 sehr schön auf Island beobachten. Er hebt diesen an, bringt ihn von unten zu schmelzen und somit gleichzeitig in Bewegung. Sie wollen nicht in der Nähe sein, wenn das passiert. Auf die Antarktis und deren schiere Masse an Eis bezogen heißt das in letzter Konsequenz: Der Meeresspiegel würde dramatisch ansteigen und die zur Verfügung stehende Landmasse der Erde drastisch verkleinern. Von den Treibhausgasen, die bei einem derartigen Massenausbruch in die Luft gelangen und das Klima weiter anheizen werden, rede ich hier noch nicht einmal.

Weltweit wird durch die globale Erwärmung auch das Wetter extremer. Zu trocken, zu heiß, zu kalt, zu viel Niederschlag – und so weiter. Diese Wetterphänomene sind inzwischen weltweit zum Normalfall geworden. Dürren, dramatische Kälteeinbrüche, Erdrutsche, Waldbrände, Überflutungen und Sinklöcher beherrschen beständig unsere Nachrichten.

Es hat den Anschein, als komme es zu einer Erwärmung unseres Planeten aus dessen Inneren heraus. Das Entweichen von Methan, die Erwärmung der Ozeane und das rätselhafte Sterben und Fehlverhalten der Meeresbewohner sprechen dafür. Unser Klima, das, was wir Wetter nennen, wird maßgeblich von der Oberfläche unseres Planeten bestimmt - und das sind nun mal größtenteils die Ozeane.

Unabhängig von dem, was passieren wird, und was auch immer die Ursache all dessen ist: Die Welt wird nicht untergehen, aber sie wird sich verändern, das hat sie schon immer getan. Sie tut es nur gerade derart extrem, dass die Auswirkungen dieser Veränderungen bereits deutlich spürbar sind und noch an Intensität zunehmen werden.

*

Was mich noch einmal zum 21.12.2012 bringt, einen Tag, an dem man (vereinzelt) tatsächlich den Weltuntergang erwartete. Ein Thema, das ich bereits unter dem Stichwort ‚Elementale' angerissen habe.

Ein Grund, warum ich nicht glaube, dass wir Menschen die alleinige Ursache für die Klimaveränderung sind, ist der Umstand, dass es in den Jahren 2000 bis 2012/2013 zu einem vermehrten Ausstoß von Treibhausgasen durch die voranschreitende weltweite Industrialisierung kam, analog dazu aber keinerlei Klimaerwärmung zu verzeichnen war – diese stagnierte in diesem Zeitraum, sodass man drauf und dran war, die Klimaerwärmung abzuhaken.

Dann kam das Jahr 2013 und alles wurde anders.

Wenn auch nicht punktuell und in kurzer Zeit, so kam es ab dem 21.12.2012 doch zunehmend zu all den spür- und beobachtbaren Klima- und Artenphänomenen, wie wir sie nun fortlaufend beobachten können, auch wenn sie schon viel früher ihren Anfang genommen haben.

*

Ein Wort noch zum ‚menschengemachten' Klimawandel. Ein wenig ist das auch eine Beruhigungspille – und zwar eine ziemlich dicke. Denn diese Aussage vermittelt unterschwellig die Botschaft: ‚Wenn der Mensch es verursacht hat, dann kann er es auch beenden, er kann es kontrollieren.'

Genau das kann er aber insbesondere beim Klima nur sehr bedingt. Wussten Sie, dass allein durch Vulkanausbrüche mehr Treibhausgase in die Atmosphäre gelangen, als der Mensch selbst es tun könnte? Und diese finden beständig statt, allerdings sind nicht alle so spektakulär wie die Ausbrüche des Popocatépetl in Mexiko oder des Eyjafjalla in Island, bei denen alleine und zusammengerechnet (je ein großer Ausbruch) mehr Gase entwichen, als die Menschheit in einem Jahr selbst produzieren könnte.

Nehmen Sie jetzt noch die fortschreitende Erwärmung der Ozeane und die bereits erwähnte Freiwerdung von Treibhausgasen über ‚Löcher im Boden' mit hinzu, dann wird klar: Wir können nicht einfach einen Schalter umlegen und alles wird gut – das funktioniert so nicht. Bestenfalls können wir durch Selbstdisziplin und Selbstregulierung den weiteren Verlauf verlangsamen (hier sei die Kohle als Umweltverschmutzer und Treibhausgaslieferant Nummer 1 genannt).

*

Im Kleinen (unser Weltgeschehen) wie im Großen (die Evolution des Lebens auf der Erde) ist ein zyklisches Verhalten auch in unserer kurzen Geschichte zu beobachten. Dass wir in Deutschland seit über 70 Jahren (seit 1945) in Frieden leben, ist ein Novum und hat es so auf unserem Territorium in seiner Gesamtheit noch nie gegeben. Und wie unzufrieden trotzdem einige von uns sind: Sie schimpfen, klagen und kritisieren die politische und spirituelle Führung, wo sie nur können. Andere malen beständig düstere Bilder und verkünden den Dritten Weltkrieg, den Weltuntergang oder gleich beides zusammen. Fast so, als könnten sie die Zeit des Friedens nicht mehr länger ertragen und als würden sie sich nach Zerstörung und einem Neubeginn sehnen.

Ja, es wird eines Tages einen Dritten Weltkrieg geben, das ist genauso zwingend logisch (nach dem 2. kommt nun einmal der 3.) wie das nächste Artensterben. All das lehrt uns die Geschichte. Schauen Sie sich das rasante Anwachsen der Weltbevölkerung an, zurzeit: 7,4 Milliarden Menschen. Was macht eine Art mit ihresgleichen, wenn ihr Lebensraum, ein Habitat, das sie nicht verlassen kann, zu eng wird?

Genau.

Das ist aber ganz sicher kein Grund, es jeden Tag aufs Neue heraufzubeschwören, denn das, woran wir wahrhaftig glauben, wird auch Teil unserer erlebten Wirklichkeit. Etwas mehr Positivität kann da ganz hilfreich sein.

Im Übrigen ist die Idee des Weltuntergangs eng verbunden mit dem Auftreten des Messias. Aus Sicht des Judentums erscheint der Messias als Erlöser in der Endzeit der Menschheit. Ein Grund, warum aus Sicht des Judentums Jesus nicht der Messias gewesen sein kann.

Auf der anderen Seite aber kann aus Sicht des Christentums durchaus gesagt werden, dass die Erlösung und damit die Endzeit mit dem Tode Jesu am Kreuze ihren Anfang genommen hat.

Und somit lebt nicht nur das Christentum seit fast 2000 Jahren in einer andauernden Endzeit. Immer wieder wurde sie erwartet, bislang ist sie noch nicht zu Ende gebracht worden.

Schaue ich mir jetzt aber das Klima und die damit einhergehenden und bereits stattfindenden Veränderungen an und beobachte die weltweite geopolitische Lage und die rasend ansteigende Bevölkerungszahl, dann kann man sehr wohl zu dem Schluss kommen, dass es nicht mehr allzu lange dauern wird.

Aber keine Sorge, auch dann wird die Welt nicht untergehen, sie wird sich lediglich verändern - und wir als ihre Zöglinge mit ihr. Das ist etwas, das sie und wir schon immer getan haben.

So kommt es auch nicht von ungefähr, dass man ‚Leben' im weitesten Sinne als Bewegung und Veränderung definiert. Und leben tun wir ja schließlich alle, wir Menschen und unsere gesamte Umwelt.

## Warum treten einige Prophezeiungen und Visionen tatsächlich ein und andere wiederum nicht?

Je näher eine Vision zeitlich angesiedelt ist und je mehr Menschen daran beteiligt sind, desto wahrscheinlicher ist es auch, dass diese tatsächlich eintrifft. Bei Schauungen, die die gesamte Menschheit betreffen und parallel von vielen Menschen immer mal wieder im Laufe der Zeit und unabhängig voneinander gesehen werden, ist es ebenfalls sehr wahrscheinlich, dass sie eintreten werden.

Das belegt eine Vielzahl von Erfahrungsberichten, die sich mit dieser Thematik auseinandersetzen. Einige sehr eindrucksvolle davon können Sie im Buch *Jenseitige Welten – Berührungspunkte* nachlesen.

*

Alles, was möglich ist, wird auch realisiert. Stellen Sie sich den Kosmos als einen jedes Fassungsvermögen sprengenden Quantencomputer vor. In diesem wird unser Universum so simuliert, dass jede nur denkbare und mögliche Entwicklung parallel zueinander in die Existenz gebracht wird.

Von Anbeginn an gab es nur die eine Wahrheit, aus der zunächst die Unwahrheit hervorging. Etwas, das ich als Programmierer gerne als die ‚Ur-Null' (0) darstelle, aus der sich als Gegenpol die ‚Ur-Eins' (1) entwickelte. Die Grundlagen der heutigen Programmierung: ein Bit, das entweder den Zustand ‚true' (wahr) oder ‚false' (unwahr) oder eben ‚nicht definiert' hat.

Der Rest ist lediglich eine (wahrscheinlich) unendliche Aneinanderkettung von Möglichkeiten.

Stellen Sie sich den Kosmos am Beginn der Zeit als einen Baum vor, der, immer wenn es zu einer 50/50-Entscheidung kommt, beide Möglichkeiten parallel realisiert.

Das Phänomen der Parallelwelten.

Anfangs gibt es nur einige wenige Verästelungen, die aber im Laufe der Zeit immer mehr werden. Könnten wird das Universum aus der Ferne betrachten, quasi aus der Ewigkeit heraus, von außen, und würden wir dann einen Querstrich in Höhe unserer Zeit ziehen, wir würden eine kaum zu überschauende Anzahl von parallel verlaufenden Realitäten sehen, die sich alle dieselbe Raumzeit teilen.

Sie sind sich Ihrer selbst gerade in *einer* davon bewusst.

Sie existieren in allen nur vorstellbaren Varianten in unzähligen Welten, die alle gleichberechtigt neben der unsrigen existieren. Immer, wenn Sie vor einer 50/50-Entscheidung stehen, werden für Sie beide Möglichkeiten realisiert. Ihr Bewusstsein aber folgt nur einer Entscheidung. Der so entstehende Pfad ist Ihre Lebenslinie. Dadurch bilden sich immer mehr, immer schneller weitere Realitäten – und somit wächst das Universum auch exponentiell.

Durch dieses Gerüst von Möglichkeiten hangelt sich Ihr Bewusstsein, dem Zeitpfeil folgend, von Moment zu Moment.

Aus der Ewigkeit heraus betrachtet (Zeit existiert dort nicht) *ist* alles bereits passiert oder besser, ist dabei zu geschehen. Unser Leben ist, wie Sie gleich noch lesen werden, weitestgehend vorprogrammiert. Uns ist nur das Wissen darüber genommen worden, selbst die Feinausplanung des nächsten Tages vergessen wir wieder mit dem Erwachen. Dieser Funktionsmechanismus funktioniert aber nicht immer (so kommt es übrigens auch zu Erinnerungen an Nahtoderfahrungen) und hin und wieder erwachen wir und wissen genau, was passieren wird. Und genauso wird es auch kommen – unausweichlich.

Manchmal haben wir auch Visionen aus einer fernen Zukunft und sehen Katastrophen, Kriege oder andere dramatische Ereignisse.

Diese können eintreten, müssen es aber nicht. Das hängt ganz davon ab, welchen Weg Ihr Bewusstsein (Ihr Selbst) durch den Dschungel der unzähligen Varianten nimmt. Mit anderen Worten: Es muss nicht zwingend *Ihre* Zukunft sein, die Sie da gesehen haben.

So erklärt sich, warum sich einige Visionen erfüllen und andere wiederum nicht. Das führt uns zu den nächsten Fragen, die sich mit der Vorherbestimmtheit aller Dinge beschäftigen.

## Ist alles vorherbestimmt?

Ich lege mich mal ‚fest': ja und nein.

Wenn wir aus uns heraus eine Seele in einen neuen Körper inkarnieren, dann schauen wir uns aus der Nicht-Zeit heraus (der Ewigkeit) eine der vielen möglichen Fäden und Verzweigungen an, die ich Ihnen zuvor vorgestellt habe, und legen in groben Zügen das Leben unserer neuen Inkarnation fest. Wir werden diese so planen, dass wir einige uns wichtige Ziele (bestimmte Einsichten und Überzeugungen) in jedem Fall erreichen werden.

Das ist dann in etwa so, als würden Sie Ihren Zögling in München in einen Zug setzen mit dem Ziel Hamburg.

Die Reise geht los und einige wichtige Stationen werden immer erreicht. Unterwegs entscheidet sich der Zögling vielleicht auszusteigen und ein Stück der Strecke zu Fuß zu gehen oder eine Stippvisite bei einem Ort in der Nähe zu machen. Vielleicht ändert er auch im Einklang mit Ihnen geringfügig das Ziel und kommt statt in Hamburg am Ende in Bremen an.

In Wien allerdings wird er nie ankommen.

Vielleicht fragen Sie sich gerade, wann unser Leben fein und in allen Details geplant wird. Dazu komme ich gleich. Vorab möchte ich Ihnen noch sagen, dass es auch Seelen gibt, die nicht planen (da sie die dafür nötige Reife nicht besitzen) und die sich lediglich, einer Sucht gleich und den Begierden des Egos folgend, immer wieder erneut und ungeplant ins Leben fallen lassen. Sie zu erretten ist eines der Ziele der Erlösung.

# Was sind Träume?

Jede Nacht übermannt uns der Schlaf und wir legen uns hin.

*Eine alltägliche Redewendung, nicht wahr? Sie zeigt auf, dass Leib und Seele zwei getrennte Instanzen sind. Der Geist legt den Körper zur Nachtruhe ab. Auch die Redensart „Ich habe einen Körper" und nicht „Ich bin mein Körper" unterstreicht das.*

Warum schlafen wir überhaupt? Um zu regenerieren? Das erklärt es nicht vollständig und ist eher eine These, die aus der Beobachtung heraus entstand (da wir nun einmal auch körperlich im Schlaf regenerieren), mehr nicht. Denn Muskeln auf- und Schadstoffe abbauen könnten wir, rein physiologisch betrachtet, auch im Wachzustand, wenn wir zur Ruhe kommen.

Ich glaube, dass wir in jeder Nacht die gesammelten Erfahrungen respektive Informationen ins Feld ‚hochladen', gleichzeitig wird von uns der nächste Tag detailliert geplant und vorbereitet. Er steht schon fest, bevor er begonnen hat. Es findet ein Datenaustausch statt.

Längerer Schlafentzug führt dann auch zwangsläufig zunächst zu einer Reduzierung der Konzentration, im weiteren Verlauf zum Verlust von Erinnerungen (Filmriss) und schließlich zum Zusammenbruch des Körpers – ganz so, als würde der Puppenspieler die Kontrolle aus der Hand legen. Die Marionette klappt in sich zusammen.

Unsere Verarbeitungsträume sind lediglich ein Echo des stattfindenden Datenaustausches, so meine Überzeugung - und auch sie haben einen Sinn. Sie sollen uns darin schulen, Dinge zu erschaffen und zu steuern. Denn es ist das eigene Vorstellungsvermögen sowie die Willenskraft, die alles in die Existenz bringen. Hier, genauso wie in unseren Träumen und auch an dem Ort, der kommt und eigentlich keiner ist.

Orte sind räumlich und somit immer begrenzt. Aber genau das gibt es in der Unendlichkeit eben nicht: begrenzenden Raum. Das ist für uns Menschen nur sehr schwer vorstellbar.

Unsere Träume finden an einem Ort statt, der ganz ähnlich strukturiert ist. Auch er ist grenzenlos. Egal, was Sie träumen, Sie werden in der Welt, die Sie bewusst luzid (darauf komme ich noch zu sprechen) oder wie die meisten unbewusst erschaffen, niemals eine Grenze finden – es geht immer weiter. Interessant in diesem Zusammenhang ist, dass auch unser Universum unendlich ist. Egal, *wo* Sie sich im Kosmos auch immer aufhalten, Sie sind immer dessen Mittelpunkt – aber das habe ich Ihnen ja bereits erklärt.

Dass Sie das Zentrum sind, ist nicht nur physikalisch korrekt, es ist auch logisch zwingend, denn wie in unseren Träumen erschafft sich eine jede Seele ihr ganz persönliches Universum aus sich *selbst* heraus. Ebenfalls wie in unseren Träumen kommt uns alles, was um uns herum geschieht, so unglaublich ‚real' vor (siehe auch Fragestellung „Warum finden wir Filme so spannend?").

Wirklichkeit ist eine sehr individuelle Angelegenheit, das wird Ihnen jeder Psychologe bestätigen.

## Kann ich mich bei einer außerkörperlichen Erfahrung verlieren und was ist das überhaupt?

Außerkörperliche Erfahrungen werden auch Astral- oder Seelenreisen genannt; über eine solche Erfahrung konnten Sie bereits in diesem Buch lesen: eine AKE (so die Kurzform) der Martha Jelinek in der Fragestellung „Gibt es eine Verurteilung oder Verdammung einer Seele?". Oft findet solch eine Reise außerhalb des Körpers spontan und scheinbar zufällig statt, während der Kindheit, im Schlaf oder während einer Narkose. Letztere Möglichkeit zeigt ihre Nähe zu Nahtoderfahrungen. Fast jeder von uns hat bereits eine ähnliche Erfahrung gemacht, meist während der Kindheit. Viele haben diese nur verdrängt oder vergessen.

Derlei Erfahrungen spielen sich zunächst und fast immer in den Bereichen statt, die ich die ‚erste geistige Ebene' nenne. Eine Ebene, die der unseren zwar sehr ähnlich, die aber dennoch gänzlich anders ist. Sie ist als ein untergelegtes Konstrukt und als Basis unserer Erfahrungsrealität zu verstehen. So wird sie auch manchmal als ein vibrierendes energetisches Konstrukt wahrgenommen. Jedoch ist diese Ebene immer eingefärbt durch unsere persönlichen Konzepte sowie durch unsere Interpretation der Welt.

Die beste Zeit für eine AKE oder einen luziden Traum (Fußnote) ist nicht wie weit verbreitet die Einschlafphase, sondern die sehr frühen Morgenstunden, wenn die beiden körpereigenen Hormone Melatonin (macht müde) und Serotonin (macht wach) sich in etwa die Waage halten. Übrigens werden diese Hormone ebenso wie das DMT von der Zirbeldrüse geregelt.

Fußnote: Luzide Träume sind eine Art Vorstufe. Sie wissen dann, dass Sie träumen und können diesen steuern – eine spannende Sache.

*Das DMT (Dimethyltryptamin) ist eine starke bewusstseinsverändernde Droge, die am Ende des Lebens durch einen ‚Push' die Tür zu den jenseitigen Welten öffnet - eine Art Verbindungsanforderung. Für mich ist die Zirbeldrüse* _der_ *lokale organische Anknüpfungspunkt, der sich genau im Zentrum des Gehirns befindet. Von diesem Punkt aus hat sich das biologische und zunehmend komplexere Leben, von innen nach außen, bis hin zum Cortex (unsere Großhirnrinde) entwickelt.*

*Der Cortex ist das, was es unserem Selbst erlaubt, die Krone der Schöpfung zu erfahren: entwickelte Wesen, die nach einer langen Entwicklung (Evolution) das Universum hinterfragen, sich selbst suchen und somit die Rückkehr zum Ursprung einleiten können.*

Oft beginnt eine AKE mit einer Schlafstarre. Diese schützt uns im Schlaf vor Verletzungen und hält uns, wie der Name bereits sagt, in einer Starre. Durch das unbewusste Drehen im Schlaf ‚dreht sich' dann so mancher aus seinem Körper und beginnt, sich in der Wohnung oder an anderen Orten umzuschauen. Diese Reisen machen wir alle, jede Nacht, wir können uns nur nicht mehr am nächsten Morgen daran erinnern (und sollen das auch nicht). Der Körper wird derweil im Verarbeitungsmodus zurückgelassen, das Erlebte des letzten Tages wird verarbeitet und in das Feld geladen, der nächste Tag vorbereitet. Wir träumen auf unserer tiefsten Bewusstseinsebene in der Zeit. Auch hier sind wir viele und auf vielen Ebenen simultan präsent.

Manchmal versagt aber dieser ordnende Automatismus (so bestätigt sich die Regel) und urplötzlich schwebt man über sich selbst oder steht mit seinem Astralkörper im eigenen Wohnzimmer (passiert mir häufig). Wenn Sie jetzt an Ihren Körper denken, sind Sie sogleich wieder zurück. Der Gedanke und der Wille sind es, die Sie in diesem Zustand zu einem Ort *transportieren.* Sie können sich also nie verlieren, egal, wo Sie sich gerade im Universum aufhalten. Im Gegenteil, Sie müssen lernen, nicht an Ihren schlafenden Körper zu denken, ansonsten ist die gerade begonnene Reise sofort wieder zu Ende. AKEs sind eine hervorragende Möglichkeit, um sich zum einen Gewissheit zu verschaffen, aber auch, um zum anderen zu lernen, wie die Dinge dort funktionieren.

Manche Menschen kommen schon während der Schlafstarre zu Bewusstsein, können sich nicht bewegen und geraten schnell in einen Angstzustand. Werden dann noch Wesen aus den energetischen Welten gesehen, ist der Panikmodus nicht mehr weit entfernt.

So sind zahlreiche ‚Alien-Erfahrungen' entstanden: ‚Ich wurde paralysiert und konnte mich nicht bewegen und überall waren da diese Außerirdischen ...!'

Bleiben Sie ruhig und genießen Sie die Show - so mache ich das. Seien Sie dankbar, dass Sie einen Einblick und etwas zu Gesicht bekommen haben, das vielen Menschen verwehrt bleibt. Das sind alles Wesen aus anderen, parallelen Realitäten, höheren Dimensionen (das Universum ist sehr vielschichtig) und somit aus den übergeordneten jenseitigen Welten; erdgebundene Seelen, Elementale und so weiter. Alles gut und kein Grund zur Panik. Sie sind der Chef im Ring, keiner kann Ihnen etwas, wenn Sie das nicht zulassen (siehe auch Fragestellung „Was sind Elementale?“).

Nutzen Sie stattdessen die Situation (die Schlafstarre) und versuchen Sie sich seitlich aus Ihrem Körper herauszudrehen. Ebenfalls kann es hilfreich sein, zu wippen (hoch und runter); so habe ich das während meiner Kindheit immer vor einer AKE erlebt und wohl auch praktiziert – wenn auch unbewusst.

Stören Sie sich nicht an einem sehr lauten und mechanischen Rattern, Klackern oder Klopfen - das ist normal und kennzeichnend dafür, dass Sie dabei sind, die Illusion (unsere vermeintliche Realität) zu verlassen.

Wenn Sie sich tiefer mit dem Phänomen von AKEs beschäftigen wollen, empfehle ich Ihnen uneingeschränkt die Bücher des Robert Monroe, alle drei. Lesen Sie diese der Reihe nach.

## Kann eine Seele ausgelöscht werden?

Als Fraktal des Ganzen ist das unmöglich. Die Seele ist aus Gott hervorgegangen und ein Teil dieses Phänomens. Sie ist ewig und unzerstörbar.

Was aber sehr wohl möglich ist, ist die Zuteilung oder die Verfügbarkeit von Wissen.

Aus vielen Schriften und Erfahrungsberichten wissen wir, dass die Nähe zu Gott immer mit Licht und Weisheit verbunden ist. Je näher eine Seele dem Ursprung oder dem Zentrum im Laufe ihrer Entwicklung kommt, desto mehr Weisheit und Wissen wird ihr auch zuteil. Wendet sich umgekehrt eine Seele vom Licht ab, wird sie zunehmend uneinsichtiger und unwissender. Etwas, das auch sehr deutlich von Emanuel Swedenborg in seinem Werk *Himmel und Hölle* beschrieben wird (siehe Fragestellung „Gibt es Aliens?“). Dies geschieht ebenfalls durch Untätigkeit, Interesselosigkeit und Trägheit – sie wirken sich destruktiv auf eine Seele aus. Das ist vergleichbar mit einem Samen, der nicht aufgehen will.

Eine Kehrtwende kann die Seele immer und jederzeit einleiten und sich Gott und dem Licht zuwenden. Das geht aber nur aus der Freiwilligkeit und aus der Einsicht heraus.

Neben diesem Wissen gibt es noch den Zugriff auf das bereits Erfahrene und Erlebte. Hier ist es sehr wohl möglich, dass Seelen auf bestimmte Erfahrungen (wir alle sind sehr komplexe Informationen) nicht mehr zugreifen können. Im Moment erfahren Sie solch eine Situation – mit dem Sprung ins Leben mussten Sie vergessen, wer Sie bereits alles waren und was Sie *tatsächlich* sind. Mit diesen Erinnerungen wäre eine Erfahrung als Mensch nicht möglich.

Diese Information ist aber nicht weg, Sie haben mit Ihrem Bewusstseinszustand nur zurzeit keinen Zugriff auf sie. Die Information wird verwahrt von Ihrem Selbst, dem Puppenspieler. Er zeichnet alles auf, was Sie erfahren – ausnahmslos.

Am Ende aller Tage wird die Illusion aufhören zu existieren, so meine Annahme. Dies betrifft aber nicht die Seelen, die in ihr Erfahrungen gesammelt haben. Nichts kann sie auslöschen – das ist ausgeschlossen.

Sollte es jedoch zu diesem Zeitpunkt so sein, dass die Uneinsichtigkeit sehr stark ist, dann kann es passieren, dass die gesammelten Informationen aus dem vergänglichen Universum der Seele vorenthalten werden, während die Seele aus der Illusion aussteigen muss und in eine neue überführt wird. Etwas, das in einigen Religionen mit dem Feuersee dargestellt wird, in den die ‚Teufel' geworfen werden.

Diesen Vorgang können Sie sich vorstellen wie eine Festplatte, deren Daten auf einen höheren Datenträger ausgelagert werden, sodass Sie unbespielt bleibt und erneut benutzt werden kann.

Die Seele bekommt dann die Möglichkeit, in einem anderen Kosmos die nötige Reife zu entwickeln, um den Erfahrungsprozess zu beenden. An eine ewige Verdammnis glaube ich nicht und sie wäre auch unlogisch (siehe auch das Gleichnis vom verlorenen Sohn), denn Gott liebt ein jedes seiner Geschöpfe bedingungslos. Die Zeit oder genauer der Zeitpfeil zwingt diese, sich zu entwickeln. Sie kann nicht stehen bleiben und stagnieren. Unerbittlich treibt sie die lineare Richtung der Zeit voran (siehe Fragestellung „Also ist Zeit ein Mysterium?")

Mit dem Erreichen der notwendigen Reife ist es sehr wahrscheinlich, dass die Seele alle Informationen respektive Erfahrungen zurückbekommt, denn Informationen, auch wenn dem Universum ‚der Stecker gezogen' wird, gehen nicht verloren. Das würde allem widersprechen, was wir überall um uns herum beobachten können.

Auch ist es möglich, dass es ein Ende aller Tage nie geben wird und das Universum selbst ein ewiges Konstrukt darstellt. Aus der Ewigkeit heraus betrachtet zumindest nicht unmöglich. Die Seele beginnt in solch einem Fall ihre Reise lediglich erneut.

Egal wie, die Seele bleibt erhalten und auch jede gemachte Erfahrung. Nur das Wissen um diese Informationen unterliegt Beschränkungen und so kann es sein, dass wir bereits einige Universen oder Zyklen, je nach Betrachtungsweise, hinter uns haben. Am ‚Ende' aber wird jeder ‚verlorene Sohn' reich an gemachten Erfahrungen, zum Vater zurückkehren – davon bin ich überzeugt.

Und dass ein Ende immer auch ein Anfang ist, darum geht es im Folgenden.

## Was bedeutet es, eine vollkommene Seele zu sein und was passiert dann?

Das ist leider eine Frage, die sich einer vollständigen Beantwortung entzieht. Sie ist wahrhaftig ein Mysterium, aber man kann sich ihr annähern.

Wenn wir alle möglichen Erfahrungen in diesem Kosmos gemacht haben, werden wir unserem Urinstinkt folgen und zum Ursprungzurückkehren. Von dort werden wir zu dem ‚Ort' gelangen, von dem wir uns einst in den Kosmos haben fallen lassen.

Robert Monroe beschrieb diesen Ursprung auf einer seiner vielen Reisen (Zitat aus dem Buch *Die Entdeckung der jenseitigen Welten*):

„Monroe beschreibt das Zentrum als den Ursprung. Den ‚Big Bang' hat es nie gegeben, im Zentrum befindet sich ein Sender, der ein Hologramm initiiert, von dem ausgehend sich das Universum entfaltet. Damit verbunden, in einer Art Schleife, besteht ein Rücklauf, zu dem wir zurückkehren, wenn alle notwendigen Erfahrungen gemacht wurden und wir die nötige Reife und Größe erlangt haben.

Ich habe bis heute keine bessere und treffendere Umschreibung eines Zentrums gefunden, von dem Gott in alle Richtungen ewig ausstrahlt. Die Lichtintensität dieses ‚Beams', wie Monroe ihn beschreibt, ist so gewaltig und intensiv, dass wir sofort vergehen würden, wenn wir ihn mit unserem jetzigen Entwicklungsstand sehen würden."

Was dann kommt und mit uns geschieht, ist nicht zu beantworten. Nichts und niemand hat diese Schwelle je überschritten. Und selbst wenn wir es könnten und zurückkommen würden, um zu berichten, unsere Sprache und unsere

Möglichkeiten wären viel zu begrenzt. Das wäre in etwa so, als würde man versuchen, Plankton zu erklären, wie es ist, ein Mensch zu sein – aber in dessen ‚Sprache'.

Ich kann mir nicht vorstellen, dass Entwicklung jemals endet, denn jede Stagnation bedeutet langfristig Degeneration und Verfall. Vielleicht werden wir wieder eins mit dem, was uns ausgesandt hat, vielleicht tun wir es Shiva gleich und beginnen unseren Traum eines neuen Universums zu träumen, um aus uns heraus weiteres gereiftes und altruistisches Bewusstsein hervorzubringen.

Vielleicht stellen wir aber auch nur fest, dass wir irgendwo im All, nach einer Fahrt, die Äonen dauert, nun endlich an unserem Ziel angekommen sind, an einem blauen Planeten, den wir bevölkern sollen. Dazu werden wir als künstliche generierte Intelligenzen in Körper gegeben, die genau das tun können und sollen. Aber das verlagert die Fragestellung ebenso wieder zurück in den materiellen Kosmos.

Vielleicht beginnt auch nur alles wieder von vorne - und wir spielen dieses Universum in einer anderen Variante durch und schauen einmal, wohin uns das diesmal führt.

Spannend wird es allemal.

Wir werden es herausfinden, denn eines ist klar: Der Tod ist nicht das Ende.

## Was sind Engel?

Grundsätzlich sind Engel Konzepte von unterstützenden Wesen, die sich in allen Religionen und Glaubensgemeinschaften finden. Sie werden lediglich unterschiedlich interpretiert.

Was sind sie für mich?

Engel sind zunächst einmal entwickelte Seelen, die Gemeinschaften bilden.

Diese Kollektive werden gemeinhin auch ‚die Himmel' genannt. Daraus geht hervor, dass die Himmel keine Orte sind, sondern Gemeinschaften von Gleichen, die durch ihre Schwingung und ihre Ausprägung diese sehr speziellen Realitäten erzeugen - so wie es übrigens alle Gemeinschaften in den energetischen Welten tun. In denen, die gemeinhin ‚die Himmel' genannt werden, sind diese im Gegensatz zu den Höllen altruistisch ausgeprägt. Hier dominiert die bedingungslose Nächstenliebe.

Diese Seelen haben auf der Erde, auch durch die Reinkarnation, die nötige Reife entwickelt und werden am Ende aller Tage zum Vater oder zum Ursprung - je nach Betrachtungsweise - zurückkehren.

‚Engel' ist also die Bezeichnung von entwickelten, altruistischen Seelen, die als die Bewohner ‚der Himmel' betrachtet werden.

Engel werden aber auch jene ebenfalls beseelten Wesen genannt, die den Kosmos nicht betreten haben, um Erfahrungen zu sammeln und zu reifen - so wie wir das tun -, sondern die als Helfer, Unterstützer und Boten gekommen sind. Sie sind die Erfüllungsgehilfen der Ordnung: bereits voll entwickelte Engel Gottes und funktionale Wesenheiten, die in einer virtuellen Realität wohl Hilfsprogramme genannt nennen würden, ohne dabei geringschätzig zu sein. Auch wir sind in einer Schöpfung lediglich ‚programmierte' Wesenheiten - wenn auch äußerst komplexe.

Erzengel sind die wohl bekanntesten Engel des Ursprungs.

Diese Wesen reagieren nicht auf Anbetung, zumindest nicht die wahrhaftigen unter ihnen. Von den Blendern und Betrügern war ja bereits zuvor die Rede. Jene besonderen Engel sind einzig Gott und den universalen Gesetzen verpflichtet; diesen folgen sie unbestechlich und bedingungslos.

Aber es gibt Ausnahmen. Einer war da, der sich, wie wir auch, in die Erfahrungsrealität hat fallen lassen, um sie zu erfahren und um Gott gleich zu sein. Seinen Namen zu nennen ist überflüssig, Sie wissen, welchen gefallenen Engel ich hier meine. Er ist der ‚verlorene Sohn' des Himmels und steht für das, was wir in der Dualität den Materialismus nennen, die Anhaftung an die Illusion und die Gier nach Leben und Besitz - immerwährende Reinkarnation. Luzifer, der Lichtbringer, ist noch einer seiner schöneren Namen.

Ihm entgegen steht ein weiterer Engel des Herrn, der sich ebenfalls in die Materie begeben hat, aber mit einer anderen Zielsetzung. Jesus wird deshalb auch der Erlöser genannt, denn es ist genau dieser Erlösungsgedanke, der dem Materialismus gegenübersteht.

Eine Idee, die bereits Buddha vorlebte.

Erlösung durch die Beendigung der Reinkarnation, durch das Erkennen der Illusion, in der sich so viele unserer Brüder und Schwestern verstrickt haben und gefangen sind. Am Ende, daran glaube ich, wird auch die letzte Seele erlöst werden und der einst ‚gefallene Engel', der ‚verlorene Sohn', wird zurückkehren zum Vater.

Und im Himmel wird eine große Freude sein.

Zu guter Letzt sind da noch unsere Freude und Helfer, Vorinkarnationen von uns oder Geschwister aus unserer Gemeinschaft, nicht selten bereits vorausgegangene Familienmitglieder, die uns als Schutzengel oder als sogenannte imaginäre Freunde (während unserer Kindheit) zur Seite stehen. Sie lenken und leiten uns, lassen Gedanken einfließen, warnen uns oder stoßen uns in eine bestimmte Richtung - auch sie sind Engel.

Und natürlich all jene Wesen im Kosmos, die weiter entwickelt sind als wir, die einen anderen Weg eingeschlagen haben und uns aus Gründen der bedingungslosen Nächstenliebe begleiten, anleiten und fördern.

*

Hier gibt es ebenfalls keine DIN-Norm, weshalb man gut daran tut, sich mit einem jeweiligen Engelskonzept auseinanderzusetzen, bevor man sein eigenes (automatisch) heranzieht.

# TEIL SECHS

## WESENTLICHES

## Hat das Universum eine Grenze?

Unsere Erfahrungsrealität ist und bleibt eine Schöpfung, von der wir zwar annehmen, dass Sie einen Anfang und ein Ende und somit Grenzen hat - dem ist aber nicht so. Diese Annahme ist lediglich ein Trugschluss, generiert aus unserer Anbindung an die Raumzeit, in der nun mal alles endlich ist, endlich sein muss.

Wir werden niemals irgendwelche Grenzen finden, unsere Vorstellungskraft wirkt aus der Unendlichkeit heraus und diese kennt eben keine Endlichkeit. Ähnlich wie in unseren nächtlichen Träumen können immer weitere Gebiete und Räume erschaffen werden. Unsere Vorstellungskraft ist ohne Limit.

Wir erschaffen das Universum kollektiv durch unsere Überzeugungen und unseren Willen. Wir tun das, indem wir wahrnehmen, beobachten und forschen.

Es beginnt in uns und endet dort, wo unsere Gedanken enden. Es gibt weder ein Danach, noch gibt es ein Dahinter mit einer vorgelagerten Grenze.

Je tiefer der Mensch in den Mikro- oder Makrokosmos vordringt, desto weiter dehnt sich auch seine erfahrbare Realität aus. Mit jedem Gedanken erschafft er zudem unzählige weitere Realitäten, die im selben Raum existieren. Alles, was möglich ist, wird auch realisiert. Der Mensch wird niemals eine Grenze finden, da er durch seine Suche stets Neues erschafft und die imaginäre Grenze nur weiter ins Unbekannte verschiebt. Erreichen wird er sie nie. Es gibt sie nicht.

Das gilt für den Makrokosmos, das Universum, genauso wie für den Mikrokosmos mit seinen Atomen, Elementarteilchen und den noch angenommenen Strings.

Ein gewollter Prozess, denn auch das ist Teil der Sinnhaftigkeit des Ganzen: Neues zu erschaffen, um dadurch neue Erfahrungen und somit Wachstum zu erreichen.

## Dann habe ich auch keine Grenzen?

Nein, haben Sie nicht.

Sie sind der Mensch, der durch seine Vorstellungen und Überzeugen die Welt definiert und erschafft. Sie sind das Zentrum und somit auch gleichzeitig die Ursache Ihrer ganz persönlichen Erfahrungsrealität.

Egal, welches Ziel Sie sich auf dieser Welt auch immer setzen oder bereits gesetzt haben, Sie können es erreichen, wenn Sie es nur wollen und - ganz wesentlich - davon überzeugt sind und es sich auch vorstellen können!

Der Einzige, der Ihnen beim Erreichen Ihrer Ziele im Wege stehen könnte, sind Sie selbst. Wenn Sie, als die alles erzeugende Kraft Ihres Universums, nicht an sich selbst glauben, dann wird es in der Tat schwierig.

Alle anderen Hindernisse sind hingegen nur Ausreden.

Setzen Sie die Ziele in Ihrem Leben ganz bewusst hoch an. Denn je höher das Ziel, desto leichter wird es Ihnen fallen, die Zwischenziele zu erreichen. Das ist ein kosmisches Gesetz und ist mindestens genauso zuverlässig wie *Bestellungen beim Universum* (Silberschnur Verlag, Bärbel Mohr).

Stürmen Sie Ihrem Ziel aber nicht entgegen.

Stellen Sie sich eine Leiter vor, die Sie zu Ihrem Ziel führen soll. Hetzen Sie diese nicht hoch, nur das Ziel vor Augen, sondern nehmen Sie jede Sprosse in freudiger Erwartung der nächsten, achtsam und mit Bedacht, sonst laufen Sie vielleicht Gefahr, abzurutschen oder unterwegs hängen zu bleiben.

Auch hier gilt: Der Weg ist das Ziel.

Schritt für Schritt - und Sie werden ankommen. Das Einzige, was Sie dazu brauchen, ist Willenskraft und der Glaube an Ihr Ziel sowie an sich selbst. Das ist auch schon alles.

Sie sind wahrhaftig grenzenlos und der Erschaffer eines ganzen Universums - wie ein jeder von uns und das ohne Ausnahme.

Und sollten Sie jetzt vielleicht denken, dass das alles doch nicht geht und zudem völlig utopisch ist, da Sie beruflich fest eingebunden und auch sonst keinerlei Handlungsfreiräume haben, dann habe ich da noch etwas für Sie:

Aus dem Buch *Die Entdeckung der jenseitigen Welten (Zitat)*: „Am (vermeintlichen) Ende unseres Lebens, auf dem Sterbebett, kommen wir oftmals zu Einsichten, die, hätten wir sie ‚gelebt', uns ein erfüllteres Leben gegeben hätten. Wir bedauern, dass wir, weil wir zu viel Rücksicht auf andere genommen haben, unser Leben nicht so leben konnten, wie wir es eigentlich gewollt hätten. Wir bedauern, dass wir mehr Zeit für Arbeit und Karriere verbraucht haben als für Familie und Freunde. Dass wir Freunde aus den Augen verloren haben und im Streit auseinandergegangen sind. Diese Auflistung lässt sich beliebig lang fortsetzen. Kurz bevor wir sterben, erkennen wir, was wirklich wichtig war im Leben. Die Frage in diesem Zusammenhang ist: Müssen wir erst auf dem Sterbebett liegen, um zu diesen Einsichten zu gelangen?"

## Wer ist eigentlich der Mensch, der ich bin?

Das, was wir manchmal von uns geben, wie wir uns kleiden und geben, hat oft nur wenig mit dem zu tun, was oder wer wir tatsächlich sind.

In uns sind dreierlei Menschen. Da ist zum einen der Mensch, der Sie sind, dann der Mensch, der Sie sein wollen und zu guter Letzt der Mensch, der Sie sein müssen.

Dieser wird bestimmt durch die vielen Rollen, die wir im Laufe des Lebens einnehmen: Beruf, Elternteil, Gruppenzugehörigkeit usw.

Der wohl dominanteste Teil von uns ist der Mensch, der wir sein wollen – er bestimmt, wie wir uns kleiden, geben und sprechen. Er oder sie entspricht dem Idealbild, das wir von uns selbst haben. Eine Art Ziel, das wir beständig versuchen zu erreichen.

Und so wird der Mensch, der wir sind, langsam zu dem Menschen, der wir sein wollen und auch zu dem Menschen, der wir sein müssen, ohne diese beiden ‚Idealbilder' aber vollends zu erreichen. Das hat wiederum mit unserer steten Unzufriedenheit zu tun (siehe Fragestellung „Warum ist es so schwierig, dauerhaft zufrieden zu sein?"), die verhindert, dass sich jemals absolute Zufriedenheit und somit Stillstand in der Entwicklung einstellt.

Vom ersten Atemzug an arbeiten wir auf diese Weise an unserer Ausrichtung. Wenn Sie so wollen, ist das unsere Matrix, das Muster oder unser Wesenskern (der Mensch, der wir wirklich sind). Dieser kann niemals ,'nichts' beinhalten. Diese Veränderung ist fortwährend und endet in der Materie erst mit unserem letzten Herzschlag.

Heute bin ich ein anderer Mensch als gestern und morgen werde ich anders sein als der, der ich heute bin.

Somit ist dieses Prinzip durchaus als Entwicklungsprozess zu verstehen, den wir uns zunutze machen können, was mich zu meiner nächsten Fragestellung bringt.

# Wie kann ich mich so verändern, dass ich ‚weiß'?

Wenn Sie sich etwas vorstellen können, dann können Sie es auch sein.

Unsere tiefsten Überzeugungen sind das Produkt von langjährigen Erfahrungen, das heißt, dass eine Veränderung unserer inneren Ausrichtung zwar jederzeit beginnen kann, sie aber durchaus Jahre benötigt, bis sie zur vollen Blüte reift. Es ist ein Prozess, in dem der Mensch, der Sie sind, dem Menschen folgt, der Sie sein wollen.

Das können und werden wir uns zunutze machen.

Regelmäßig von uns durchgeführte Handlungen oder Affirmationen führen immer zu einer Veränderung unseres Bewusstseins. Sie müssen also nicht zwingend von etwas überzeugt sein, um es tun zu können oder tun zu dürfen. Es verhält sich vielmehr umgekehrt: Das, was Sie regelmäßig mit der richtigen Einstellung tun (oder aufnehmen), wird immer mehr zu Ihrer Überzeugung und auf diese Weise Ihre Ausrichtung verändern.

So funktionieren zum Beispiel gewisse mantraartig vorgetragene Botschaften. Wenn Sie diese nur oft genug gehört haben, zum Beispiel, dass die ‚Presse lügt' (Stichwort ‚Lügenpresse'), dann wird das irgendwann Teil Ihrer Wahrheit, selbst wenn diese Betrachtung aus meiner Sicht völlig unlogisch und auch sonst widersinnig ist - aber das ist ein anderes Thema. Es zeigt nur, dass selbst absolut abstruse und manchmal unlogische Aussagen durchaus zu Überzeugungen werden können.

So entwickeln sich Wahrheiten. Dass ein jeder seine eigene hat, wird nicht nur durch diese Fragestellung deutlich.

Mit Toleranz geht alles besser. Ich kann Menschen, die anderer Meinung sind, ohne große Probleme tolerieren (Auch hier wieder Stichwort ‚Lügenpresse' oder ‚es gibt kein Leben nach dem Tod'). Ich habe zwar eine andere Sicht auf die Dinge, bin aber sehr gut in der Lage, Menschen mit einer anderen Wahrheit als der meinen nicht nur hinzunehmen, sondern auch zu akzeptieren. Ich bin dabei stets darum bemüht, in der Mitte zu stehen, so kann ich alles und jeden von zwei Seiten beleuchten und werde zudem nicht blind für die Argumente einer möglichen Gegenseite.

Und damit wären wir schon bei Regel Nummer eins unseres Veränderungsprozesses:

1. Seien Sie tolerant!

Da wir uns verändern wollen, dürfen wir auf gar keinen Fall stehen bleiben, das gilt auch für unser Weltbild. Ich hinterfrage dieses ständig, ja fast schon täglich. Zugegeben, das ist in meinem Fall nicht allzu schwer, da ich täglich über die Facebook-Gruppe „Jenseitige Welten" Fragen gestellt bekomme (die Gruppe zu meinen Büchern und denen von Biggi Weber), die mich dazu veranlassen, immer wieder neue Teilaspekte unserer Spiritualität zu überdenken und zu beantworten. Indem ich das tue, verfeinert sich mein Weltbild zunehmend, es nimmt an Schärfe und Klarheit zu.

Wenn Sie sich also beständig selbst mit dem Thema auseinandersetzen, können Sie das auch. Punkt zwei und drei:

2. Hinterfragen Sie sich!
3. Suchen Sie Menschen, mit denen Sie spirituelle Themen diskutieren können.

Gerade der letzte Punkt ist immens wichtig. Indem Sie mit anderen Menschen über spirituelle Themen reden, geht Ihr Sinn, den wir auch Verstand nennen, auf Empfang. So kommt Neues in die Welt. Nicht selten kamen so ganze Kapitel oder schöne poetische Verse in meine Schriften. Sie tauchten mit einem Mal auf (sie kamen mir in den Sinn) und ich brauchte diese nur noch von meinem Verstand ablesen - Puppenspieler oder dem Selbst sei Dank.

Er (oder sie) weiß zudem am besten, was gerade für Sie wichtig ist und in welcher Reihenfolge Sie es abzuarbeiten haben. Er gibt Ihnen Hinweise über Ihre Gedankenwelt und streut weitere Hinweise in Ihre erlebte tagtägliche Realität ein. Was ist das für ein Thema, das Sie gerade bewegt oder auf was wird immer und immer wieder Ihre Aufmerksamkeit gelenkt?

Also:

4. Beschäftigen Sie sich mit dem Thema ...
5. ... und seien Sie achtsam.

Jetzt kommen wir zu dem Wichtigsten überhaupt, zu unserer Vorstellung von uns selbst. Schließen Sie Ihre Augen und sehen Sie in die Zukunft, sehen Sie sich selbst so, wie und wo Sie gerne sein wollen.

Hier greift die eingangs formulierte Regel: „Wenn Sie es sich vorstellen können, dann können Sie es auch sein."

6. Visualisieren Sie sich selbst.

Das bin ich in der nahen Zukunft: Ich sitze in zufriedener meditativer Haltung und denke zu mir selbst: „Danke, dass ich glauben darf. Ich weiß, dass es weitergeht. Es hat nie geendet, denn das, was wir Leben nennen, ist nur eine noch größere Illusion als unsere nächtlichen Träume.“

Formulieren Sie konkret, was Sie wollen und zwar auf eine Weise, als ob es bereits so wäre!

Sie können diesen Wunsch einmalig formulieren, positiv mit einem Lächeln verbinden, absenden und dann vergessen. An wen ist dabei völlig gleich – gerne auch an das Universum, so wie es Bärbel Mohr in ihrem Buch *Bestellungen beim Universum* beschrieben hat. Ankommen wird dieser Wunsch immer beim Richtigen, denn eigentlich sind Sie ja ‚alle' und ‚alles', und senden Ihren Wunsch somit immer an sich ‚selbst'.

Das ist eine Möglichkeit.

Da das ‚Nicht-mehr-dran-denken-und-vergessen' nicht immer so funktioniert, können wir aber auch genau das Gegenteil davon machen: Wir wiederholen eine Aussage so oft wie möglich und machen daraus eine Liste mit Zielen sowie ein Mantra.

Mein Mantra ist ein Zitat von Carl Gustav Jung: „Ich glaube nicht, ich weiß“. Dieses Zitat habe ich vor fast nunmehr 5 Jahren zum ersten Mal gelesen. Inzwischen ist es für mich zu einer Überzeugung geworden.

7. Formulieren Sie ein Mantra für sich.
8. Erstellen Sie eine Liste mit Punkten, was Sie in Zukunft alles erreichen werden.

- Ich werde im nächsten Jahr eine sehr erfolgreiche Therapeutin sein.
- Ich werde im nächsten Jahr so viele zufriedene Kunden haben, dass ich leider nicht alle behandeln kann und diese weiterempfehlen muss.
- Ich werde ausgeglichen und zufrieden sein.
- Ich werde im nächsten Jahr nach Australien reisen und Down Under erkunden.

Um nur ein paar Beispiele zu nennen.

Natürlich gibt es auch Abkürzungen, eine Nahtoderfahrung ist zum Beispiel eine. Menschen, die eine solche Erfahrung gemacht haben, haben die Angst vor dem Sterben und dem Tod verloren. Diese *wissen*.

Solch eine Erfahrung möchte ich Ihnen aber weder nahelegen noch wünschen, denn immerhin müssen Sie dazu (fast) sterben, also einen

Kreislaufzusammenbruch einleiten und diesen auch überleben.

Zudem gibt es gewisse Praktiken, Rituale und ebenso Substanzen, deren Einnahme zu ähnlichen Einsichten führen. Diese unterliegen in Deutschland allerdings allesamt dem Betäubungsmittelgesetz. Darüber hinaus kann die Einnahme von Drogen lebensgefährlich sein oder eine Erfahrung generieren, die der einer Höllenfahrt sehr nahe kommt.

Also lassen Sie besser die Finger davon. Auch von anderen Praktiken, bei denen der Seele glaubhaft vermittelt wird, dass der Körper dabei ist, unwiderruflich zu sterben, rate ich Ihnen ebenfalls ab.

Was bleibt, ist mindestens genauso zuverlässig: Die Suche nach der Ewigkeit. Wie Sie diese am besten bewerkstelligen, habe ich Ihnen mit dieser letzten Fragestellung aufgezeigt.

Das wird auch bei Ihnen funktionieren - so sicher wie die Tatsache, dass Sie ein Mensch sind.

## Kann alles nur ein Zufall sein?

Ja, natürlich lässt sich das nicht ausschließen, allerdings ist das extrem unwahrscheinlich und tendiert fast schon gegen null, aber eben nur fast.

Nach Penrose liegt die Wahrscheinlichkeit, dass unsere Welt so ist, wie sie ist, bei 10 hoch 10 hoch 123. Das ist eine Zahl, die, würden wir diese ausschreiben, einen Papierstapel hervorbringen würde, der mehr Platz in Anspruch nimmt, als Raum im beobachtbaren Universum zur Verfügung steht.

Die Wahrscheinlichkeit, dass wir in solch einer Realität leben und zudem noch darüber sinnieren können, ob sie nun real, zufällig oder was auch immer ist, ist noch um ein Vielfaches höher.

Das heißt im Umkehrschluss, frei nach Stephen Hawking: Da es unzählige Parallel-Universen gibt, muss es in jedem 10 hoch 10 hoch 123ten Universum Leben geben, wie wir es kennen. Alle anderen sind Fehlversuche, implodieren direkt nach dem ‚Start', sind leer, lebensfeindlich und so weiter und so fort.

Nun ja, möglich.

Das wäre aber schon eine gewaltige Verschwendung von Ressourcen und sieht all dem, was wir rings um uns beobachten können, absolut unähnlich. Die Natur (ich bevorzuge das Wort Schöpfung) ist höchst effizient und zielgerichtet. Da wird nicht ein ‚Jota' verschwendet, auch wenn es manchmal den Anschein hat.

*Jota: Etwas sehr Kleines bzw. Geringes, in Anlehnung daran, dass der Buchstabe Iota (lat. i) das kleinste Schriftzeichen des griechischen Alphabets ist.*

Das alles zeigt auf, wie unfassbar unwahrscheinlich ein zufälliges Universum ist. Sollte es aber dennoch so sein, dann ist es *mindestens genauso* wahrscheinlich, dass wir in eben diesem als ewige und transzendente Wesen existieren. Das geht alleine schon aus den ganz speziellen Eigenschaften unseres Kosmos hervor. Diese werde ich Ihnen im Anschluss noch einmal in einer Zusammenfassung aufführen.

Ein zufällig entstandenes Universum ist übrigens nicht zu vergleichen mit einem Universum, in dem alles zufällig ist. In einem derartigen Universum würde nichts in die Existenz gelangen, alles wäre chaotisch und Naturgesetze und Regeln wären quasi nicht vorhanden. In unserem Universum hingegen herrscht eine allumfassende, äußerst präzise Ordnung und so etwas wie Zufall gibt es nicht wirklich. Wir sind lediglich kausal viel zu kurzsichtig, um die Ursache einer Wirkung jedes Mal zu erkennen. Die Komplexität unserer Realität überfordert uns, also sprechen wir vom Zufall oder Glück (oder eben Pech). Eine TV-Serie, die diese Komplexität sehr gut herausgearbeitet hat, ist *Touch*. In dieser Serie spielt Kiefer Sutherland einen alleinerziehenden Vater, der sich sehr engagiert um seinen autistischen Sohn kümmert. Dieser hat zwar keinen Zugang zur Außenwelt, erkennt und begreift die Welt und ihre komplexen Zusammenhänge aber über Zahlen. Dieser Junge kann bestimmte Abläufe der Realität erkennen, die normalen Menschen verborgen bleiben, und diese exakt vorhersagen.

Fußnote: „Kausalität": Jede Wirkung hat zwingend auch eine Ursache.

Bevor wir zum Abschluss dieses Buches kommen (ich hoffe es hat Ihnen bis hierhin gefallen), möchte ich die Eigenschaften unseres Kosmos sowie die Argumentationen, die *für* eine Schöpfung stehen, für Sie zusammenfassen und Ihnen noch einmal ins Gedächtnis rufen.

## Was sind die wesentlichsten Argumente, die für eine Schöpfung sprechen?

Das Fundament meiner Überzeugungen in Kurzform. Alle Argumente, die für eine Schöpfung stehen, zusammengetragen aus meinen bisherigen

Veröffentlichungen. Wo gegeben, habe ich den Buchtitel angefügt.

Und los geht es:

Die Wissenschaft kann nicht beweisen, dass wir unser Gehirn sind. Sie hat es mit unglaublichem finanziellem Aufwand und allen zur Verfügung stehenden Mitteln, teuren Laboren und Techniken versucht – und ist immer wieder grandios gescheitert. Umgekehrt nehmen die Indizien und Hinweise fast schon täglich zu, dass wir tatsächlich auf einer höheren Ebene existieren. Unser Gehirn scheint eine Art Netzwerkkarte eines gigantischen Quantencomputers zu sein, der auf einer höheren Ebene existiert. Etwas, das der Zufall nicht in Billionen von Milliarden Jahren hervorbringen kann, geschweige in den läppischen 543 000 000 Jahren, als alles seinen Anfang nahm. (Siehe Buch *Die Entdeckung der jenseitigen Welten*)

Der Anfang: Während der ‚Kambrischen Explosion' vor (eben diesen) 543 000 000 Millionen Jahren tauchten plötzlich, nahezu zeitgleich (daher der Name), Vertreter aller heute lebenden Arten auf unserem Weltenkörper auf. (Siehe Buch *Die Entdeckung der jenseitigen Welten*)

Überall um uns herum finden wir die allgemeingültigen Naturgesetze, Zahlen und die Regeln der Mathematik sowie der Programmierung. Wir und alles, was ist, sind Information, unsere Wahrnehmung nichts anderes als Informationsverarbeitung.

Materie ist lediglich eine andere Erscheinungsform von Energie, beides ist beliebig untereinander austauschbar ($E=MC^2$). Beispiele hierfür sind die Photosynthese und die Kernspaltung. (Siehe Buch *Die Entdeckung der jenseitigen Welten*)

Elemente (unsere Atome) sind lediglich Bausteine der Schöpfung und beliebig oft austausch- und verwendbar. Sie vergehen nicht wie das, was sie immer wieder hervorbringen: die Moleküle. Das ist schon sehr erstaunlich. Auch wenn Eisen rostet, so bleibt ein Eisenatom doch immer ein Eisenatom und kann jederzeit wiederverwendet werden. Der Kosmos als ewiger ‚Lego-Baukasten' seines Schöpfers.

Die Quantenmechanik bietet eindeutige Hinweise darauf, dass wir zum einen in einer Art holistischen Projektion zu leben scheinen und zum anderen, dass vieles auf einer höheren Ebene miteinander verschränkt ist und über diese Dimension (Ebene) auch miteinander kommuniziert, unabhängig von der Entfernung. Teilchen (Doppelspaltexperiment) scheinen zu wissen, wann sie aktiv oder passiv beobachtet werden und richten ihr Verhalten danach aus - ein Hinweis, dass wir unsere Realität lediglich durch unsere Wahrnehmung erschaffen. So erklärt sich auch das

Folgende. (Siehe Buch *Die Entdeckung der jenseitigen Welten*)

Durch das, was uns im Inneren aktuell beschäftigt, wird unsere Realität gestaltet. Das Äußere ist immer ein Spiegelbild des Inneren, wobei die Energie stets der Aufmerksamkeit folgt. So kommt es wieder und wieder zu Manifestationen von Dingen in unserer unmittelbaren Umgebung, mit denen wir uns gedanklich oder innerlich beschäftigen. Das geht weit über das, was allgemein ‚selektive Wahrnehmung' genannt wird, hinaus. (Siehe Buch *Die Entdeckung der jenseitigen Welten*)

Das Fermi-Paradoxon (siehe Fragestellung „Gibt es Aliens?").

Nahtoderfahrungen sind reale Erlebnisse. Das belegen eindeutig und zweifelsfrei die Aware- und die MCQ-Studie. (Siehe Fragestellung „Sind Nahtoderfahrungen real?")

In Nahtoderfahrungen und bei Sterbebetterfahrungen werden immer nur bereits Verstorbene gesehen, die uns abholen wollen (*nie noch Lebende*) oder uns sagen, dass es noch nicht soweit ist und wir zurück müssen. Diese werden oft als jung und in ihren besten Jahren aussehend beschrieben. Welten werden beschrieben, die realer empfunden und beschrieben werden als unsere vermeintliche Realität. (Fußnote).

Nahtoderfahrungen haben immer wiederkehrende Gemeinsamkeiten, unter anderem, dass Menschen, die eine NTE erlebt haben, sich verändern, die Angst vor dem Tod verlieren und unbeirrbar an eine Weiterexistenz glauben - auch vorherige Atheisten verändern sich auf diese Weise. (Fußnote).

Kinder identifizieren imaginäre Freunde auf alten Familienfotos häufig als längst verstorbene Angehörige der Familie. Diese Angehörigen, die sie nie persönlich kennengelernt haben, sehen allerdings Jahrzehnte jünger aus als zum Zeitpunkt ihres Todes (Fußnote).

Verstorbene erscheinen (ebenfalls verjüngt und erholt aussehend) in Klarträumen und verabschieden sich (Fußnote).

Das Leben ist ein geplanter Ablauf von vorherbestimmten Ereignissen. Sie kennen bestimmt den Satz aus der Bibel: „Ich kannte dich bereits, bevor du geboren wurdest" (Jeremia 1,5). Vorahnungen, Schauungen - oft in Träumen -, Prophezeiungen und Hellsichtigkeit wären sonst nicht möglich. Es ist aber unstrittig, dass es diese gibt (Fußnote).

Außerkörperliche Erfahrungen sind weitere Belege für eine transzendente Existenz. Reisende berichten schlüssig von Welten außerhalb des Materiellen. (Fußnote)

Kinder haben Erinnerungen an frühere Leben oder beschreiben den Ort, von dem sie in unsere Welt gekommen sind (Fußnote).

Meine Gedanken beschränken sich nicht auf meinen Körper, siehe auch Erfahrungsbericht „Parmesan“ in diesem Buch – „Warum fasten wir ...?“ (Fußnote).

Würden wir nicht in einer Schöpfung leben, dann würde es kein einziges dieser Erlebnisse geben - sie wären ausgeschlossen.

Fußnote: Eine Vielzahl von Erfahrungsberichten zu diesen Themengebieten finden Sie in dem Buch *Jenseitige Welten - Berührungspunkte.*

Die Immersion: unsere Eigenschaft, in Filme, Bücher und Spiele hineingezogen zu werden. (Siehe Fragestellung „Warum finden wir Filme so spannend?”)

Der Selbsterhaltungstrieb sowie der Antrieb, sich auszubreiten und sich zu vermehren, waren schon zu Anbeginn in der allerersten Zelle präsent - wie programmiert. Dadurch, dass jedes Lebewesen und jede Spezies einen unbedingten Willen zum Überleben hat, ist eine Schöpfung überhaupt erst möglich. Solch eine komplexe Programmierung entsteht weder durch Zufall noch durch Auslese, da sie von vorneherein alternativlos ist. (Siehe Fragestellung „Warum haben wir Todesangst ...?“)

Die Korrekturmechanismen unserer Wahrnehmung zum einen, die physikalischen Begrenzungen von Licht und Energie in unserem Kosmos zum anderen (siehe Fragestellung „Wenn alles eine Illusion ist, dann ...?“) sind genauso Merkmale einer programmierten Schöpfung wie …

… die zielgerichtete Entwicklung in immer höhere Formen (siehe Fragestellung „Was sind Entsprechungen“): Da der gesamte Kosmos Bewusstsein ist (beseelt ist) und sich lediglich über die Materie ausdrückt, ist der materielle Kosmos, vom ersten Elementarteilchen an den Anfängen der Zeit bis hin zu uns, als eine Entwicklung zu einem immer höheren und komplexeren Bewusstseinszustand zu verstehen, von dem wir alle ein bewusster Teil sind, ein ständig wachsendes Fraktal. Unauslöschbar und ewig, denn die Materie vergeht, nicht aber der Geist, der sich über die Materie immer weiter entwickelt und sich auf diese Weise selbst in immer höhere Zustände des Seins bringt. Das Wort ‚Kosmos‘ ist alt-griechisch und bedeutet nicht umsonst ‚die Ordnung‘. In ihm ist nichts zufällig, wir sind nur kausal sehr kurzsichtig und sehen nicht immer die ursächlichen Zusammenhänge. Wenn tatsächlich alles nur auf dem Prinzip Zufall basiert, dann wäre das auch überall um uns herum zu beobachten: Überall wäre

Chaos und Willkür, rein gar nichts wäre berechenbar. Aber genau *so* ist unsere Realität eben nicht.

Die gesamte Evolution wirkte entsprechend der Ordnung im Kosmos zielgerichtet und verlief stufenförmig. Es gibt keine Übergangsformen von einer Spezies zur nächsten und schon gar keine der unzähligen (aber notwendigen) erfolglosen Parallelarten, die der ‚zufälligen Evolutionstheorie' zugrunde liegen. Alles verlief geplant und zielgerichtet - auch hier: wie programmiert. (Siehe Buch *Die Entdeckung der jenseitigen Welten*)

Jede Art kennt ihre Form, ohne dass wir bislang einen Bauplan oder eine Matrix in den Dingen finden oder nachweisen konnten. Auf den Menschen bezogen heißt das unter anderem: Jede Zelle weiß, wie sie, wo sie und wann sie zu wachsen hat. Stirbt eine Zelle, das passiert spätestens nach 10 Jahren, wird diese ausgetauscht (von wem?) und übernimmt jede Information, zum Beispiel auch das Alter und die bislang angefallenen Schäden. Unsere Gene leisten das jedenfalls nicht – sie definieren lediglich Eigenschaften und sind nicht das ‚Betriebssystem'. Übrigens: In diesem Sinne sind Sie heute nicht mehr der, der sie noch vor zehn Jahren waren. Dieser Mensch existiert nicht mehr (und doch *sind* Sie noch und können sich sehr genau an den Menschen erinnern, der Sie einmal waren).

Wird der Körper verletzt, kommt es zu einem Selbstheilungsprozess. Da unsere Zellen kein Medizinstudium absolviert haben, stellt sich die Frage: Woher weiß unser Körper, wie er das zu machen hat und was steuert diesen unglaublich effizienten Prozess?

Wo ist generell die Funktionsweise unseres Körpers definiert? In unseren Zellen werden Sie genauso wenig fündig wie in einem Baum - für den Fall, dass Sie dort nach seinem Bauplan suchen sollten. Der Speicherort für jede denkbare Regel (zum Beispiel die Naturgesetze oder die Regeln der Mathematik) ist genauso wenig im Materiellen zu finden wie die Formen von Eiskristallen oder die von Wesen unserer Flora und Fauna (wussten Sie, dass es auf der ganzen Welt niemals zwei identische Eiskristalle gegeben hat?). Es gibt nichts Greifbares, das wir auslesen können. Die Wissenschaft beschreibt lediglich die Welt, in der wir leben, sie definiert sie nicht und sie legt auch nicht die Regeln fest. Da aber jede Information zwingend auch einen Speicherort haben muss, *muss* es noch einen ‚Ort' geben, der keiner ist, eine höhere Dimension, in der alles, was ist, definiert und gespeichert ist, auch wir.

Etwas, das ich in meinen Büchern das alles durchdringende, das alles umfassende und das alles aufnehmende Feld nenne. Ein ‚Ort', der alles, jede Information und jedes Bewusstsein im Kosmos verwaltet. Es ist bereits seit

Jahrtausenden bekannt, unter anderem unter dem Namen ‚Akasha Chronik', der ‚Heilige Geist' oder als das ‚Buch des Lebens'. Heute könnte man das Feld auch mit folgender Analogie umschreiben: Es ist das Betriebssystem (das, was regelt und definiert), der Speicherort (sowie der Arbeitsspeicher) und der Erzeuger einer virtuellen Realität. Das war noch vor 100 Jahren einfach nicht vermittelbar - heute schon. (Siehe Buch *Die Entdeckung der jenseitigen Welten*)

Das Leben ist lebensgefährlich (frei nach Kästner). Alles im Universum ist darauf aus, Sie umzubringen. Der Weltraum, alles, was sich dort bewegt, die Gravitation auf der Erde sowieso. Da reicht oft schon eine Fallhöhe von 1,50 Meter, sozusagen aus dem Stand, um Sie schnell und sicher auf die andere Seite zu bringen. Kriege, Seuchen, Krankheiten, der Straßenverkehr mit all seinen Tücken und vor allem seine hohen Geschwindigkeiten, unsere lieben, manchmal neidischen Mitmenschen, die gesamte ‚ach so gefährliche' Flora und Fauna unseres Planeten und nicht zuletzt auch unsere Konstruktion: Luft und Nahrung werden über dieselbe ‚Röhre' zugeführt, wir haben nur ein Herz (kein Back-up) und wird eines unserer größeren Gefäße verletzt (Möglichkeiten, wie so etwas passieren kann, gibt es ja zuhauf), verbluten wir - und das schnell. Da mutet es schon wie ein Wunder an, überhaupt einen Monat im Hier und Jetzt zu überleben. Und doch sind Sie genauso alt, wie Sie eben sind, wenn Sie dieses Buch lesen - und es wird noch viel Zeit hinzukommen. Schon eine beachtliche Leistung, nicht wahr? Daraus resultiert, dass Sie am Ende Ihres Lebens feststellen werden, dass etwa 96% all Ihrer Sorgen umsonst waren. Das heißt nun nicht, dass es Ihre Sorgen sind, die Sie am Leben halten - ganz im Gegenteil. Trauen Sie sich etwas. Sie werden es überleben!

Bewegen Sie einmal bewusst Ihren Arm, um herauszufinden, wer hier was dominiert. Es ist der Geist, der das Sagen hat - und das ist nie anders gewesen. So heißt es korrekt aus dem Griechischen übersetzt („Am Anfang war das Wort"): Am Anfang war der Logos - der Geist - und nicht die Materie. (Siehe Buch *Die Entdeckung der jenseitigen Welten*)

Alle Religionen betrachten ein und dasselbe Phänomen von lediglich unterschiedlichen Standpunkten aus. Das trifft auf alle Religionen und Glaubensgemeinschaften zu, ob längst vergessen oder noch aktuell. Ein Grund, warum ich keiner Gemeinschaft besonders zugetan bin. Ich unterstütze aber jeden Glauben, der den Menschen näher zu Gott oder zurück zum Ursprung bringt - je nach Betrachtungsweise.

*

Das war bei Weitem noch nicht alles! Ich wollte Ihnen aber noch einmal einen kurzen Abriss dessen geben, was es dort draußen alles an Indizien, Hinweisen und Zusammenhängen gibt, die eine ewige Existenz nicht nur nahelegen, sondern sie offensichtlich machen. Warum ich hier nicht von Beweisen spreche, dürfte Ihnen klar sein. (Siehe Fragestellung „Warum kann die Wissenschaft das Jenseits nicht beweisen?“)

Was hat nun der Materialismus an Argumentationen zu bieten? Ach ja, es ist nichts bewiesen und es ist noch keiner zurückgekommen.

Das ist nicht wirklich eine fundierte Grundlage, oder? Und trotzdem werden Sie jemanden, der aus welchem Grund auch immer glauben *will*, dass der Tod unser aller Ende ist, nicht vom Gegenteil überzeugen können. Je mehr Argumente Sie auffahren, desto verstockter wird er. Der Mensch sieht immer nur das, was er auch sehen will, alles andere wird aus seiner Sicht eine Lüge sein. Mein gut gemeinter Rat: Lassen Sie es einfach bleiben und erfreuen Sie sich daran, dass es für Sie weitergeht. Der Mensch kann sich nur von innen heraus verändern. Vielleicht sieht er Ihre neu gewonnene Leichtigkeit und fängt dadurch an, sein eigenes Weltbild zu hinterfragen. Bis dahin hat er unser Mitgefühl und auch unser Mitleid, denn wir alle, ob wissend oder unwissend, sind Brüder und Schwestern - auch wenn es manchmal schwer fällt, genau das zu akzeptieren.

## Was ist der Sinn unseres Daseins?

Das ist für Sie an dieser Stelle sicher bereits offensichtlich.

Er besteht darin, das Leben zu leben und beständig neue Erfahrungen zu suchen und zu sammeln, um so Wachstum zu erreichen. Wir alle sind zudem aufgerufen, Gott in uns zu suchen, zu reifen und, wenn alle Erfahrungen gemacht wurden, zu Ihm zurückzukehren.

*Wie ein Delfin tauchen wir ins Wasser (ins Leben) ein, durchschwimmen es, tauchen wieder auf, um uns erneut ins kalte Nass fallen zu lassen. Wieder und wieder.*

*So folgt Inkarnation auf Inkarnation, Leben auf Leben.*

*Dann, am Ende des Zyklus angekommen, wenn alle Erfahrungen gemacht wurden, kehren wir wieder heim, zu dem Ort, an dem alles begann und den wir auch den Ursprung nennen: das Zentrum Gottes, von dem ausgehend sich das Universum in die Ewigkeit entfaltet und von dem wir uns einst in den Kosmos haben fallen lassen, um zu lernen und zu wachsen.*

*Aus dem Seelenfunken von einst ist eine gewachsene und gereifte Seele geworden, reich und beladen mit unzähligen Erfahrungen und voller Liebe, ein Engel Gottes.*

Bis es soweit ist, wachsen wir gemeinsam mit dem Kosmos, der Ordnung und der Regel: „Liebe Gott über alles und deinen Nächsten wie dich selbst."

Dieser Regel folgend können wir, egal *wo* oder *wann* wir uns im Universum auch immer aufhalten, nichts verkehrt machen.

## Ewiges Leben?

*Wie wahrscheinlich ist eine zeitlose und den Tod überdauernde Existenz?*

Sehr wahrscheinlich - und dies hat nichts mit einem irrationalen Glaubensansatz oder gar der Verkennung der Erkenntnisse der Wissenschaft zu tun. Auch hier, ganz im Gegenteil: Es ist in Anbetracht aller dargelegten Umstände und Merkmale unserer Realität bei Weitem vernünftiger, an ein Davor und an ein Danach zu glauben, als dem systemfreundlichen Materialismus und der damit verbundenen Annahme einer zufälligen Existenz anzuhängen.

Der Materialismus ist *falsch* und ein *Irrglaube*, der uns vorgaukelt, dass ein Haus, ein neues Auto, das Pflanzen eines Baumes oder das Finden einer Radiostation und einer persönlichen Biermarke *die* Ziele eines zufriedenen Lebens sind. Wobei die Idee mit dem Baum zugegebenermaßen nicht schlecht ist.

Kaufe, konsumiere, besitze - und du fühlst dich gut!

Genau das wird aber nie der Fall sein, nicht auf Dauer.

Menschen, die auf diese Weise vom System ‚programmiert' wurden (der Konsum- und Leistungsgedanke wird bereits im Kindergarten implementiert), hetzen lediglich durchs Leben und jagen einer imaginären Karotte hinterher. Diese werden sie aber nie erreichen. Irgendwann geht ihnen die Luft aus und sie bleiben auf der Strecke.

Das System sondert sie früher oder später aus. Burn-out heißt nicht selten die Diagnose - ausgebrannt. Nicht wenige, die zeitgerecht oder zwangsläufig in die Rente geschickt werden, sterben innerhalb von nur drei Jahren - ihnen fehlt plötzlich der Sinn im Leben.

Der Materialismus ist sinnentleert. Er existiert nur um seiner selbst willen und macht den Menschen über permanent präsente Werbung zu seinem Erfüllungsgehilfen. Er tut das, indem er den Konsumenten ständig durchleuchtet und ihm unablässig vorhält, was er unbedingt haben muss, etwas, das ihn ganz bestimmt glücklich machen wird. Das ist aber ein Trug, denn immer ist da etwas Neues, das dem Konsumenten gezeigt wird und das er unbedingt haben muss - wahrlich ein Teufelskreis.

*

Ihnen wird das nicht passieren. Sie wissen jetzt, dass Sie weder Ihr Auto, noch Ihr Haus, noch Ihr Status und auch nicht Ihr Körper sind. Sie sind ein ewiges spirituelles Wesen, eine transzendente Seele, die eine befristete Einheit mit einem materiellen Körper eingegangen ist, um zu erfahren, wie es ist, Mensch zu sein.

Bevor ich meiner Berufung folgte und Autor wurde, war ich als Datenbank- und Anwendungsprogrammierer im System tätig und dort fest eingebunden. Ich kenne es, das System, nur zu gut. Rationales und logisches Denken ist meine Stärke und ich erkenne Zusammenhänge, wo auch immer sie sich verbergen - sie springen mich manchmal förmlich an. Viele von diesen habe ich Ihnen in meinen Büchern dargelegt.

Ich muss an dieser Stelle daher auch eine Lanze für das System brechen, schließlich leben wir nun einmal alle in einem solchen (sonst hätten Sie mein Buch nicht kaufen können), ob ausgesucht oder nicht.

Es gibt auch einen Mittelweg, der sich bewusstes Konsumieren (bewusstes Leben) nennt: Geld ist nicht als Status- oder Machtsymbol zu verstehen, sondern als Konserve für Dienstleistungen und Erfahrungen. Das ist schon einmal eine gewaltige Erkenntnis. Geld allein macht nicht glücklich. Auch ein US-Präsident Trump wacht nicht jeden Morgen auf und lächelt von früh bis spät, weil er so unglaublich reich, mächtig und deswegen glücklich ist. Das Gegenteil ist der Fall: Nicht nur Herr Trump lebt in einer Welt voll mit fehlenden Höhepunkten - die wurden alle schon sehr früh erreicht und erfahren. Auch Menschen, die früh reich und berühmt wurden, kennen das: eine sich langsam einstellende Frustration, da es aus der Höhe heraus betrachtet nur noch Tiefen zu sehen gibt - und das, ganz gleich in welche Richtung sie schauen.

Geld und Macht führen auf Dauer nicht zu Glück und Zufriedenheit. Die erreichten Ziele auf diesem Pfad verbrennen schnell vor den Augen derjenigen, die danach streben. Sie tun das wie Strohfeuer: Schnell sind sie weg und neue Aufgaben müssen her.

Der Mensch braucht immer wieder und aufs Neue erreichbare Höhen, aber ebenso die Tiefen, damit er die Höhen als solche überhaupt erkennen und wertschätzen kann.

Auch mal im Leben stehen zu bleiben (sollen die anderen doch weiter hetzen) ist genauso wichtig, wie achtsam durchs Leben zu gehen, den Blick nicht von denen abzuwenden, die leiden.

Der Spruch, frei nach Jürgen Seifert, „Arbeite, um zu leben und lebe nicht, um zu arbeiten" bringt es ziemlich genau auf den Punkt.

Sollte das Ihr wunder Punkt sein, dann suchen Sie sich etwas, das Ihnen zumindest etwas Freude und Zufriedenheit bereitet - nicht alles muss perfekt sein und dreizehn Beförderungen während einer sogenannten ‚Karriere' sind nicht wirklich eine Lebensleistung. Zeit für die Familie und für Freunde sowie soziale Interaktionen bringen hingegen genau das, wonach Sie eigentlich streben. Ansonsten gilt, frei nach Arthur Schopenhauer: „Zufriedenheit ist die Abwesenheit von Langeweile und das bei gleichzeitiger Gesundheit." Verändern Sie sich, falls nötig. Trauen Sie sich zu *leben* und haben Sie keine Angst vor Veränderungen.

Sie müssen dafür nicht gleich aussteigen, denn wahre Freiheit gibt es weder im System noch draußen in der sogenannten ‚Wildnis'. Überall im Leben haben Sie Zwänge, Verpflichtungen und Probleme, die gelöst werden müssen. Als Jäger und Sammler eines Eingeborenenstammes genauso wie als Angestellter oder Selbständiger im System oder eben als US-Präsident. Allerdings werden Jahre des Überlebenskampfes (ganz gleich, wo und wie) immer als qualitativ wertvoller empfunden als die Monotonie der immerwährenden Sattheit.

Kleine Veränderungen der eingefahrenen Routine unterbrechen bereits die Monotonie des Alltags und bringen Zufriedenheit. Probieren Sie es einfach einmal aus. Mindestens acht Stunden des Tages gehören neben der Arbeit und der Nachtruhe Ihnen. Da lässt sich einiges machen - und damit meine ich nicht den Konsum.

Absolute Freiheit ist eine Illusion und quasi im Leben nicht erreichbar. Wenn es überhaupt so etwas wie Freiheit gibt, dann bringt uns diese letztlich nur der vermeintliche Tod.

Und dieser existiert nicht wirklich.

Unsere Seele, das, was wir wahrhaftig sind, agiert und existiert aus der Ewigkeit heraus. Wir alle haben diesen ‚Ort' niemals wirklich verlassen. Der materielle Körper ist lediglich materieller Ausdruck unseres Seins im Feld.

Wie ‚alles, was ist', kann das Selbst nicht enden, es verändert sich lediglich - und das kontinuierlich. Ein gewollter Prozess, um Wachstum zum Wohle des Einzelnen und gleichzeitig zum Wohle aller zu erreichen. Der Tod ist nur die Interpretation eines außenstehenden Beobachters, dass es nun zu Ende ist. Dem ist aber ganz und gar nicht so. Dorthin, wo die Seele zurückkehrt, kann ein noch Lebender ihr nicht folgen.

Mit dem letzten Herzschlag werden wir frei vom Körper und lassen los. Das, was für die Zurückgebliebenen schrecklich und endlich erscheint, ist für die nun befreite Seele eine erlösende und bewusstseinserweiternde Erfahrung.

Wie nach einem langen Schlaf, den wir das Leben nennen, erwacht sie und erkennt, dass sie lediglich geträumt hat. Aus der Raupe wird ein wunderschöner Schmetterling.

Und hier schließt sich der Kreis.

Ich wünsche Ihnen alles erdenklich Gute, vor allem Zufriedenheit und all das, was Sie sich für ein erfülltes Leben im Hier und Jetzt, aber auch für das, ‚was dann kommt', wünschen.

Alles ist und wird gut, das ist für mich so sicher wie nichts anderes auf der Welt. Ich weiß es - und ich hoffe, ich konnte etwas davon an Sie weitergeben.

Zumindest aber hoffe ich, dass ich Ihnen, falls vorhanden, ein wenig die Angst vor dem Tod und Ihrem Ende nehmen, einige Ihrer Fragen beantworten oder Ihnen Zuversicht geben konnte, dass Sie den geliebten Menschen oder das geliebte Haustier, das Sie vielleicht verloren haben, eines Tages sicher wiedersehen werden.

Denn genau das wird passieren.

Bis dahin: Leben Sie wohl.

Ihr

Martin Heyden

Mit der Geburt tauchen wir in das Leben ein, wir lassen uns fallen. Wir durchwandern es, indem wir uns von Möglichkeit zu Möglichkeit im Dschungel der unendlichen Möglichkeiten hangeln. Am Ende des Lebens dann, am Ende unserer Zeit, lassen wir los und alles wird gut.

Ende

## Lust darauf, mehr zu erfahren?

*Auf der Suche nach der Ewigkeit*

*Die Entdeckung der jenseitigen Welten*

(2014 Martin Heyden, ISBN 978-3981691801)

16,90 Euro

*Realitäten – Die Fortsetzung*

(2015 Martin Heyden und Biggi Weber, ISBN 978-3981691856)

13,90 Euro

„Der Tod ist und bleibt das größte aller Abenteuer."

Gehen Sie mit dem Autor zusammen auf eine Reise, die im Leben beginnt, über den Tod hinausgeht und entdecken Sie dabei eine Welt voller verborgener Wahrheiten und Geheimnisse.

Ein ‚Leben nach dem Tod' ist weder Wunschdenken noch Kindheitsphantasie, sondern vielmehr Fakt und Realität.

Man muss schon bewusst wegschauen und sich gewisse Unwahrheiten ständig gebetsmühlenartig einreden, um nicht zu erkennen, was offensichtlich und wahr ist.

Wir sind unsterbliche spirituelle Wesen, die es erfahren, Mensch zu sein, und nicht endliche materielle Automaten, deren einziger Sinn darin besteht, im System zu funktionieren.

Alles ist gut.

*

Die Buchreihe:

*Auf der Suche nach der Ewigkeit*

Die Bücher von Martin Heyden und Biggi Weber

# Erfahrungsberichte

*Jenseitige Welten - Berührungspunkte*

(2017 Martin Heyden, ISBN 978-3981691887)

15,90 Euro

Wenn es überhaupt so etwas wie einen Beweis für ein Leben nach dem Tod gibt, dann sind es wohl die verblüffenden Gemeinsamkeiten der persönlich gemachten spirituellen Erfahrungen von Menschen, wie Sie und ich es sind. In diesem Buch lässt der Autor die Menschen zu Wort kommen, die eine spirituelle Erfahrung selbst gemacht oder miterlebt haben.

Lesen Sie eine Vielzahl von Erfahrungsberichten sowie Erläuterungen zu folgenden Themen:

- Nahtod- und außerkörperliche Erfahrungen
- Sterbebetterfahrungen, Reinkarnationserinnerungen
- Visionen und Hellsichtigkeit
- Vorahnungen und Todeszeitpunkt
- Helfer und Begleiter, imaginäre Freunde von Kindern - uvm.

Lassen Sie sich von den immer wiederkehrenden Gemeinsamkeiten des persönlich Erlebten aufzeigen, dass Sie kein Produkt des Zufalls sind, sondern weit mehr als das, was Sie jeden Morgen im Spiegel anlächelt.

# Leseprobe

aus dem Buch

*Jenseitige Welten – Berührungspunkte*

Von Martin Heyden

## Sterbebetterfahrungen

Am Sterbebett kommt es häufig zu Grenzerfahrungen. Das Bewusstsein eines Menschen verändert sich und damit einhergehend auch seine Wahrnehmung. Es findet eine Art Frequenzverschiebung statt. Tage vorher kann der sterbende Mensch oftmals bereits wunderschöne Welten sehen, aber auch Verwandte oder Freunde, die bereits vor ihm gestorben sind und ihn nun auf seinem Weg begleiten wollen.

Besucher interpretieren das oft als Folge der Medikamente, die einem Sterbenden gegeben werden, aber das greift zu kurz. Sicher beeinflussen Medikamente unsere Wahrnehmung, sie sind aber nicht die Ursache für das, was im Prozess des Sterbens gesehen wird. Sie sind, wenn überhaupt, Wirkstoffe, die bestimmte ‚Türen' öffnen oder schließen und keine ‚Blue Ray', die man einschiebt und die bestimmte Filmsequenzen abspielt oder diese in unserem Gehirn abruft. Wir sind nicht unser Gehirn (siehe auch Kapitel „Lebensrückschau").

Als der Onkel meiner Frau vor einigen Jahren im Sterben lag, redete er plötzlich, alle Anwesenden ignorierend, mit Andreas, einem Neffen, der bereits vor mehr als 25 Jahren in jungen Jahren verstarb.

Dieser Onkel hat eine große Familie mit vielen Kindern und Enkelkindern. Wäre das Ganze nur eine Halluzination gewesen, sollte man doch annehmen, dass er mit Menschen spricht (halluziniert), die direkt aus seinem familiären Umfeld stammen und die noch unter den Lebenden weilen und zu denen er noch jüngst Kontakt gehabt hat.

Aber nein - da war Andreas und er sollte noch mehrere Male mit ihm sprechen, bevor der Onkel einige Tage später losließ und von uns ging.

In einigen Erfahrungen in diesem Buch konnten Sie bereits ähnliche Sterbebetterfahrungen lesen. Frank Bährs Vater sah ein Blumenmeer und Stellas Vater griff nach etwas Unsichtbarem auf seinem Bett (Kapitel „Todesahnungen“).

Menschen, die in der Pflege arbeiten, kennen das.

## ÜBERGANG

„Ich arbeite auf einer chirurgischen Station. Es ist schon oft vorgekommen, dass Sterbende ihre bereits verstorbenen Familienmitglieder erwähnen, die sie an ihrem Bett stehen sehen. Auch das ist für mich inzwischen normal, auch wenn ich dann immer mal wieder eine Gänsehaut bekomme.

Dies ist eines meiner ersten Erlebnisse.

Frau Vogt (Name geändert) war eine ältere nette Dame. Ich mochte sie sehr. Da ich eine Woche Urlaub geplant hatte, wollte ich mich persönlich bei ihr verabschieden und ihr alles Gute wünschen. Sie freute sich sehr darüber und war gut drauf.

Nach der Urlaubswoche kam ich wieder und begrüßte sie früh morgens in ihrem Einzelzimmer. Nach einem kurzen Wortwechsel bat sie mich auf die Seite zu gehen. Allem Anschein nach suchte sie etwas im Raum. Auf meine Frage, was denn los sei, sagte sie, dass an der Stelle, an der ich stand, zuvor ihre Mutter mit ihren zwei Schwestern gestanden hatte, um sie abzuholen. Ich bekam Gänsehaut, ging nach draußen und fragte meine Kollegin, ob Frau Vogt früh morgens denn schon Besuch hatte.

Meine Kollegin verneinte dies.

Ich bekundete, dass Frau Vogt mir komisch vorkam. Meine Kollegin schaute mich daraufhin verwundert an und sagte, dass Frau Vogt im Sterben liege. Ich sehe häufig sterbende Patienten. Frau Vogt war besonders. Sie kam mir bis zum Schluss so fest entschlossen und präsent vor. Die Art, wie sie darauf pochte, dass doch gerade die drei Familienmitglieder an ihrem Bett standen, war ein echt starkes Erlebnis für mich. Einen Tag später ist sie gestorben."

Alexandra White, 07.08.2016 (f)

Im folgenden Erfahrungsbericht geht es um einen sterbenden Menschen, der selbst Jahrzehnte in der Pflege gearbeitet hat und eine sehr differenzierte Sicht, auch auf den eigenen Sterbeprozess, hat.

## ABSCHIED

„Ich besuchte meine Mutter drei Wochen vor ihrem Tod (wie jeden Tag) im Krankenhaus. Sie war eine kluge, zielstrebige Frau. Sie war gelernte Krankenschwester in einem Herzzentrum und kam, Ironie des Schicksals, so noch einmal zu ihren Kollegen zurück.

Nach dem Verschluss der Bauchaorta, einem zusätzlichen Hinterwandinfarkt (den die meisten Menschen nicht überleben), ging es ihr nicht gut. Sie wurde reanimiert und lag auch schon im künstlichen Koma.

Wir unterhielten uns und über die Familie, belanglose Sachen.

Plötzlich, mitten im Gespräch unterbrach sie mich und sagte: „Siehst du? Da steht sie schon wieder!"

Ich war erstaunt, wen meinte sie nur? Da war niemand! Ich sagte nur: „Nein."

Wir führten unser Gespräch fort, plötzlich sagte sie ganz ruhig, mit dem Blick auf ihr Fußende hin, als wäre es das Normalste der Welt: „Jetzt ist ein Mann hier."

Ich schaute sie entgleist an und sagte: „Mama, da ist niemand!" Ich lächelte dabei.

„Lena! Da ist nichts Lächerliches dabei. Weißt du welche Angst ich habe, wenn ich die Augen öffne und ihre Gesichter vor mir sehe?" Die Frage, ob dieser Mann irgendwie geisterhaft auf sie wirke, verneinte sie; sie würde ihn genauso wahrnehmen wie mich.

Meine Mutter war sehr analytisch und differenziert, was auch an ihrem Beruf lag. Sie beschrieb den Mann im Detail: „Er steht dort, schaut mich einfach nur an. Er trägt eine Jeans oder Hose mit einem breiten Längsstreifen, einen weißen Pullover mit Reißverschluss, schwarze Haare und einen Schnauzer, der nach unten hängt." Der Beschreibung nach dachte ich gleich an einen Mann aus den 70er Jahren.

Ein paar Tage später, sie konnte die Augen kaum offen halten, sagte sie zu mir: „Sag ihnen doch, dass ich im Urlaub bin!". Ich aber verdrehte die Augen und erwiderte nur verständnislos: „Wem?!"

„Na Mutter, Vater und Paul!"

Und weiter: „Ich kann schon nicht mehr, die kommen her und stehen an meinem Bett. Sag denen, ich bin nicht da. Sag denen, ich bin im Urlaub oder so, ich halte das nicht mehr aus!"

Ich blieb verständnislos und dachte, sie muss halluzinieren, denn da war niemand. Komisch war das schon, denn meine Mutter bekam lediglich nur leichte Schmerzmittel.

Sie sagte auch, dass sie die Schwestern ihrer Mutter sehen kann: „Komisch", sagte sie, „alle sehe ich, nur die Mona nicht ...".

Einen Tag später fiel sie in Ohnmacht, wachte nicht mehr auf und starb einige Tage später an einer Sepsis.

Das Letzte, was sie sah: Sie sagte zu mir, dabei an die Decke starrend: „Schau mal, Lena. Siehst Du das? Schau mal, was es für schöne Blätter sind, saftig grün und mit weißen Punkten! Schau doch mal hin!"

Erst viel später habe ich das alles begriffen und heute empfinde ich die damaligen Geschehnisse als sehr tröstlich. Die Menschen, die meine Mutter kurz vor ihrem Tod gesehen hat, ihre Eltern, die vier Tanten (insgesamt hatte meine Mutter fünf) und ihren Bruder Paul - sie alle waren bereits vor ihr gestorben und wollten sie abholen, mit einer einzigen Ausnahme: Ihre Tante Mona - diese ist 92 und lebt noch und erfreut sich nach wie vor bester Gesundheit."

Lena Freund (He Lene), 10.08.2016 (f)

Es ist schon erstaunlich: Kurz vor dem Tod werden immer nur bereits Verstorbene gesehen, nie noch lebende Menschen. Aber genau diese sollten es doch eigentlich sein, die wahrgenommen werden, das gebietet schon alleine das, was wir ‚Vernunft' nennen. Nicht wahr?

Bei sterbenden Kindern z.B. sollte man doch denken, dass diese in dieser Phase des Sterbens Menschen wahrnehmen, denen sie sehr nahe sind: Mutter, Vater, Großeltern – wichtige, noch lebende Bezugspersonen eben. Aber auch hier ist es so, dass Kinder ebenfalls nur Verstorbene sehen oder aber sehr häufig ein warmes Licht, oft einhergehend mit der Nachricht, dass es sie abholen wird, nicht selten verbunden mit einer Botschaft für diejenigen, die zurückbleiben müssen.

Auch eine solche Erfahrung wurde mir zugetragen, leider gaben mir die Eltern nicht die Genehmigung zur Veröffentlichung. Angesichts der Schwere des Verlustes ist das mehr als verständlich.

(...)

Ende der Leseprobe

Weitere spannende Erfahrungsberichte und Erläuterungen finden Sie im Buch:

*Jenseitige Welten – Berührungspunkte*

Von Martin Heyden

# Der Autor

Martin Heyden

Nach einer Nahtoderfahrung vor nunmehr acht Jahren begab sich der Autor auf die Suche nach dem Sinn unserer Existenz. Die daraus entstandenen Bücher sind die Zusammenfassung seiner Erkenntnisse und Einsichten und skizzieren ein in sich schlüssiges Weltbild, das die Natur-, Geistes- und Grenzwissenschaften, die alten und neuen Religionen sowie den Schamanismus und den Spiritismus zusammenführt.

Martin Heyden, geboren 1967, war als Datenbankprogrammierer und Systemtechniker tätig. Seit einigen Jahren geht er seiner Passion als Schriftsteller und Buchautor nach. Er lebt mit seiner Frau in der Nähe von Aachen, zusammen haben sie zwei erwachsene Söhne.

## A



## B



## D



## E



## F



## G



## H



## I



## J



## K



## L

# Weitere Empfehlungen

## Literatur

Die Neuoffenbarungen und Schriften nach

- Emanuel Swedenborg,
- Jakob Lorber,
- Gottfried Mayerhofer
- und Baha'ullah.

- www.swedenborg.at (Stand: 23.12.13)
- http://www.jakob-lorber.cc (Stand: 23.12.13)
- http://j-lorber.de (Stand 23.12.13)
- http://reference.bahai.org/en/ (Stand 23.12.13)

Martin Heyden

- *Auf der Suche nach der Ewigkeit: „Die Entdeckung der jenseitigen Welten“,* Irene Heyden Verlag, 2014
- *Jenseitige Welten – Berührungspunkte,* Irene Heyden Verlag, 2017

Martin Heyden und Biggi Weber

- *Auf der Suche nach der Ewigkeit: „Realitäten“,* Irene Heyden Verlag, *2015*

Biggi Weber

- *Damsarta: und sein Leben nach dem Tod,* BoD
- *Kirana: darf ich dich im Himmel besuchen,* Irene Heyden Verlag, 2017

Thomas Noack

- Aufsatz / 2004 *Der Seher und der Schreibknecht Gottes* (http://www.swedenborg.ch/PDF/UeSweLL/2004SLBuch.pdf. Stand: 23.12.13)

Dr. Walter Lutz

- *Neuoffenbarung am Aufgang des dritten Jahrtausends: Ein Lehr- und Nachschlagewerk der Neuoffenbarung gegeben durch Jakob Lorber.* 3 Bände. Verlag: Lorber& Turm (1969).

Die Schriften der Weltreligionen sowie deren Ableger.

Robert Allen Monroe, auch Bob Monroe (* 30. Oktober 1915; † 17. März 1995), war ein US-amerikanischer Geschäftsmann, Autor und Programmdirektor beim Rundfunk und der Gründer des parapsychologischen Monroe-Instituts.

- *Der Mann mit den zwei Leben*, Heyne Verlag, 2005
- *Der zweite Körper*, Heyne Verlag, 2007
- *Über die Schwelle des irdischen hina*us, Heyne Verlag, 2006

Charles Webster Leadbeater (* 17. Februar 1847 in Stockport, Großbritannien; † 1. März 1934 in Perth, Australien) war Priester, Theosoph und Okkultist.

- *Die Astralwelt*, Aquamarin Verlag, 2007
- *Hellsehen*, Aquamarin Verlag, 2010

Eben Alexander III (* 11. Dezember 1953 in Charlotte, North Carolina, USA) ist ein US-amerikanischer Neurochirurg.

- *Blick in die Ewigkeit: Die faszinierende Nahtoderfahrung eines Neurochirurgen*, Ansata Verlag, 2013

Dr. Sam Parnia (Intensivmediziner und Kardiologe)

- *ErasingDeath* ,HarperOne Verlag, 2013
- *Der Tod muss nicht das Ende sein,* Scorpio Verlag, 2013

Dr Jeffrey Long (NDERF=Near Death Experience Research Foundation) mit Paul Perry

- *Beweise für ein Leben nach dem Tod*, Goldmann Verlag 2010
- Nahtoderfahrungen: www.nderf.org Stand 01.09.2013

Dr. Pim van Lommel

- *Endloses Bewusstsein*, Knaur Verlag, 2010

Rupert Sheldrake (* 28. Juni 1942 in Newark-on-Trent, Nottinghamshire) ist ein britischer Autor und Biologe.

- *Der Wissenschaftswahn*, O W Barth Verlag, 2012
- *Das schöpferische Universum. Die Theorie des morphogenetischen Feldes.*, Nymphenburger Verlag, 2008
- *Das Gedächtnis der Natur. Das Geheimnis der Entstehung der Formen in der Natur*, Scherz Verlag, 2011
- *Die Wiedergeburt der Natur*, Fischer Scherz Verlag, 1993
- *Engel: die kosmische Intelligenz*, Schirner Verlag, 2009

- *Der siebte Sinn der Tiere*, Fischer TB Verlag 2011
- *Der siebte Sinn des Menschen*, Fischer TB Verlag, 2012

Burkhard Christian Ludwig Alexander Heim (* 9. Februar 1925 in Potsdam; † 14. Januar 2001 in Northeim) war ein deutscher Physiker.

- *Einheitliche Beschreibung der materiellen Welt*, Resch Verlag, 1998
- *Postmortale Zustände*, Resch Innsbruck Verlag, 2000

Illobrand von Ludwiger (* 20. Juli 1937 in Stettin) ist ein deutscher Astrophysiker.

- *Das neue Weltbild des Physikers Burkhard Heim: Unsterblich in der 6-Dimensionalen Welt*, Komplett-Media Verlag, 2012
- *Das Leben eines vergessenen Genies*, Scorpio Verlag, 2010

Bärbel Mohr (* 5. Juli 1964; † 29. Oktober 2010) war eine deutsche Autorin und Referentin.

- *Bestellungen beim Universum*, Omega Verlag, 2004

Jörg Starkmuth

- *Die Entstehung der Realität: Wie das Bewusstsein die Welt erschafft*, Goldmann Verlag, 2010

William Paul Young

- *Die Hütte: Ein Wochenende mit Gott* (Ullstein Taschenbuch, 2011)

Adnan Sattar

- *Was ist Bewusstsein? Die verborgene Sicht unserer Realität*, Germania Com Verlag, 2011

Eckhart Tolle (* 16. Februar 1948 in Lünen als Ulrich Tolle) ist ein deutschstämmiger, in Vancouver lebender Bestsellerautor spiritueller Bücher.

- *Eine neue Erde: Bewusstseinssprung anstelle von Selbstzerstörung*, Arkana Verlag, 2005

Joachim Faulstich

- *Das Innere Land: Bewusstseinsreisen zwischen Leben und Tod: Nahtoderfahrung und Bewusstseinsreisen*, Knaur TB, 2006

Todd Burpo

- *Den Himmel gibt's echt*, ScmHänssler Verlag, 2013

Volker J Becker

- *Gottes geheime Gedanken*, Heyne Verlag, 2011

Karl F Neu

- *Leben im Jenseits*, Kindle Amazon, 2011

K und B Brückner

- *Bewusst Sein*, Kindle Amazon, 2012

Helmut Günter Baumgarten

- *Quantenspiritismus*, Books on Demand, 2012

Rolf Froböse

- *Der Lebenscode des Universums*, Lotos Verlag, 2012

Klaus Dieter Sedlacek

- *Unsterbliches Bewusstsein*, Books on Demand, 2008

Donald N. Walsch

- *Gespräche mit Gott*, Arkana Verlag, 2009

Raymond A. Moody (* 30. Juni 1944 in Porterdale, Georgia) ist ein US-amerikanischer Psychiater und Philosoph, der sich eingehend mit Forschungen um den Grenzbereich zwischen Leben und Tod auseinandersetzt.

- *Leben nach dem Tod*, rororo Verlag, 2001
- *Das Licht von drüben*, rororo Verlag, 2004
- *Blick hinter dem Spiegel*, Goldmann Wilhelm Verlag, 1996
- *Zusammen im Licht*, Goldmann Verlag, 2011

Hoimar Gerhard Friedrich Ernst von Ditfurth (* 15. Oktober 1921 in Berlin-Charlottenburg; † 1. November 1989 in Freiburg im Breisgau) war ein habilitierter deutscher Arzt und Journalist. Bekannt wurde Hoimar von Ditfurth jedoch vor allem als Fernsehmoderator und populärwissenschaftlicher Schriftsteller.

- *Kinder des Weltalls*, Hoffman und Campe Verlag, 1976

Holger Kalweit, deutscher Ethnologe und Psychotherapeut, erforschte das Schamanentum und die Kosmologie von Naturvölkern (* 1947).

- Traumzeit und innerer Raum, Die Welt der Schamanen, Bern u. a.: Scherz, 2000


## Filme und Dokumentationen

- „Life of Pi“ 2012
- „A BeautifulMind“ 2001
- „Cloud Atlas“ 2012
- „Die Wand“ 2012
- „Hinter dem Horizont“ 1998
- „After Earth“ 2013
- „Deep down the rabbit whole“ 2007
- „ What the bleep do we know“ 2004
- „Geheimnisse des Universums“, Stephen Hawking, 2010
- „Stephen Hawkings großer Entwurf“, 2012
- „The Universe“, History Channel, 7Staffeln, 2007 - 2012
- „Through the Wormhole“ (Mysterien des Weltalls), 6Staffeln, 2010-2016, Discovery Channel, mit Morgan Freeman
- „Sense 8“, 2 Staffeln, Netflix 2015 – 2017
- „The OA“, 1 Staffel, Netflix 2016
- „Hereafter – Das Lebendanach“ 2011
- „I Origins – Im Auge des Ursprungs“ 2014
- „Ghost – Nachricht von Sam“ 1990
- „Astral City - Unser Heim“ 2014
- „The sixth sense“ 1999
- „In meinem Himmel“ 2009
- „The Fountain“ 2009
- „Die Hütte – Ein Wochenende mit Gott“ 2017
- „Arrival“ 2016
- „I Origins – Im Auge des Ursprungs“ 2014